ケアワーカーの教育研修体系
―プリセプターシップ・感性教育・事例研究―

河内正広 著

学文社

はしがき

　本書は，ケアワーカー【高齢者施設・在宅サービス事業所（具体的には介護老人福祉施設・介護老人保健施設・介護療養型医療施設・軽費老人ホーム（ケアハウス含む）・グループホーム・有料老人ホーム・在宅介護支援センター・訪問看護ステーションなど）のケア従事者と定義しています。以下、同じ意味で「高齢者ケア職」，「ケア職」，「介護職」のことばを使用しています。】の職員教育研修体系と教育研修の内容をのべたものです。
　ケアサービス業は，商品そのものが職員であるという特殊性を有しているがゆえに，職員教育は品質管理に関するトップマネジメントに属する重要な経営課題なのです。しかし，本書は難しい理論や概念をのべたものではありません。実践に基づいた具体的内容と現場ですぐ利用できるのが特徴です。
　職員教育の必要性を否定する人はいません。しかし，職員教育を効果的に行なっているところはどの程度あるでしょうか。先進的とみられる福祉施設・サービス事業所では職員の教育研修に力を入れているところがみられますが，思ったような効果をあげているでしょうか。それは，場当たり的で，教育研修を実施しても効果の検証がなされておらず，実際の業務に反映させるための体系的なシステムができていないからではないでしょうか。
　たとえば，福祉施設・サービス事業所で，職員個々人の「教育研修履歴シート」をつけているところがどれだけあるでしょうか。組織全体で行なう教育研修はもちろんのこと，各部署ごとのOJT，Off-JT研修や自己啓発を含めた職員個々人の教育研修を経年記録として残し，その記録をベースに職員個々人の教育研修計画がたてられているでしょうか。教育研修記録がなければ継続的な教育研修評価もできません。このような初歩的で基本的なことができていないのが実情ではないでしょうか。それは教育研修を計画的体系的に考えていないからです。
　福祉施設・サービス事業所では歴史がまだ浅いため人材やノウハウの蓄積が少なく，実施されていても国家資格のカリキュラムをそのまま使用したり，内部に人材がいないために，ほとんどが外部機関を利用した研修を行なっています。これに対して，病院の看護職教育は歴史があり，人材の蓄積があるため大手の病院では専従の教育担当者を選任し，体系化された教育研修が整備されていますし，職能団体の日本看護協会ではステップアップできるような段階別の体系的な教育研修体系が組まれています。一応，高齢者ケア職でも全国社会福祉協議会および各県の社会福祉協議会や介護実習・普及センターなどで体系化の取組みがなされていますが，"いまだ"の感があります。
　本書では，高齢者ケア職の手本として，看護職における教育研修体系を実態調査し，それを参考に高齢者ケア職の教育研修体系の構築を試みました。看護職教育研修の実態調査は具体的な「生」情報をまとめています。また，高齢者ケア職の施設内教育研修の体系化とその内容もすぐに役立つように具体的に表現しています。このため高齢者を対象にした施設だけでなく，障害者・精神関係の福祉施設などでも幅広く応用ができると考えます。
　本書の訴えたいことは，第1に，看護職（病院）の教育研修内容を理解していただき，ケア職における教育研修の体系化とその重要性を認識し，看護職の教育研修体系を参考に，各

施設や事業所で，具体的に高齢者ケア職の教育研修の体系化に取り組んでいただきたいことです。

第2には，ケア職における初期教育の重要性を認識し，看護職で導入されて評価の高いプリセプターシップ（新人教育）を施設内の教育研修の起爆剤として導入するように提案しています。

第3には，ケア職の教育研修の要諦は人間教育であります。その意味でケア職の教育は技術教育はもちろんですが，感性教育にもっと力を入れるべきです。

そして，ケア業務の質を高めるためには，教育研修方法の集大成として「事例研究」が最適です。事例の蓄積がケアの質を高め，職員のサービス向上に役立ちます。本書では職員教育の中で「感性教育」と「事例研究」を柱にして行なうことを提案しています。

以上のような視点から次のようなページ建てにしています。

本書のⅠ部では，「高齢者ケア職の教育研修『体系』の提示」と題して，1章では，一般的な教育研修体系の基礎知識と福祉施設・サービス事業所の教育研修実態を概観し，つづいて，病院における看護職の教育研修体系の実態調査を記述しました。とくに，階層別の教育研修における目的・目標と研修内容を概説しています。2章では，高齢者ケア職の教育研修の全体モデルを示したうえで，本書の中心課題である高齢者ケア職における教育研修内容の体系化とそれにそった具体的な教育内容を紹介しています。

本書のⅡ部では，「新人教育制度の導入と人間教育の実践」と題して，まず3章で，看護職の新人教育として，多くの病院で実施されている「プリセプターシップ」を解説し，福祉施設やサービス事業所への導入の方法を示しています。

4章では，高齢者ケア職における教育のポイントは人間教育と考え，ケア従事者の内面世界を充実するための「感性教育」の基本理論を紹介しています。

5章では，理論の実践面として，自己覚知としての自己分析とエンカウンターグループを中心に，対象者理解のための自己開示とそのために実際に行なわれた研修内容を記述しています。

6章では，教育研修の集大成的手法として，事例研究を取り上げています。教育研修としての実際的な事例の検討手順をとおして，事例研究の方法と実践事例を提示しています。

Ⅲ部では，「教育研修のための事例研究実践例集」として，実際に教育研修に用いられた5つの事例を詳細に紹介しました。とくにケア対象者の内面世界や人間関係に焦点をあてて記述しています。職員の事例研究の研修材料として利用してください。

最後に，付録として，本書で紹介した教育研修の協力機関，参考書籍，その他研修機関などを，また，教育研修を行なううえで，参考となるデータを掲載しました。

ほとんどの職業人にいえることですが，最初に入社した企業・施設によって，その人の職業人としての基礎が決まります。ケア職員でも同じです。いや，ケア職員であるからこそ最初の教育が重要になるのです。学生が大企業を目指す理由の1つは教育体制が確立しているからでありましょうし，同じように看護師が大病院を選ぶ場合の大きな決定要件にその病院の教育プログラムがあります。ヒューマンサービスの職員は卒後教育こそが大切になるのです。教育体制が整い，教育プログラムのしっかりした福祉施設やサービス事業所には優秀な人材が集まります。そこにマンパワーの格差が生じてきます。それがその組織体の死命を制することになるのです。

これからの高齢者ケア職の施設・サービス事業所は民間の参入によりますます競争が激しくなります。生き残りをかけた戦いは消費者の意向に沿ったサービスができるか否かです。高齢者ケア職における教育体系を整備し，教育担当者（施設長やケア責任者の兼務も可）を決め，長期的な視点にたった体系的・システム的教育が求められます。

　教育研修はこうあらねばならないというような理念や理論はもちろん必要ですが，まず，教育担当者を決め，いま行なっている教育研修の内容を検証して体系化するという「形」から入っていくのも1つの方法です。それによって，教育研修の内容が整理されると課題がみえてきます。本書がその一歩，その一助になれば幸いです。

　なお，前著として，筆者の経験にもとづいた『トータルケア』（学文社，2003年）が出版されています。現場での介護実践を身体・精神的各レベルにそってトータル（セルフ・ケア→ホーム・ケア→パーソナル・ケア→ターミナル・ケア）に把握して，その体系化をはかった書で，それぞれのケア段階のケアサービスチェックリスト（1,588項目）付きです。あわせて読んでいただければ本書の理解が深まります。

2004年5月

河内正広

目 次

I 高齢者ケア職の教育研修「体系」の提示

1章 高齢者ケア職の教育研修の現状と看護職の教育研修体系……2
1 教育研修の分類と構造…2
   (1) 教育形態…2　　(2) 実施形態…3　　(3) 教育内容…6
2 高齢者ケア職の教育研修の現状…7
   (1) 介護労働実態調査から…7　　(2) 北海道老人看護研究会の「看護・介護体制実態調査」から…8
3 看護職の教育研修体系の概説——高齢者ケア職の先行モデルとして——…11
   (1) 看護師の教育研修体系の概要…11　　(2) 看護師の教育研修体系の特徴…13
   (3) 入社年次（段階）別教育研修の目標と内容…13　　(4) まとめ…20

2章 高齢者ケア職の職員教育研修体系モデル……22
1 高齢者ケア職の職員教育研修の体系化…22
   (1) 目標管理による教育…22　　(2) 教育研修の全体系化…22
   (3) 教育研修体系のステップモデル…24
2 各ステップにおける教育研修の目的・目標とプログラム…28
   (1) 1年目教育研修…28　　(2) 2年目教育研修…36　　(3) 3年目教育研修…39
   (4) 4年目教育研修…41　　(5) 5年目教育研修…44　　(6) 中堅職員（6～10年目以上）教育研修…48　　(7) 管理職教育研修…51　　(8) 専門領域・関心領域別教育研修…53　　(9) 中途採用者の教育研修…56
3 教育研修の評価と進め方…58
   (1) 教育研修の評価…58　　(2) 初級レベルの能力評価チェック…58
   (3) 教育研修の進め方…58

II 新人教育制度の導入と人間教育の実践
——プリセプターシップ・感性教育・事例研究——

3章 ケア職へのプリセプターシップの導入 ……66
1 病院におけるプリセプターシップの構造と実際…66
   (1) プリセプターシップとは…66　　(2) プリセプターシップのプラス面とマイナス面…67　　(3) プリセプターシップにおける担当者の役割と機能…68　　(4) プリセプターシップの実態調査…69　　(5) プリセプターシップの体制づくり…72
2 病院におけるプリセプターシップ導入のプロセスと作業項目…74
   (1) プリセプターシップ導入の全体計画…74　　(2) プリセプターの選任と指導計画…76　　(3) プリセプターシップの実施・評価・修正…80　　(4) サポート体制と問題の対処方法…84
3 高齢者ケア職への導入にあたって…87
   (1) ケア職モデルと看護職モデルの相違…87　　(2) ケア職へのプリセプターシップ

　　　　導入のポイント…88　　　（3）プリセプターシップ導入を成功に導くための実施上の視
　　　点…90

4章　ケア職における感性教育の基本理論—ケアマインドとケア対象者の理解—……………93
　1　基本的人間観…93
　2　パーソン・センタード・アプローチ（人間中心アプローチ・PCA）…95
　　　　（1）3つの条件…95　　　（2）個人的体験からの理解…100
　3　対象者アプローチの基礎…102
　　　　（1）ケアモデルとカウンセリングモデルの比較…102　　　（2）対象者の理解＝外側から
　　　の理解と内側からの理解…103　　　（3）対象者理解のプロセス＝同化と調整…103
　　　　（4）対象者の心理的変化過程…105
　4　カウンセリング技術の利用…107

5章　高齢者ケア職における感性教育の実践—自己覚知と感性練磨のトレーニング—…109
　1　自己覚知：自分史の試み…109
　　　　（1）自分史の事例…109　　　（2）自分史における心理・社会的課題の検討…111
　　　　（3）家族関係の心理・社会的課題の検討…112
　2　グループワークによる自己・他者理解：エンカウンター（出会い）・グループ…114
　　　　（1）エンカウンター・グループとは…114
　　　　（2）エンカウンター・グループ参加者の評価と感想…115
　3　ファミリーグループによる自己・他者理解：構成的グループ・エンカウンター（SGE）…121
　　　　（1）プログラムと内容…121
　　　　（2）構成的グループ・エンカウンターの研修効果とその感想…123
　4　コミュニケーションによる自己・他者理解：出会いの試み…124
　　　　（1）具体的内容…124　　　（2）参加者の感想…125
　5　感受性訓練：ブラインド・ウォーク…126
　　　　（1）具体的内容…126　　　（2）参加者の感想・意見…126
　6　チームコミュニケーションの促進：テーマのついたケアマインドトレーニング…128
　　　　（1）プログラム…129　　　（2）参加者の感想・意見…129
　7　トレーニング全体の感想と意見…131
　　　　（1）肯定的感想…131　　　（2）否定的感想…133　　　（3）おわりに…133

6章　事例研究（ケーススタディ）による現場教育 ……………………………………………134
　1　事例研究の目的と手順…134
　　　　（1）事例研究とは何か…134　　　（2）事例研究の目的と効果…136　　　（3）教育研修に
　　　おける事例研究の視点…136　　　（4）事例研究のまとめ方…137　　　（5）事例による
　　　教育研修過程（ケースカンファレンスの進め方）とその評価…140
　2　事例研究による教育研修の実践例…144
　　　　（1）「介護者側の心理的プロセスと夫婦の分離ケア」の事例概要…144
　　　　（2）事例のプロセス（事例の問題状況とケアサービスの過程）…146

　　　　　　　　(3) 演習課題の設定…151　　(4) 事例から学ぶこと…151

Ⅲ　教育研修のための事例研究実践例集

事例1　自殺…159
事例2　「夫婦問題」と「家制度問題」…173
事例3　親子問題…185
事例4　ターミナルケア…198
事例5　被害妄想…210

あとがき…221

付録　教育研修を行なうための参考資料
1　本書に紹介している教育研修を依頼した団体…223
2　ケア業務に関わる人への推薦図書…224
3　外部研修先一覧…225
4　公共的な教育研修機関…227

引用・参考文献…233
索　引…235

I
高齢者ケア職の教育研修「体系」の提示

　福祉分野では，いまだ，前近代的な奉仕の精神や滅私奉公的な考え，そして，家族的な経営体質が意識下に根強く残っています。それを近代化するには，時間がかかりますが，介護保険の施行によって一般企業の参入が促進されたこともあり，今後の規制緩和によって福祉業界も競争淘汰の時代になってきます。

　厚生労働省は，「社会福祉基礎構造改革」を進めており，介護保険の施行はその一環です。今後も構造改革が進んでいきますので，否応もなく近代的な組織体に脱皮していかなければ，取り残されて倒産という憂き目にあわざるをえません。ケアの仕事は人間を相手にしていること，商品は職員の技術と人間性であるという特徴があります。ケアサービスは目に見えないし，売買契約時でも具体的な商品があって取り引きされるものではありません。職員の質が問われるのです。職員の質が商品そのものなのです。競争に打ち勝つには商品の質を高めることが第一になります。そこで職員教育が必要不可欠になります。

　I部では，最初に教育研修の基礎知識を概説し，現状における高齢者ケア職の教育研修実態を概観します。その次に，高齢者ケア職教育研修のモデルとなる病院の看護職の教育研修体系の実態調査を報告します。その体系を踏まえて高齢者ケア職における教育研修体系モデルを提示します。

1章　高齢者ケア職の教育研修の現状と看護職の教育研修体系

1　教育研修の分類と構造

　企業で行なわれている一般的な教育研修をみてみましょう。分類すると次のようになります。
①教育形態＝職能（職務能力）別教育，階層（レベル）別教育
②実施形態＝OJT（個別指導教育），Off-JT（集合教育），自己啓発
③教育内容＝知性教育，技能教育，感性教育
　個別の企業では，これらを組み合わせてその組織体の特性に合わせた独自の教育研修体系をつくっていくことになります。

(1) 教育形態

　教育研修の形態は職能別教育と階層別教育に大きく分けられます。

①職能別教育とは

　職能とは，職務能力の略語で，職務や職種（職務の上位概念）にかかわる能力（仕事を遂行するために必要な知識・技術・態度）という意味です。職能別教育を大きく分けますと，現場系と事務系に分けられます。福祉施設などでは，事務系では，募集・契約，総務・庶務，人事・教育，経理・財務，施設管理など，現場系では，生活支援，介護・看護，医療，食事などに分けられます。これは仕事の専門性をさしています。したがって，会社の部門（部・課・係）はこの職務別に組織化されます。このため，職能教育を進めるには，同じような仕事をひとまとめにした職務単位で行なうのが効率的です。たとえば，「入居者募集（または販売）」という仕事は，商品知識，市場調査，価格政策，広告媒体計画，広報活動，販売ツールなどの他に，見学案内，接客説明，契約など入居促進策から解約までの一連の仕事が含まれます。そこにはセールス・プロモーション技術やマーケティング技術が必要になります。同じ事務系でも財務・経理とは異なった販売・営業部門を形成します。このように職務の専門性をグルーピングして能力開発をするのが職能別教育です。

②階層別教育とは

　通常，組織体は経営のトップを頂点にピラミッド型をしています。その組織を職階別にみると役員，部長，課長，係長・主任，平職員のように構成されます。それぞれの階層（レベル）で取得すべき知識・技術・態度をひとまとめにして教育するのが階層別教育です。

階層別と職階別とはほぼ同じになりますが，階層の方がより細かく分類されます。たとえば，平職員でも，新入職員，初級職員，中級職員，上級職員に分けられますし，管理者も初級・中級・上級に区分されます。通常，階層別教育研修は経験年数によって教育体制が組まれますが，大きな節目は昇格・昇進した場合です。取得すべき新たな能力が求められるからです。

　教育研修は，一般的には，職能別教育と階層別教育をミックスして体系化（職能階層別教育）しますが，中心は階層別になります。その理由は，教育の目的は企業が必要としている能力と個人の有している能力の差（キャリアギャップ）を習得させるものですから，仕事の重要度にそった段階的なキャリアアップが求められるからです。入社初期ほど技術面が重要になり，経験を積むに従って，リーダーシップなどの管理的能力や人間性教育が求められます。福祉職のようなヒューマンサービスの特徴は，技術・知識・態度などのプログラムを中心に，入社初年時からの教育研修に重点がおかれます。1年目，2年目，3年目というように細かな入社年次ごとの階層別教育が設定されます。

(2) 実施形態

　教育研修の実施形態は指導の仕方によって，個人指導と集合教育に分けられます。個人教育は日常的に上司（先輩）が部下（後輩）を業務中（職場内）に教育するもので，これをOJT (On-the-Job Training) といいます。これに対して，仕事場から離れて複数者をまとめて行なう集合教育をOff-JT (Off-the-Job Training) といいます。集合教育は，幅広く用いられており，社内教育でも行なわれますが，社外教育ではほとんどがこの集合形式です。

①OJT

　上司（先輩）が部下（後輩）を個人指導するのは，特別目新しいものではなく，昔から行なわれてきました。これを効果的にかつ意識的に行なうようにしたのがOJTの考え方です。

　桐村は，「OJTとは，上司が部下の職務に必要な能力（知識・技能および態度）の向上・改善を目的として，仕事を通じて行う，計画的・合目的的・継続的かつ組織的な教育活動」*とのべています。つまり，OJTとは職場で仕事を行なう過程で，上司が部下の教育の必要点を見い出し，それを1対1で指導していく教育活動です。現場で仕事をしながら直接的に上司が部下に不足している能力を教えることです。そして，職務に必要な能力とは，近い将来を含めた能力ということです。計画的とは，目標レベルが設定され，期限が定められていることです。合目的的とは，日常業務遂行のための重要な能力について重点的に開発することを示しています。継続的とは，単発ではなく，日常業務の中で連続して行なわれることです。そして，組織的とは，企業の人材育成システムの中で，他の教育プログラムと連携をとって行なうことを意味しています。その活動はPlan-Do-Seeのプロセスで行なう一連のシステムなのです。

＊出所：桐村晋次『人材育成の進め方』日経文庫，p.54

教育研修でなぜOJTが重視されるかというと，日常業務を習得するには，直属の上司による直接的な教育がもっとも効果が高く，費用的にも安価だからです。効果が高い理由の第1は，職員の最大の関心事は自分がどのような仕事をし，上司がどのように評価し，その結果が処遇（給与や昇進）にどのように跳ね返るかということであります。第2には，日常業務を遂行するための不足の能力を解決するには，現場で仕事をしながら行なうのがもっとも効率的だからです。第3には，上司にはリーダーシップを発揮しチーム全体の業績を上げることが求められており，部下に仕事を任せ，部下の能力を向上させる責任があります。つまり，OJTとは，指導される立場の人だけでなく，指導する立場の人の能力アップを意図したものなのです。OJTは階層別教育研修とリンクさせることによって効果があがります。

　OJTを成功させるには，組織全体で取り組む姿勢が大切です。経営者の考えや経営理念に基づいた全社的な教育志向があって初めて機能することを忘れてはいけません。見落としがちな点の第1は，OJTを行なうための職場環境・勤務状況という前提条件です。日常業務がきちっと行なわれていること。たとえば，業務マニュアルがきちっと整っていること，教える側が仕事を遂行できる技術や能力を有していること，職場環境（挨拶，時間厳守などの職場マナー）が健全であることなどがあります。第2は，上司側の心構えです。教える側の上司が自らの姿勢や能力を高めることです。絶えず教える側が自己チェックするぐらいの心構えが必要です。第3に，もっとも大切なことは，経営者の姿勢です。すべての教育の基本は，その組織体の経営理念にあります。それを具体的に全員に浸透させることが教育の目的なのですから，職員教育は経営者自らの姿勢が大切になるのです。

　OJTは教育研修の万能薬ではありません。OJTの欠点も把握しておく必要があります。欠点の第1は，日常的な業務であるため，当面の問題解決に重点がおかれ，短期的で視野が狭くなることです。第2は，指導する上司の能力や人格的キャパシティ（器）によって制約されることです。第3は，日常業務に追われて育成のための時間が取りにくいことです。第4は，上司／部下という1対1なので，人間関係がまずくなると教育どころではなくなり，逆効果になります。第5は，基礎的な技術・知識・態度に重点がおかれており，高度な知識や情報などは対象外になります。OJTを行なう場合は，この欠点をよくわきまえて上位の管理者が上司（指導者）と部下（研修者）の双方を定期的にチェックすることが必要です。そして，欠点を補う研修や欠点が表面化しないような方策をとることです。

　介護や看護の分野でも教育研修の中心はOJTであります。とくに，ケア職はケア対象者の生活領域に入って仕事をしますから，OJTによるきめ細かな指導が必要になります。介護のやり方はそれぞれの施設や事業者で独自のやり方がありますが，初期教育が大切です。その意味でOJTは初期教育に適しています。後にのべる看護職教育の分野で行なわれている「プリセプターシップ」をケア職にも導入することを薦める理由がここにあります。

②Off-JT

Off-JTは，OJTのように日常時に上司が部下を継続して職場内で個別指導する以外のものを指します。つまり，職場から離れて行なう研修です。場所的にいえば，社内で行なう場合と社外で行なう場合に分けられますし，人的にいえば，講師をその組織の職員が行なう場合と，外部から招く場合があります。Off-JTの実施形態は，集合教育の形式をとります。

Off-JT（集合教育）の長所・短所はOJTの裏返しになります。日常業務では学べない高度な技術や知識を得たり，意識改革をはかることができますが，短所は費用が高いわりに，効果の測定がしにくいことです。Off-JTは，職能別教育研修とリンクさせると効果があがりますし，階層が上級にいくほどOff-JTが中心になります。とくに，役職の昇進・昇格時などはOJTも行なわれますが，Off-JTが中心になります。

Off-JTは講義形式が中心ですが，最近は，効果を高めるための模擬的な方法（体験学習・ロールプレイングなど）や体験的方法（実習・グループワーク・ディベート*など）問題解決技法（ブレーンストーミング*・KJ法*など）が多く取り入れられています。最終的なOff-JTとしては，本人の動機付けに基づいた能力開発のための「自己啓発」を支援するプログラムを組むことが大切になります。

OJTとOff-JTの各要素を比較すると図表1.1のようになります。

これからわかることは，OJTとOff-JTとは相互に補完関係にあるということです。したがって，教育研修はOJTを中心としながらも，その欠点をカバーするために，Off-JTの長所をうまく活用していく必要があります。

③自己啓発

教育の最終目標は自己啓発です。教育とは職員が行なうさまざまな能力開発です。教育研修の目的の1つが職員の自己実現です。その組織の中で会社の目的を実現させ，同時に，職員個々人が自分の人生の目的を達成させることが組織人の自己実現です。つまり，自己啓発は所属する組織の目的と一致しなけれ

---

*ディベート 議論を練習するための方法。研修では，1つのテーマに対して，賛成派と反対派に分かれて，議論を戦わせることによって，問題を深めたり，論理的な思考を養う。最後は審判によって判定が下される。

*ブレーンストーミング（brain storming） ブレーンとは脳，ストーミングとは嵐のことで，脳に嵐を起こして，小グループ（5～10人程度）によって，自由な発想でアイデアを生み出す集団思考法・発想法。ほかのメンバーの頭脳に刺激を与えるという点にポイントがある。行なう際のルールとして，a)他人の発言を批判しない，b)自由奔放な発言を歓迎する，夢物語でもよい，c)質より量を求める，d)他人のアイデアに便乗するがある。

*KJ法 文化人類学者川喜田二郎（元東京工業大学教授）が考案した創造性開発（または創造的問題解決）の技法で，氏名の頭文字をとって「KJ法」と名づけられた。蓄積された情報から必要なものを取り出し，関連するものをつなぎあわせて整理・統合する手法の1つで，カード（紙片）を使って(a)記録→(b)グループ編成→(c)関連図解及び内容を代表する言葉の抽出といった手順で行われる。また，内容や質がまちまちな情報をまとめ，全体を把握するのに有効。

図表1.1　OJTとOff-JTの比較

項目	OJT	Off-JT
職能・階層	主として，階層別教育	主として，職能別教育
受講形式	個別指導（1対1）	集合教育（1対多数）
教育レベル	初級・中級レベル	上級レベル
教育志向	技術教育，知性教育，態度教育	精神教育，感性教育，社会教育
具体的教育範囲	新入職員,初級職員,中級職員,上級職員,初級役職者	募集,経理・財務,施設,介護・看護,医療,食事,経営・管理他
目的	仕事を覚えチームワークを保って仕事を効率よく行ない，同時に職員のやる気を引き出すためのもの	新しい知識・技能・態度や経営管理方法・人間関係の習得
内容	日常業務上の知識・技術・態度	新しい知識・技術・方法・情報
場所	職場内	職場外
時間	日常業務中	日常業務外
対象者	部下（後輩）	全職員対象
教授者	上司（先輩）	講師（専門家）
費用	なし	有料
効果	非常に高い（逆効果の場合もあり）	受講者の意識,内容などに影響される
教育スタッフ	原則，必要なし	必要あり

ばなりません。自分が何になりたいか，何をやりたいか，それにはどのような能力や技術・知識を得ればよいかという考えに基づいて行なう自分自身の能力発見や能力開発が自己啓発です。そのために組まれるのが自己啓発支援プログラムです。具体的には，資格取得の支援や大学院・専門職教育へのチャレンジ，海外への留学などの支援が行なわれています。

(3) 教育内容

教育内容は，知性教育，技能教育，感性（または態度）教育に分けられます。

・**知性教育**

知識を学ぶこと，つまり，現実を認識し，事象を収集して，問題解決や新たなものを創造するための教育です。知識とは現状（環境）を認識・記憶する行為で，学習によって取得されるものです。知性教育は知識だけにとどまらず，これらの事実認識を踏まえた上で，創造性を促進する能力や問題解決能力を学ぶことになります。その具体的方法の1つとして，事例研究があります。

・**技能教育**

専門技能と社会技能があります。専門技能とは仕事を処理するための技術能力です。たとえば，小さくはパソコンの能力であり，大きくいえば経営管理能力などがこれにあたります。社会技能とは組織内や社会に対して良好な関係を維持する能力です。小さくは社交能力，ヒューマンリレーション（人間関係）などがあり，大きくは企業広報・PRがあります。

・**感性（または態度）教育**

人間の行動をコントロールする働きで，具体的には，好き嫌いの感情，それが固定化したものを態度といい，態度がその人の行動を左右するほど強固になったものを価値観といい，それらを統合したものをパーソナリティーといいます。これらを含めて感性といいます。人はいくら知性や技術に優れていてもパーソナリティに左右され，それによって教育の効果が大きくかわるといわれています。動機づけなどはこの分野に含まれます。このために，教育研修では，技術や知識だけでなく，感性教育が重視されるようになっています。

ケア職で大事なのは，この感性教育です。企業の感性教育に比べてより重要なことは，ケア職の感性は自らが提供するケアサービスの中核を形成しているからです。ケアサービスとは自分のパーソナリティーを商品化したものなのです。介護技術や知識は遅くとも半年から1年あれば日常業務が困らない程度のものは習得できます。しかし，感性の取得は一生ものです。感性教育で大切なことは，体験学習をすることです。そのためには，不安のない環境をつくり，心的外傷（トラウマ）を負わないように十分注意することが必要です。自分が実際に経験し，どのように感じ，考えたかを自覚し，同時に，自己と他者との感性や思考の違いを認識させる自己覚知が感性教育のポイントになります。そして，体験を経験化させ，それを価値観まで昇華させるのは，自らが思考し，内証するというプロセスが大切です。＊

＊感性教育のくわしいことはⅡ部の4章「ケア職における感性教育の基本理論」および5章「高齢者ケア職における感性教育の実践」を参照ください。

2 高齢者ケア職の教育研修の現状

　高齢者ケア職*の職員教育研修についての調査は少ないのが現状です。あっても部分的な把握であり，全体的な調査はほとんどありません。現場での教育研修は，県にある「介護実習・普及センター」「福祉人材センター」や職能団体（全国社会福祉協議会・社会福祉士会・介護福祉士会など）が行なう講習会，あるいは民間の会社が行なうセミナーに，必要に迫られて職員を出席させているのが実態ではないでしょうか。ここでは，そのような高齢者ケア職の現任教育研修の現状をみておきます。

*高齢者ケア職の概念は前書『トータルケア』pp.9〜10を参照ください。

（1）介護労働実態調査*から

　厚生労働省職業安定局の行なった「介護労働実態調査」の中間報告が2001（平成13）年7月に発表されています。この中の「職員に対する研修」について調査している項目では，次のようになっています（研修に関する項目のみ掲載）。

*介護労働実態調査
調査期間／2000年11月1日〜30日，調査数／1,347（回収率43.7％）
調査機関／（財）介護労働安定センター
出所：http://www.jil.go.jp/kisya/syokuan/

●介護労働者の雇用に関して期待する施策等（複数回答・回答の多い順から）
・能力向上のための教育・研修の実施又は支援　　　　　　　　（51.2％）
・雇い入れに対する援助　　　　　　　　　　　　　　　　　　（51.2％）
・介護労働に関する情報の提供　　　　　　　　　　　　　　　（46.3％）
・福利厚生に対する支援（健康診断等）　　　　　　　　　　　（44.6％）
・介護労働者の負担軽減を図る機器の導入のための助成・援助等（40.0％）
・介護労働者の就労実態に即した社会保険の充実・改善　　　　（29.6％）
・具体的な雇用管理に関するノウハウについて相談できる窓口　（26.5％）
・その他　　　　　　　　　　　　　　　　　　　　　　　　　（1.6％）

　要望する施策のトップに「教育・研修」に対する要望があることは，各施設とも介護職の教育に強い要望があると同時に，実施の方法がわからないことや費用面の支援を望んでいることがうかがえます。

●職員への社内・社外研修の実施，参加など
・社内研修を実施しており，社外研修にも参加させている　　　（75.6％）
・社内研修を実施しているが，社外研修には参加させていない　（8.0％）
・社内研修を実施していないが，社外研修には参加させている　（12.3％）
・いずれも実施していない　　　　　　　　　　　　　　　　　（2.7％）

●社内研修の実施や社外研修への参加を行なっていない理由（複数回答）
・時間的余裕がない　　　　　　　　　　　　　　　　　　　　（72.7％）
・費用が高額である　　　　　　　　　　　　　　　　　　　　（25.0％）
・参加させたいものがない　　　　　　　　　　　　　　　　　（13.9％）
・必要がないと考える　　　　　　　　　　　　　　　　　　　（8.3％）
・その他　　　　　　　　　　　　　　　　　　　　　　　　　（8.3％）

　「社内研修を実施しており，社外研修にも参加させている」が75.6％でありますが，この調査からではどの程度制度的体系的に行なっているか不明です。

問題は，教育研修の中身です。

●行政に対する「研修に関する要望」

人材育成の課題については，
・人材育成について，助成なり援助なりしてほしい。現段階での施設に適切な教育研修を期待することは，無理がある。
・資格だけのヘルパーが増大してきている中で，育成費の援助的なものがあると，研修や実際の場での体験の積み重ねができ，（ホームヘルパー）2級終了と共に即戦力となるヘルパーを育てることができる。
・ヘルパーのリフレッシュ講習を充実してほしい。

つぎに管理者，雇用管理担当者の研修に対する要望は，
・広域的でもよいので，雇用管理担当者の研修，職員の精神的ストレスのサポート等，考えてほしい。
・管理者，サービス提供責任者の講習があればよい。
・職員をプロ（専門性を高めて）にする前に，管理者もプロにならなくてはいけない。そのために施設や職員管理に関する何らかの援助が必要である。

実際に行なわれている教育研修の具体的な内容が記載されていないので詳細は不明ですが，行政への要望事項をみるかぎり，自力での教育研修を行なう姿勢よりも行政への依存性が高く，教育研修の必要性は認識し形だけは行なっているにしても施設側での教育への取り組みの意識は低い感じがします。これは経営者の教育研修に取り組む意識の問題です。

＊看護・介護体制実態調査
出所：http://www2.comco.ne.jp/fuminiko/r-kango/roujinkango.html

(2) 北海道老人看護研究会の「看護・介護体制実態調査」から＊

調査対象／高齢者ケア施設・サービス事業所

介護老人医療施設	57ヵ所	介護老人保健施設	64ヵ所
介護老人福祉施設	72	介護力強化病院	6
療養型病床群	98	その他	45
訪問看護ステーション	150	通所リハビリ	79
通所介護	109	痴呆対応型共同生活介護	17
その他	32	合計	729施設

上記のような施設を対象に，北海道老人看護研究会が行なった「看護・介護体制実態調査」（2000年6月）によると，教育研修について以下のような結果がでています。

①教育・研修の計画的実施について

教育研修を計画的に実施している施設は，図表1.2をみますと，全体で平均57.0％です。施設種類では，多い順に介護力強化病院83.3％，介護老人福祉施設73.6％，介護老人保健施設68.8％の順になっています。

教育研修を行なっている介護老人福祉施設の比率は，前記の厚生労働省の調査とほぼ同様になっています。

図表1.2 教育研修の実施状況と担当者の専任配置

	施設区分	回答施設数	計画的に実施	比率（％）	教育担当者の専任配置	比率（％）
施設関係	介護老人医療施設	57	33	57.9	13	23.6
	介護老人保健施設	64	44	68.8	16	25.0
	介護老人福祉施設	72	53	73.6	10	13.9
	介護力強化病院	6	5	83.3	1	16.7
	療養型病床群	98	51	52.0	18	19.8
	その他	45	26	57.8	7	15.9
在宅関係	訪問看護ステーション	150	81	54.0	25	19.2
	通所リハビリ	79	55	69.6	21	27.3
	通所介護	109	59	54.1	10	10.0
	痴呆対応型共同生活介護	17	8	47.1	3	18.8
	その他	32	23	76.7	6	21.4
合計		463	264	57.0	72	16.9

②教育担当者の専任配置について

　教育担当者の専任配置をしている施設は，全体平均16.9％ですが，施設関係では，多い順に介護老人保健施設25.0％，介護老人医療施設23.6％，療養型病床群19.8％，介護力強化病院16.7％，介護老人福祉施設13.9％となっています（図表1.2）。

　一方，井部らの調査*によると，看護師（病院）の教育体制としては，
・教育担当者を配置している施設　198施設中159施設（80％）
・専任者を配置している施設　83施設（42％）（平均して1.8人の専任者を置いている。）
・新卒者用看護業務マニュアルを活用している施設　171施設（86％）

となっており，教育担当者の専任配置の比率は，高齢者施設では病院に比べて極端に低いことがわかります。特に，介護老人福祉施設での低さが目につきます。

＊井部俊子，飯田裕子，岩井郁子他「看護教育における卒後臨床研修のあり方に関する研究―新卒看護婦・士の臨床実践能力とその成長や変化に影響を及ぼした要因について」平成11年度　厚生省科学研究，1999年

③教育・研修の重要度について

　回答の総数では，「新しい情報・知識の講義」231件，「接遇教育」204件，「新採用看護師への教育」196件，「テーマ別研修」180件，「介護職員への教育」176件となっています。回答の1位の項目では，「新採用看護師への教育」93件，「新しい情報・知識の講義」59件，「テーマ別研修」52件，「接遇教育」46件の順です（図表1.3）。

　回答の総数の上位3つは新人教育に関するものです。個別項

図表1.3　教育研修の重要度

	順位 項目	各順位の回答数（施設数）							合計
		1位	2位	3位	4位	5位	6位	7位	
1	新採用看護師への教育	93	29	41	15	8	4	3	196
2	卒後3年目位の看護師対象教育	8	20	14	19	11	5	7	87
3	リーダー研修	8	25	24	13	10	19	1	102
4	婦長・主任看護教育	13	9	17	12	14	10	7	83
5	テーマ別研修	52	43	22	19	23	11	9	180
6	看護研究する者へサポート	2	6	9	9	10	9	16	62
7	新しい情報・知識の講義	59	61	45	31	15	5	9	231
8	管理者研修	12	8	14	13	8	13	9	80
9	接遇教育	46	68	31	30	9	10	6	204
10	病棟クラークの教育・研修	1	0	0	0	3	2	0	7
11	介護職員への教育	40	42	37	19	18	10	9	176
12	研修は特に行っていない	37	0	0	0	0	0	0	37
13	その他	15	3	7	3	0	1	1	31
無回答		77	141	196	276	330	361	384	1765
合計		463	458	457	459	459	460	461	3241

目回答の1位の項目でも1・2・4位が新人教育に関するもので，どこでも初期教育に力を入れていることがわかります。

④重視している課題について

つぎに，「重視している課題」の調査では，回答総数では，「他部門・他職種との連携促進」190件（44.4％），「医療事故防止対策」169件（39.5％），「看護要員の確保・定着促進」153件（35.7％）の順となっています。個別項目回答の1位の項目では，「看護要員の確保・定着促進」93件，「他部門・他職種との連携促進」56件，「接遇教育」46件，「訪問看護の実施・拡充」35件の順です。

回答総数の1位が「他部門・他職種との連携促進」になっていることは，介護職と看護職の混合部隊の難しさをあらわしています。個別項目回答の1位が「看護要員の確保・定着促進」になっているのは看護師の定着率の悪さを示しています。

⑤講演会・研修会・研究会への希望
・土日や開催地をできるだけ地方でも行なって欲しい。
・看護師と介護職との業務協力のあり方。
・介護職の研修等の充実。
・痴呆に対するケアの研究会を多くしてほしい。
・老人の生理，社会福祉の学習が少ない。
・看護師の資質向上のための研修を希望。
・再入院，入院期間短縮のための医療面での研修。

本調査は，調査対象が医療機関が多いために，看護師にかたよった結果がでていますが，老人施設や老人ケアの業務における研修や業務上の悩みが表現されています。たとえば，看護職と介護職の連携の問題が「重視している課題」の総合回答のトップになっていることや「介護職への教育」等の充実などが要望としてあげられています。

介護老人保健施設・療養型医療施設などでは，専任の教育担当者をおいて，教育研修の体系的取り組みが多少でも進んでいる様子がうかがえますが，介護老人福祉施設などの高齢者ケア施設ではこれからという印象をうけます。

③ 看護職の教育研修体系の概説
—高齢者ケア職の先行モデルとして—

本節では，病院における看護職の教育研修体系がどのように構築され，行なわれているかを実態調査(注1)＊し，高齢者ケア職の教育研修を体系化する場合の先行モデルとして概説します。

＊調査対象は本節末の「病院における看護師の教育研修体系実態調査」を参照ください。

(1) 看護師の教育研修体系の概要

看護師は勤務形態が不規則であること，命に関わる仕事であること（緊張感が高い），絶えず新たな技術や知識の習得が必須であるなど，他の職種とは異なった特殊性を有しており，就労形態の特徴として，退職率が非常に高く，定着率が低いことがあげられます。大手病院の新卒者の平均在職年数は3～5年程度といわれています。このため，病院の体系的な教育システムの目的の第一は，退職動機の緩和と入社した新人をいかに速やかに戦力化していくかということです。このために，どこの病院でも新人教育と入社後5年までの年次別（階層別）の教育体系が重視されています。

看護師の教育体系を，前述した教育研修の構造に照らしあわせて考えますと，階層別教育と職能（職務能力）別教育およびOJTとOff-JTの4つの組合せで成り立っていますが，中心は階層別教育です。新入職員オリエンテーションから始まって，1年目～5年目まで病院側の主導による半強制的な教育プログラムが組まれています。看護師の教育研修の特徴を図式化すると次のようになります（図表1.4）。

1年目には，新人はプリセプター（指導看護師）によるマンツーマンの教育が行なわれます。これは入社後3～4年のナースが新人ナースにマンツーマンで指導するもので，病院で多く取り入れられている新人教育法です。一般企業でもOJTとして先輩が後輩を指導することは一般的に行なわれています。しかし，入社後の3～4年の社員はまだ，指導的立場にありませんので，新人の指導にあたることは少ないです。看護師では，3～4年目の職員が，新卒者に対して全面的に指導にあたります。

2年目は1年目の振り返りと技術力をアップすることに力を入れています。2年目以降の教育は先輩によるマンツーマンの教育はありませんが，集合教育で行なった内

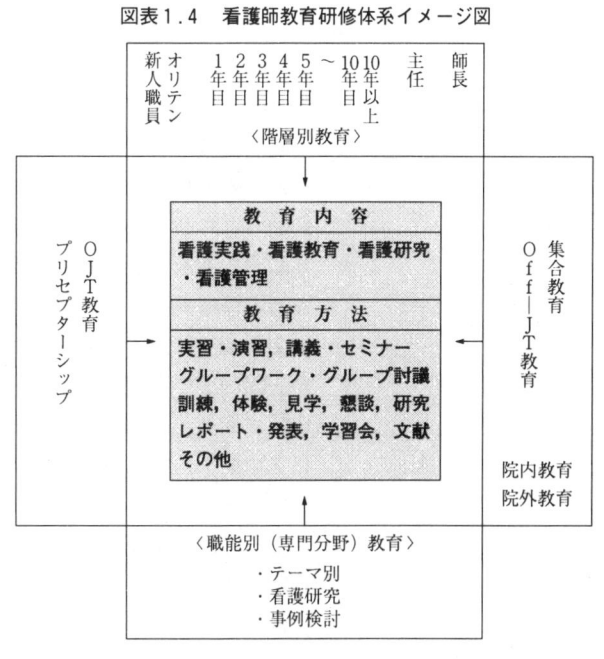

図表1.4　看護師教育研修体系イメージ図

容を先輩職員や主任などによって日常的に指導を受けながら評価され，課題設定されます。

3～4年目では，新人を教育できるためのプリセプター養成が行なわれます。看護師の評価はリーダーシップが発揮でき，プリセプターとして新人の指導ができるか否かがスタートです。そのステップを踏まえて，5年目以降に看護師の教育が方向別れしていくという特徴がみられます。

5～6年目以降に具体的な形で看護師の進む方向が変化します。その進む先は，おおまかに分けると，第1には，ライン上の管理職（主任・師長）として進む看護師，第2には看護の専門分野（専門看護師・認定看護師）を志向する看護師，第3は教育的な仕事を行なう教育職看護師になります。第4は平職員としての看護師です。

入社後10年以降では，4つの進む道がより鮮明になってきます。このために，中堅職員の教育は役職や専門性をとれない看護師をどのように動機づけしていくかが重要になります。看護職教育研修の経年的傾向をまとめると次の図表のようになります。

図表1.5　教育研修内容の経年的傾向

項目	1年	2年	3・4年	5～10年	管理職
教育のプロセス	実技・知識の習得	技術・態度 →メンバーシップ	指導・相談業務 プリセプターシップ	問題解決・業務改善 →リーダーシップ	管理業務 対外折衝
教育の内容	社会常識 マナーや安全・防災など	具体的なスキル →看護技術 知識・態度	精神的な面 コミュニケーション ・カウンセリングなど	社会的な面 家族・ソーシャル ワーク的なもの 社会制度	管理面 人事管理 経営目標 危機管理
教育の方法	実践指導 実技・演習 講義・見学 学習・GW	講義・演習 グループワーク →グループ討議 体験学習	学習会 レポート ディベート 勉強会	セミナー 海外研修 →講演	自己学習 セミナー 視察

職能別教育では，各年次別における習得すべき技術・知識・態度を設定し，そのための集合教育をプログラム化しています。集合教育は1～2年目までは基礎教育，3～4年目はプリセプター，5年目以降は各自の選択メニューになります。集合教育（Off-JT）のやり方は，講義・演習・グループワーク（GW）・ロールプレイング・ディベートなどさまざまな形式が取り入れられています。とくに，実技演習やグループワークのような実践的教育手法がとられます。Off-JTでは，院内で行なう場合と院外で行なう場合があり，院内でもその病院の職員が講師になる場合と院外から講師を招く場合があります。院外の教育プログラムでは主に，日本看護協会や各都道府県の看護協会が提供しています。

さらに，看護師の現任教育では「看護研究」といわれる教育研修分野があり，日常の業務改善を行ない，その成果を雑誌などに論文として発表したり，あるいは学会への参加がキャリアアップの重要な教育プログラムになっています。

(2) 看護師の教育研修体系の特徴

看護師の教育研修体系の特徴をまとめると次のようになります。

・教育内容の一般的傾向

教育内容のおおまかな傾向を分析すると，経年に伴って，身体（技術的）→精神（内面的）→環境（家族・社会）という流れの特徴がみられます（図表1.5参照）。

・早期教育の重要性

看護師の教育体系の特徴は新人教育にあります。新卒者のリアリティーショックを和らげて，退職動機を緩和し，より早く戦力化するための教育体系であるといえます。東京などの大病院では，平均在職期間が3〜5年といわれており，看護師の回転の速さがこのような教育体系に反映されています。

・プリセプターシップの導入

新卒者に経験や感性が近い卒後3・4年の看護師に新人を指導する役割（プリセプター）を担わせて，同時にプリセプターの自己の成長を図ることを意図しています。

・目標管理の導入

各病院ともそれぞれの段階における教育目的と目標が必ず掲げられています。重要な点は目標への達成度合を評価して，課題を設定するというプロセスを繰り返すことで職員の能力向上を目指し，教育効果の徹底を図っています。

・教育研修体系の相似

それぞれの病院の事情や状況によって細かい点では異なっていますが，各病院とも現任教育体系の骨格はほとんど同じような内容をもっています。業種が同じだから当然といえばいえますが，やはり，日本看護協会による教育研修の指導効果が大きいのではないかと考えられます。

・看護研究の重視（現場と研究の接近）

どの病院でも「看護研究」に力を入れており，教育機関や学会などとの連携が強く，それが現任教育に反映されています。それだけ実践力が重視され，教育界と現場が近いのが看護師教育研修の特徴の1つといえます。

・実習生の受け入れ

最近は一般企業もインターンシップ制度*により，在学生を受け入れる傾向が強くなっていますが，元々，看護職では，学生の病院での実習が重要視され，看護師養成の教育カリキュラムの必須項目になっており，各病院では看護学生の受け入れを行なっています。学生を指導するための指導職員の教育も1つの柱です。

***インターンシップ制度** 教育機関での正課のカリキュラムによる看護職，福祉職の実習とは異なり，学生が在学中に任意に一般企業や市役所などで実際の仕事を体験し，自らの専攻，将来のキャリアに関連した就業体験を行なうこと。

(3) 入社年次（段階）別教育研修の目標と内容

以下では，「病院における看護師の教育研修体系実態調査」に基づいてそれぞれの入社年次（階層）別の教育内容を目標とその内容に分けて記述します。

①新入職員オリエンテーション

実態調査によると，新入時のオリエンテーションは100％の病院で行なっています。実施の時期は，3月下旬実施が35％，4月上旬が65％となっています。期間は，入職前に行なう場合は，3月下旬に3〜4日程度で，4月に入社してからも2〜3日程度行ないます。入社後に行なう場合は3日〜1週間程度ですが，一番多いのは5日間です。教育の方法は，集合形式で，講義，実技演習，グループワーク，ビデオ鑑賞，見学，ロールプレイング，デモンストレーション，ディスカッションなどを用いています。研修中には新入職員の看護技術力を測定したり，プリセプターシップの組み合わせのために人物（性格・人柄）をみていきます。

〈目標の設定〉　新人オリエンテーションの目的や目標はその病院の概要（理念・方針・組織）を理解し，職業人としての基礎的態度と業務遂行上の知識・技術を確認することです。各施設ともほぼ同じような内容です。代表的な例をあげると，「当院の概要（理念・方針・組織）を理解し，病院システム全般を知り，速やかに職場に順応でき，職場への適応を円滑にする」などです。

〈教育内容〉　新入職員が最低限知っておかなければならないことを中心に教育が行なわれます。この中でどこの病院でも行なっているのが，a）病院と看護部の理念・方針・組織・目標・活動（システム・勤務など），b）就業規則，福利厚生（健康診断），各種規則・規程の説明，c）院内見学，他科の紹介＝栄養科・リハビリ・相談室・薬剤室など，d）卒後教育計画（プリセプターシップ・看護協会など）の説明，e）接遇・マナー，f）防火・防災です。最近は，インフォームドコンセント＊，セクハラ防止，禁煙教育などが重要視されています。看護基本技術としては，どの病院でも共通して行なわれているのが，感染防止，医療事故防止，看護記録，救急蘇生法の項目です。注射法・採血，輸液操作，検査機器の取り扱いなどは基本的技術として重視されています。看護技術以外の項目としては，IT化の流れで，電子カルテの導入などによりパソコン技術は必須になっています。

②入社1年目教育

入社1年目教育の最も大きな特徴がプリセプターシップ＊で，これによって，現場でのカルチャーショックを弱め，退職動機を弱めて看護師の定着を高めようとしています。また，この時期の教育はOJTによってプリセプターがマンツーマンで教育しながら，同時にOff-JT（集合教育）によって看護師としての知識・技術・態度を習得する内容になっています。教育研修を業務時間内で行なうか，時間外で行なうかをみると，1年〜3年目までは時間内で行なうことが多いようです。その理由は，教育研修を強制的に行なっているからです。4年目以降は自主的な教育研修への参加する姿勢が求められるために，時間外で行なうことが多くなります。入社1年目のキーワードは，「プリセプティ」「基礎技術」「接遇のマナー」です。

＊インフォームドコンセント（informed consent：説明をうけた上での同意）医者が患者に病気やその治療方法をおしえ，患者がその内容に同意して治療にあたること。患者の人権を尊重し，医者と患者が対等の立場に立ち，治療をすすめていく考えで，医療現場のキーワードになっている。

＊調査対象病院では，プリセプターシップを導入している病院は，150社のうち，121社にのぼっており，比率では80.7％になります（詳しくは3章①の(4)を参照ください）。

〈目標の設定〉　1年目教育では，1年間を3つの時期に分けられます。入社時～7月（入社後4ヵ月）では，職業人としてのマナー，組織人としての常識，業務遂行上の基本的技術などの取得が目標として設定されています。次に，8月～11月（入社後8ヵ月）では，具体的な業務上の内容に入っていきます。12～3月（入社後12ヵ月）になると，今までの技術修得度合いの確認と，2年目に向けての準備になります。

〈教育内容〉*　教育の方法はプリセプターによる直接指導（OJT）を基本に，集合教育として，講義・講演，実習，事例検討，見学，グループワーク，ロールプレイング，体験学習，勉強会，カンファレンス，発表会，レポートなど多様な方法が取られています。最も多い方法は，講義と実習をセットで行なう方法で，座学だけでなく，実体験や訓練的な手法が加味されています。方法別に主な内容を表示しますと，〈実習（演習含む）〉では，器具の使い方，看護技術，生活援助技術，看護記録など。〈講義（講演・セミナー含む）〉では，看護業務チェックリスト，プライマリーナーシング*，ストレスマネジメント，救急蘇生法など。〈グループワーク（グループ討議含む）〉では，「私たちが目指す看護・看護師とは」，「組織チームにおける自己の役割を理解する」，「職場に適応していく過程での悩み＝問題を表出させ，今後の方向をみいだす」など。〈訓練（体験・見学含む）〉では，「マナーハンドブックと挨拶訓練，ビジネスマナー（笑顔で挨拶）」「日勤業務，夜勤業務，検査時看護，ＩＣＵ*体験」「ステルバン*処置，出棺の実際」など。その他，〈研究（レポート・発表含む）〉では，「事例検討発表会」「心に残ったケースをレポート」などです。

③入社2年目教育

この時期は，基本的な看護技術を習得し，ようやく仕事場に慣れ，チームメンバーとして仕事ができると同時に，1年目に修得した知識・技術・態度を棚卸して不足している部分を再習得し，3年目への自立した看護師になるための教育が行なわれます。

2年目も1年間を3回に分けて行なうのが一般的です。6・7月までは1年目の知識・技術・態度を再チェックして，修得していない項目を確実に習得します。9・10月までには新たな知識・技術・態度の修得を目指します。12・1月には，今までの修得したものを確認し，来年度への課題をみつけ出します。2年目のキーワードは「メンバーシップ」「個別的看護」「主体性」です。

〈目標の設定〉*　2年目の〈看護実践〉の目標では，「患者との関係構築」，「自らの看護観の確立」，「チームメンバーとしてチームワークができる」などです。〈看護教育〉では，「新人に対する態度」，「自己学習」，「業務評価看護過程の展開ができる」などです。〈看護研究〉では，看護研究の導入期となります。〈看護管理〉では，「プリセプター準備」，「リーダー業務」などを学びます。

〈教育内容〉　入社2年目の教育内容を方法別に分けて表示すると，〈実習〉

---

*教育内容は〈実習（演習含む）〉〈講義（講演・セミナー含む）〉〈グループワーク（グループ討議含む）〉〈訓練（体験・見学含む）〉〈研究（レポート・発表含む）〉の5つの教育方法に分類して表示しています。

*プライマリーナーシング（primary nursing）　一人のナースが，患者が入院してから退院するまでの全期間を受け持ち，看護計画，ケアの実施，評価を行なう看護方式。「受持看護師制」とも呼ばれる。この逆がチームナーシングで，資格・経験の異なる人たちが1つの看護チームを組み，チームリーダーが中心となって看護計画を立て，カンファレンスを開き，業務遂行の監督を行なう方式をいう。また，モジュールナーシングとはナースをいくつかのモジュール（単位）に分け，それぞれのナースが数人の患者の入院から退院までの全期間を通してケアする方式をいう。チームナーシングは効率的な看護，プライマリーナーシングは継続的な看護を特徴とするが，モジュールナーシングはその両方の特徴を併せもった看護方式といえる。介護・福祉施設におけるユニットケアに似ている。

*ＩＣＵ　intensive care unitの略。重体におちいった急性機能不全の患者を収容し，集中的に治療看護を行なう医療部門。最近はほとんどの病院に設置されている。

*ステルバン処置　ステルバンとはドイツ語で「死」の意味。死後処置のこと。

*2年目以下は，目標内容を〈看護実践〉〈看護教育〉〈看護研究〉〈看護管理〉の4つに分類して表示します。このような分類をすると，入社年次ごとの特徴が明確になります。たとえば，1～3年目は，看護実践，3～5年目は看護教育，5年目から看護研究が多く，そして，年次を経るにしたがって看護管理が増えてきます。

*フォーカスチャーティング
(focus charting) 1981年，米国で開発された看護の記録方式。実施した看護の内容を，1．フォーカス（F）→患者の関心や注目すべき行動，気がかりなことは何か，2．データ（D）→フォーカスで問題となっていることの基となる情報・事実はどんなことか，3．アクション（A）→それに対してナースはどう判断し，何を行なったのか，4．レスポンス（R）→それによる患者の反応，の4項目を使って系統的に記録する。SOAPに比べ記録時間の短縮ができるだけでなくナースが患者の中心課題の焦点を明確化できることからケアの評価を行ないやすく，またケア計画にどういう修正が必要かを絞り込むことが容易である。

*POS（problem oriented medical system：問題志向型医療システム） 1964年に米国で医師や医学生の診療と医学教育のために考え出された医療システム。患者ケアを論理的に考え，分析・総合しながら解決方法を見出し，計画的に実行し，評価するという一連の過程を，医師・看護師およびすべての医療従事者の協同作業によって，より科学的に進めるべきであるとした。それぞれの問題についての経過状況はSOAPの形式で整理し記載される。

*SOAP（Subjective Objective Assessment Plan） 患者本人，家族などから得た主観的情報（Subjective），専門家が観察した結果や検査から得た客観的情報（Objective），上記の2つから引き出された問題に対する評価（Assessment）に基づいて作られる計画（plan）。記録を（S）（O）（A）（P）に分けて記述する方法。

では，「対人関係スキル」の他に，「フォーカスチャーティング」*，「POS*・SOAP*」などの記録方法がキーワードになります。〈講義〉では，実践的な内容が中心になります。たとえば，「教育の原理と方法，研究方法とその実践」「危機的状況下にある患者の看護」「安全安楽な環境」など。〈グループワーク〉では，お互いの看護観や自分の傾向を知るディスカッションが組まれます。たとえば，「自分の言葉で看護を語れますか」「看護職に期待するもの一患者の立場から」など。〈訓練〉では，「患者体験・患者さんに変身」「リーダー役割の体験」など，〈研究〉では，「看護研究の過程を学ぶ」など。

④入社3年目教育

この時期の教育は，看護業務が1人で自立してできるかどうかの確認が行なわれ，それがクリアーされている場合には，プリセプターになるための養成教育になります。また，この時期の教育は後輩指導を行なう場合や日常業務のリーダー役をするためのリーダーシップの能力養成が中心になります。3年目のキーワードは「自立」「プリセプター準備」と「リーダーシップ」です。

〈目標の設定〉 1人前の看護師として自立した姿勢が要求されます。新人指導や業務上のリーダーシップを発揮する時期になります。目標の設定は次のようになります。たとえば，〈実践〉では，「リーダーシップを発揮でき，チーム全体を見ながら業務ができる」「3年間の集大成として自己の看護を振り返り，今後に生かせる」など。〈教育〉では，「指導のもとで，後輩を育成できる」「積極的に勉強会の企画運営ができる」など。〈研究〉では，「看護職として看護業務を研究的視点で捉える」など。〈管理〉では，「プリセプターの知識・技術を取得できる」「自分自身をマネジメントできる」など。

〈教育内容〉 〈実習〉では，主な項目をあげると，「スタッフの心をつかむリーダーシップ」「コミュニケーション知識技術」など。〈講義〉では，「自己理解他者理解と人間関係の基本を知る」「中堅看護師に求められる資質と役割」。〈グループワーク〉では，「あなたがリーダーだったら・こんなリーダーになりたい」「2年の振り返り・3年目を振り返って（期待される3年目）」など。〈訓練〉では，「日替わりリーダー体験」「カウンファレンスの司会」「夜勤のリーダーの役割を体験する」など。〈研究〉では，「社会的問題を持つ事例検討」「問題解決の事例研究」など。

⑤入社4年目教育

入社4年目は，プリセプターになりますので，そのフォローアップの教育が主体になります。また，所属単位では，リーダーシップを発揮した主体的な業務姿勢が求められています。したがって，教育内容もプリセプターに対するバックアップ教育と主体的（チームリーダー）な業務に対する教育になります。3年目のリーダーシップを踏まえた上で，4年目のキーワードは「プリセプター」「問題解決能力の向上」と「自己課題の明確化」です。

〈目標の設定〉　中堅看護師にむけての役割とプリセプターとしての指導能力の取得が目的になります。また，看護業務だけではなく，組織にも目をむけることが求められます。〈実践〉では，たとえば，「専門性を発揮でき，創造的な看護実践が展開できる」「問題解決技法を身に付ける」「あらゆる面でリーダーシップが発揮できる」など。〈教育〉では，「臨床指導者としての役割を認識し，臨床指導の向上を図る」「専門分野の教育・研究・コンサルティングができる」など。〈研究〉では，「看護分野で研究開発を行ない，変革者の推進者になれる」「院内外の研究会学会雑誌への投稿ができる」など。〈管理〉では，管理者の補佐業務が視野に入ってきます。たとえば，「中間管理者を補佐し効果的なチーム運営ができる」など。

〈教育内容〉　〈実習〉では，たとえば，「スタッフの個性にあわせて助言できる」「良い看護モデルになれる」「管理事例を通して対策を学ぶ」など。〈講義〉では，心理学の学習を通しての自己理解，他者理解の講座が目につきます。「人間関係論＝ＰＭ理論*」「アサーション・コミュニケーション*」「交流分析*」など。〈グループワーク〉では，「私の指導観を語る，次年度の目標」「プリセプターを体験して得られたこと」など。〈訓練〉では，「指導者院外研修」「社会への看護ＰＲの企画運営に参画する」など。〈研究〉では，「看護学会研究発表・報告会を開催する」「指導上の問題解決事前レポート」など。

⑥入社5年目教育

この時期は，プリセプターを経験した後の中堅職員への入口にあたります。新人看護師・実習学生の指導を行なう能力と同時に，自己啓発が行なえるかどうかの自己開発能力が問われています。そこから，おのずと，自分の将来の看護師像を描いて，進むべき道を模索します。それによって，役職を目指すか，専門職を志向するか，教育職に向うかなど将来の方向性を自分なりに決める時期です。5年目が看護師の将来への志向のターニングポイントになります。キーワードは「中堅看護師の役割認識」「エキスパート」「管理職代行」です。

〈目標の設定〉　中堅職員として，後輩看護師の指導を受持ちながら，専門領域の看護をより深く広く展開できること，管理職の方向として，師長代行業務遂行に必要なマネジメント能力を養い，実践で活用できるようにすること，教育的・指導的立場を理解し，自己の役割を遂行することです。具体的には，〈実践〉では，たとえば，「家族の心理的ニーズを理解し，グリーフ（Grief・悲しみ，悲嘆の意）ケアを学ぶ」「あなたの看護が職場を変える」など。〈教育〉では，「学生指導ができ，学校との調整ができ，研修学生の指導に参加する」など。〈研究〉では，「エキスパートを目指して看護単位の指導研究ができる」「日常の活動を発表し，看護の向上発展創造性を研鑽する」など。〈管理〉では，「管理上の役割を学ぶ」「上司に問題提起できる」「委員会や会議の推進役になれる」など。

〈教育内容〉　〈実習〉では，「看護管理（感染管理・医療事故・看護過誤)）」

*ＰＭ理論　リーダーシップをP（performance）機能・M（maintenance）機能の高低の組み合わせにより，4つの類型を考える。両機能が高いとき，集団生産性が最も高くなる。M機能はリーダーシップ行動の1つで，集団維持を重視し，P機能は課題遂行を重視する。

*アサーション・コミュニケーション　不本意に自分を押し殺して非主張的になってしまったり，反対に感情的・攻撃的になったりしないで，相手を大切にしつつ，自分の気持ちや考えを表現するための第三の自己表現法をいう。

*交流分析（ＴＡ）　バーン（1910〜1970）によって始められた集団精神療法。感情・思考・行動をP（親），A（おとな），C（こども）に分けて対人コミュニケーションをモデルにそって分析し自我をコントロールする。

「マニュアル・手順見直し，指導計画書立案」など。〈講義〉では，「自己コントロールの方法」「学生指導の原理と実際」「看護管理の基本」など。〈グループワーク〉では，「効果的な時間の使い方・仕事の洗い出し，仕事の優先順位などについて考える」など。〈訓練〉では，「チームリーダーの体験学習」「他施設見学実習」など。

⑦入社6年～10年目（中堅）教育

この時期は，病院側の義務的な教育からは離れて，自分が目指す看護師像に向けての自己啓発が中心になってきます。エキスパートのためのキャリア支援や看護師教育の視点を職場から地域社会や社会の看護動向など，より広い視点からの自己学習を目指します。したがって，病院側の用意するプログラムは，日本看護協会の専門看護師*・認定看護師*や管理職の研修，あるいは海外研修など視野を広げるような教育になります。院内であれば，自己啓発による動機づけのために，小グループの学習会などを行なっています。キーワードは「地域社会」「管理職代行」「専門・認定看護師」です。

〈目標の設定〉　〈実践〉では，「看護師の社会的地位向上のためにできることを実行する」など。〈教育〉では，「自分の目指す看護に沿った自己教育歴シートの作成ができる」など。〈研究〉では，「社会的ニーズにあった看護を探求し，研究的態度をもつ」「エキスパートを目指して看護単位で指導研究できる」など。〈管理〉では，「管理，教育の基本知識を習得し，師長・主任の補佐・代行ができる」「社会資源の活用，病院への健全経営への協力ができ，後輩の指導ができる」「チームを診断し，発展・変化させることができる」など。

〈教育内容〉　〈実習〉では，「自己目標設定，自己評価，他者評価」「業務改善提案書作成」「看護計画点検」など。〈講義〉では，「院内認定看護師育成コース」「看護サービスとマネジメント」。〈グループワーク〉では，「QOL（生活の質）を高める援助」「看護観・死生観」など。〈訓練〉では，「災害時の役割，災害看護」「他部署研修・海外研修」など。〈研究〉では，「専門誌などへの投稿」「看護学会への参加」など。

⑧入社10年目以上

10年以上の看護師は職場の中心になりますので，その職員のやる気や姿勢は所属部署全体に大きな影響を与えます。このため，院内の教育研修ではマンネリを排除し，動機づけを中心とした研修になります。キーワードは「エキスパート」「役割モデル」「運営参画」。

〈目標の設定〉　一般職員としては，「ベテラン看護師の立場を認識し，所属に貢献でき，キャリアプランに基いてキャリア開発できる」など。管理者としては，「社会への看護ＰＲの企画運営に参画する」など。教育指導者としては，「教育指導することによって共に学び自己成長につなげる」などというようになります。〈実践〉では，「専門看護師・認定看護師」「地域との連

＊**専門看護師**　大学院修士課程修了や勤務年数などの条件をみたし，日本看護協会専門看護師認定試験に合格し，ある特定の専門看護分野において卓越した看護実践能力を有することが認められた者をいう。現在，特定されている専門看護分野はがん看護，精神看護，地域看護，老人看護，小児看護，母性看護がある。

＊**認定看護師**　認定看護師に必要な教育課程を修了し，ある特定の看護分野において，熟練した看護技術と知識を有することを認められた者をいう。特定されている認定看護分野（11分野）は，救急看護，ホスピスケア，感染管理，不妊看護，創傷・オストミー・失禁（WOC）看護・がん化学療法看護・訪問看護，新生児集中ケア，重症集中ケア，がん性疼痛看護，糖尿病看護がある。

携」「自己の業績を残す」など。〈教育〉では,「指導プランを立案し指導計画を立てる」「院外研修＝新しい知見を共有する」など。〈研究〉では,「自己のキャリア開発の過程を発表できる」「看護研究で得られた成果を実践に活用できる」など。〈管理〉では,「病院経営についての理解を深める」「マネジメントに実際に触れてスキルの向上を図る」「所属の問題点を明らかにできる」など。

〈教育内容〉　〈実習〉では,「新人オリエンテーションのプログラムチェックリスト」「チームの総括」など。〈講義〉では,「認定看護師コース」「看護管理（概論と実際）」「フィジカルアセスメント*」など。〈グループワーク〉では,「シスター（上級）ナースの役割」「チームをどう運営するか」など。〈訓練〉では,「師長補佐の業務」。〈研究〉では,「テーマを決めたグループ活動」など。

⑨管理職教育研修の目標と内容

　管理教育は,一般的には,各所属部署の主任からスタートして,部署師（婦）長,看護部長（または総師長）とステップアップします。

主任教育
　主任は管理職としてのファーストステップになります。看護単位内のリーダーシップを発揮し,問題解決能力が必要とされるチームリーダーからさらにステップアップして,チームの取りまとめ役としての機能＝管理能力と他部署との調整能力が必要とされます。同時に,師（婦）長の不在時の代行ができる能力も求められています。教育プログラムには管理・調整などの能力取得のために講義,演習などが用いられます。院外教育として外部の講習会（主として日本看護協会や都道府県の看護協会）への参加も積極的に行なわれます。キーワードは「補佐・代行」「トップリーダー」「リスクマネジメント」です。

　主任教育では,「新採用者のチェックリスト作成」「管理職講座（管理とは,看護の動向と期待内容,組織と教育,管理事例検討,病院経営,勤務表と管理観）」「看護経営学・看護経済学（外部講師）」「日看協看護研修学校」「国内国外留学研修」などが行なわれます。

師（婦）長教育
　病棟単位の師（婦）長は通常の企業でいうと課長に相当し,中間管理職として,その病院の理念や方針を実行させる役割と現場を把握し,患者の動向や部下である職員の様々な状態を把握して管理します。また,師長の役割は,直接的には看護単位の目標の達成ですが,組織内だけではなく,看護界の変化や政府の方針,法律の改定などをいち早くキャッチし,現場の仕事に生かす情報収集のアンテナ機能が求められています。さらに,部署内の人材育成も重要な仕事です。キーワードは「経営管理」「社会的動向」「人材育成」です。

　師長教育では,「交渉技術・調整技術」「OJT,Off-JT,ＳＤ（自己啓発）への促進援助」「看護と経営のポイント」「院外講師体験」「看護部門内各委員会活動」などが行なわれます。

＊フィジカルアセスメント
(physical assessment)　ナースによる患者の頭から足先までの系統的・体系的な身体診査技法をいう。患者へのインタビューにより健康状態を聞き取り,エグザミネーション（診察）を行ない,客観的なデータを取る,結果を記録する,という一連の流れを経ることをいう。

⑩領域・テーマ別教育研修

病院では，年次別教育研修以外にさまざまな専門職技術教育が行なわれています。たとえば，看護診断コース，看護研究コース，創傷ケアコース，外来看護，ＱＣ（品質管理）講座等々，また，個別の研修講演会では，チーム医療，看護診断，リーダーシップ，固定チームナーシングなどのテーマによって行なわれています。ここでは，高齢者ケア職に関連するテーマ別の事例を参考として紹介します。

高齢者看護コース

〈目的〉 ①老人を理解し，的確な対応が取れ，患者家族への指導・相談ができる，②介護保険などの社会資源の活用ができる。
〈目標と研修方法〉
　ファーストレベル（講義と論文）＝老化に伴う身体的変化と疾患について理解できる→セカンドレベルⅠ（講義・老人触れ合い研修）＝老人を取り巻く政策を知り，看護におけるニーズを知る→セカンドレベルⅡ（講義・症例検討レポート）＝痴呆症や失禁ケアの老人の特徴的な症状とケアのあり方を理解し看護実践できる→サードレベルⅠ（講義とケース検討会）＝老人に発生しやすい問題点を理解し，援助できる→サードレベルⅡ（ケースを論文発表）＝研究的視点をもち，老人看護における実践的研究ができる。

ホスピスケアコース

〈目的〉 ①ガン患者と家族への支援に関する知識と技術を習得し，看護実践能力を得る，②役割モデルとして看護者の指導や相談を担う。
〈目標と研修方法〉
　ファーストレベル（講義）＝基礎的知識の習得→セカンドレベルⅠ（講義）＝チームケアの理解を深める→セカンドレベルⅡ（セミナー・論文）＝院内緩和治療科での看護研修→サードレベルⅠ（院外研修，指導教育実践）＝ケアの質を向上させる→サードレベルⅡ（研究発表・論文提出）＝研究的視点を持ち緩和ケアの実践的研究ができ看護職のコンサルテーションができる。

(4) まとめ

高齢者ケア職の教育研修を体系化する場合には，以上のような先行モデルとしての看護職教育研修体系を参考にすることが有効ですが，大切なことは，病院と高齢者ケア施設の相違を考慮していかなくてはなりません*。たとえば，その規模（資産・建物・ケア対象者数など），職員数，予算，人材などの相違を考えて導入する必要があります。また，病院における教育研修はその必要上から，医療機器の新たな開発やあたらしいシステムの導入により，技術重視に傾いていくことはしかたのない状況ですが，ヒューマンサービスとしての人間教育，感性教育の面が不足していると思われます。高齢者ケア職は，看護師以上にケア対象者の精神面・生活面を支える必要がありますので，この感性教育のプログラムの充実を図ることが大事になります。

＊ケア職と看護職の相違については，本書３章「ケア職におけるプリセプターシップの導入」の③の(1)「ケア職モデルと看護職モデルの相違」を参照ください。

さらに，看護職でも基礎的教育研修体系はできていても，長期的な視点にたった生涯教育研修の体系は不十分であることは否定できません。看護職だけでなく，ケア職でも，女性が多いという特徴がみられ，出産・子育てというトピックが長期的な仕事の継続のネックになっていますが，今後は，仕事を生涯的な視点から捉える女性も多くなるため，中年層，壮年層の教育研修や途中採用者の教育研修プログラムが必要不可欠になってくると考えられます。

[注1]　「病院における看護師の教育研修体系実態調査」（調査日：2002年5月～9月）
　①　調査目的：高齢者ケア職の職員教育研修体系を構築するために，先行モデルとしての看護師の職員教育研修体系を実態調査する。
　②　調査対象病院：日本全国主要病院の500社から看護師の職員教育研修プログラムを送ってもらい，そのうち，教育研修内容が詳細に書かれていた150施設を調査対象とした。
　本調査の特性は，調査対象として大学附属病院が多く，比較的規模の大きい病院が多いことです。それだけ，看護教育体制では先進的な状況にあります。調査対象の属性は以下のとおりです。
　a）立地／北海道・東北地区＝6施設，関東地区＝55施設，中部東海北陸地区＝41施設，関西地区＝36施設，四国・中国・九州地区＝12施設，となっています。全体では，関東地区が多くなっていますが，調査基点から，中部東海北陸，特に東海地区が比較的多いという特徴がみられます。
　b）病床数／199床以下＝15施設，200～399床＝36施設，400床～599床＝32施設，600床～799床＝31施設，800床～999床＝14施設，1,000床以上＝22施設，となっており，中堅以上の規模の病院が対象になっています。
　c）職員数（看護師数）／99人以下＝10施設，100～199＝27施設，200～299＝27施設，300～399＝229施設，400～499＝21施設，500～599＝13施設，600～699＝5施設，700～799＝8施設，800～899＝4施設，900～999＝4施設，1,000人以上＝2施設となっています。300人以下が64施設（42.7％），300～600人が63施設（42.0％），600人以上が23施設（15.3％）です。
　d）経営主体／大学が設置している病院が44施設，医療法人が20施設，市町村立が20施設，国立が10施設，財団・社団法人が9施設，日赤が9施設，都道府県立が7施設，社社会福祉法人が6施設，国家公務員共済連が4施設，企業・医療生協・社全社連が3施設，社労働福祉事業団・健保連が2施設，1施設が厚生農協・厚生連・国保連・宗教法人となっています。
　e）開業年／昭和19年以前が23施設，昭和20～29年が46施設，昭和30～39年が16施設，40～49年が27施設，50～59年が27施設，60～平成14年が9施設となっており，昭和29年以前と，30～49年に開業した病院が多くなっています。

2章　高齢者ケア職の職員教育研修体系モデル

1　高齢者ケア職の職員教育研修の体系化

(1) 目標管理による教育

　教育研修の体系化のポイントは，教育の費用対効果とその実効性です。会社が時間とお金をかけて教育するのは社員のためではなく会社のためです。とはいっても教育は強制しても身につきにくいものですから，本人のやる気を喚起しながらすすめることが大切ですが，それでも効果を測定し実効あるものにしなければなりません。やる気を出させ教育研修を実効性のあるものにする方法に経営管理の手法である「目標管理」を利用した「目標による教育」方法があります。とくに，OJTの効果的な方法として導入されています。これは，教育する側（上司）が一方的に教育目標や内容を計画するのではなく，教育を受ける側（部下）に目標や内容を納得させて，業務遂行のための過程でお互いに話し合いで教育をすすめるものです。

　部下は具体的な業務課題や具体的な方法，スケジュールなど考えて上司に提案します。上司は本人の考えを元に適切なものになるようにアドバイスしながら修正します。とくに，課題設定は低くても高すぎてもうまくいかないため，十分話し合ってあくまで本人が納得するものでなければなりません。定期的な上司との話し合いを職場指導とか職場面接といいます。指導面接は1年か半年に1回程度行ないますが，教育対象者の経験年数によって，毎月定期的に行なうこともあります。指導面接では，その間の経緯と結果，そして，課題の達成度を本人が上司に報告し，相互で話し合って，結果の確認を行ないます。もし，達成度が低い場合はその原因を本人に考えさせ改善策を検討します。場合によっては，課題や目標そのものを再検討することもあります。本人に課題の達成感をもたせ，動機付けを強化します。上司はできるだけ口出しをせずに，本人にやらせることがこの制度のポイントです。看護職の教育研修制度にもこの目標管理が導入されています。

(2) 教育研修の全体系化

　教育研修は，その組織の理念にもとづいて体系化することが大切です。教育研修の体系化とは，その全体図を描きながらその各要素（階層および職能）の関連性を明確にし，それぞれの要素が機能すれば，その全体の目的を達成できるようにするものです。同時に，**Plan→Do→Seeによる循環的プロセス**を考えることです。また，その実行の根拠となる人材と資金を保証することです。

　教育研修の体系はいろいろあり，それぞれの組織体で特徴のある教育体系を

2章 高齢者ケア職の職員教育研修体系モデル

図表2.1 教育研修体系の種別とその流れ

項目＼時間	新入時	1〜3年	5〜10年	10〜15年	15〜20年	20〜30年以降		
職員レベル	新入職員	初級職員	中堅職員	上級職員 初級役職	中堅役職	上級役職		幹部役員
一般企業役職（施設職員）			新人指導レベル	主任・係長（主任）	課長（部門長）	部長（施設長）		取締役（理事）
階層別教育	新入時教育	初級教育	中級教育	初級管理者教育	中級管理者教育	上級管理者教育		経営者教育
職能別教育	経営理念・経営方針・社会的使命→基本教育							
		専門技術・知識の取得	開発能力・問題解決能力	人間関係・リーダーシップなどの能力	部下の指導・管理原則	経済動向 経営管理		人間修練 経営計画
自己啓発	通信教育，学会，資格取得，勉強会，発表会							
教育内容と方法			感性（態度＝マインド）教育＝ケーススタディ，ロールプレイング，感受性訓練					
	社会人教育・知識・技術教育＝ 見学・実習		プログラム学習	プロジェクト法	ブレーンストーミング		ビジネスゲーム	
教育実施形態			OFF-JT（集合教育），自己啓発＝講義，グループ討議，ディベート，面接法					
	OJT（個別指導），小集団（勉強会グループ学習など）							

つくっていると思いますが，介護・看護職などのヒューマンサービスの教育体系は，時間をキーワードに体系づくりをしていくべきであると考えます。時間をキーワードにすると，それに対応する教育の中心は，段階（階層）別教育になり，それに能力（職能）別教育をミックスさせて行なうことが良いと考えます。教育研修の構造について時間をキーワードに図式化すると図表2.1のようになります。

段階別の教育体制を基本に考え，図表2.1のような一般的な教育研修の構造を福祉施設・サービス事業所の教育研修に全体系化した具体例が図表2.2です。

この図は，段階別教育とOJTを中心にして，それに能力別教育，Off-JTを加味しています。初期（基礎）教育研修は，教育研修体系の骨格であり，これは全職員を対象にある程度強制的に行なう研修になります。当然，職務時間内で行ないます。専門分野の選択研修は，その職員の関心づけや動機づけのために行なわれるものですが，初期（基礎）研修に続いて重要な位置をもっており，半強制的に参加させる場合もあります。

派遣研修や外部団体研修は，施設側で参加職員を指名したり，職員の希望であった

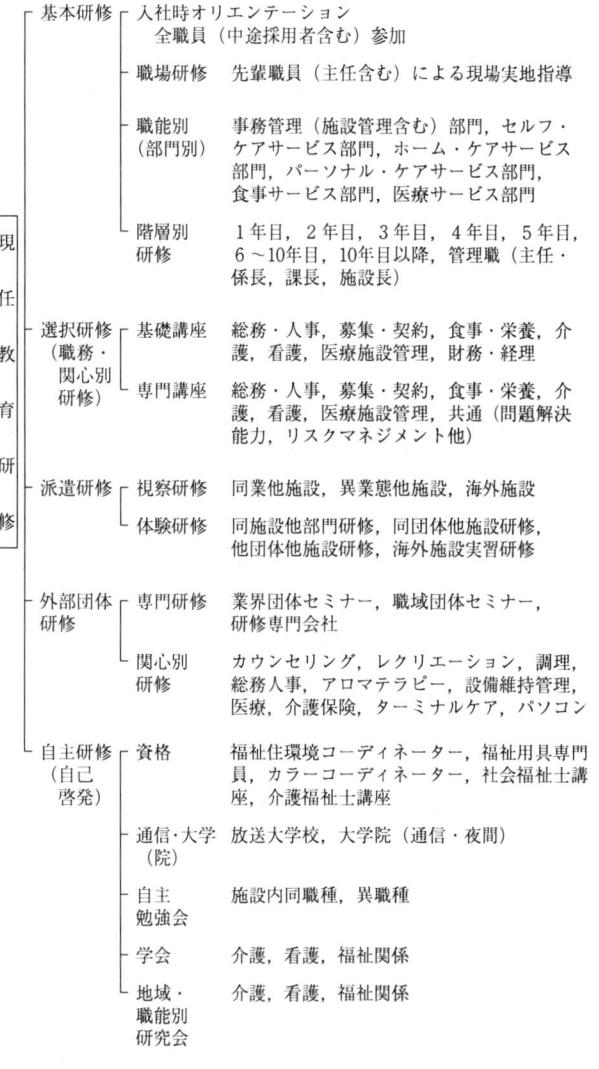

図表2.2 福祉施設・介護サービス事業所の教育研修全体系図

りしますが，ある程度の経験を積んだ問題意識や課題をもつ職員を対象にします。研修の究極形態は職員自らの自己啓発です。そのための支援策は教育研修では重要な位置づけがあります。体系図には自己啓発の支援策も入れて職員の私的研修ではあっても把握することが必要です。

組織全体の教育研修体系をつくってから，それぞれの現業部門の個別研修体系を作るという手順が大切です。なぜなら，全体的な体系を個別化しないと，教育研修の目標が見失われる場合があるからです。「何のために教育を行なうか」という目的を明確化すること，その組織の理念を具体化することが大切なのです。通常は，教育研修がその時々の必要性から行なわれているために逆になっている場合が多くみうけられます。その意味で，いま行なわれている教育研修体系をもう一度見直しすることをおすすめします。実態把握を行なって，それをベースに体系化を図っていくことです。

体系化のポイントは，組織の全体系と介護などの部分体系の関連性をもたせ，同時に，その組織の理念を貫き通す教育方針を設定することです。そうしないと，木（部分）ばかりみていて森（全体）が見えなくなります。

さらに，大切なことは教育研修の継続性です。職員の個人別「教育研修履歴シート*」に基づいて教育研修管理台帳*を作成する必要があります。それによって，継続的な職員教育管理が可能になります。また，福祉施設・サービス事業所は現業の介護・看護職が教育研修の中心になりがちですが，その他の部署の研修も忘れてはいけません。とくに，定期的に行なう「全社的な事例研究」などの研修では，事務職，栄養士・調理師，医療職などの他部門の参加が必要ですし，他部門を理解することによって組織全体のチームワークができるのです。

(3) 教育研修体系のステップモデル

介護保険の施行により，介護サービス分野にもさまざまな企業から参入してきていますが，これらの企業にしても教育研修では，既存の資格取得の研修プログラムをそのまま使っており，独自の教育研修の体系的な構築はなされていないようです。具体的には，初級レベルではホームヘルパー3級や2級の養成プログラムなどを使用し，職員の中堅レベルでは介護福祉士や介護支援専門員などの資格を得るための教育内容をそのまま使用しています。したがって，教育研修の体系化のための段階的なキャリア開発プログラムとその目標設定がセットされたものがありません。

これに対して，病院の看護師教育は，クリニカルラダー*を使用し，それぞれの段階での取得すべき目標と課題を設定し，それにもとづいた教育研修を行なっています。

図表2.3は，聖路加国際病院の看護師の「キャリア開発ラダー」ですが，これをみると，それぞれの段階での取得すべき知識・判断・行為が示されています。とくに，行為の結果とは，その段階の看護師が陥りやすい問題点を表示

---

*教育研修履歴シート 「教育研修履歴シート」の書式は問わないがつぎのような項目を入れる。

個人の属性としては，・氏名・職員コード・所属部署・年齢・入社年・役職など。

研修履歴項目は，OJT（個人研修）では，個人別の教育研修計画書（設定目標・実施内容・期間・達成度など）をファイルするが，Off-JT（集合研修）では，別に書式をつくって，・研修名（タイトル）・主催者名・場所・日時・費用・研修内容・目的（目標）・報告書の提出日・研修評価（方法・日程）・目標達成度などを記載する。ポイントは費用と目標達成度である。履歴シートは個人で保管するが，おなじものを教育研修担当者（または上司）が管理する。

*教育研修管理台帳 教育研修管理台帳は職員の一覧表を年度ごとに作成。書式は問わないが，入れる項目は，職員属性として，・氏名・職員コード・所属部署・役職・入社年など，研修項目は，・外部研修か内部研修か・研修名・期間・費用など。項目はできるだけポイントを絞って一目で分かるように記載。教育研修担当者（または上司）が管理。

*クリニカルラダー（clinical ladder） ナースの臨床実践能力を評価し，キャリア開発に役立てるため，報酬を与える手段として開発された昇進評価システム

図表2.3 キャリア開発ラダー

	第1段階（新人）	第2段階（2～3年）	第3段階（中堅）	第4段階（達人）
知識	【理論的知識】 ・バイタルサイン，検査値などの正常値を活用する。 ・解剖生理を理解することができる。 ・一般論を頼りにする。 ・身体的側面の知識を多く活用する。 【経験的知識】 ・ノウハウは，直面した状況から学習されていく。 ・流れや関連性への結びつけは乏しい。 ・収集したデータが対象の何を意味しているのかという理解に結びつけることが難しく，活用がまだされにくい。	【理論的知識】 ・疾患ごとの特有の事象を学ぶ（疾患と解剖生理を結びつけて理解する） ・心理的側面の知識も活用できる。 【経験的知識】 ・あの疾患のあの事例がこうだったから，この同じ状況にある事例はこうだろうという応用ができる。 ・経験と勘によりケアの方法が考えられる。 ・観察ポイントが明確になってくる。 ・個別性を考慮に入れることができる。	【理論的知識】 ・対象の経過と現在の状況，予後についての深い知識を活用し，反応する。 ・身体的，精神的，社会的知識を総合し応用できる。 ・社会的資源に関する知識をQOLに結びつけて活用できる。 【経験的知識】 ・事例の状況や経過をとおして学ぶことが多い。 ・一連の流れのなかで，対象に現在起こっていることを瞬時に把握できる。 ・急変や救急の場合でも自分の働き方がわかり，同僚に対する行動の指示に結びつけることができる。	・看護の領域にとらわれず，学際的な知識を幅広く動員して，ある状況を総合的に見ることができる。 ・様々な知識を総合的に用い，発展させることができる。 ・創造性・意図的な実践からさらに学習する。
判断	・状況判断が断片的である。 ・状況が変化するものとしてとらえない。 ・ガイドラインがあれば，対応できる。 ・状況に応じた優先順位の決定が難しい。 ・対象の身体的な部分に注目しており，対象の反応を見逃しがちである。 ・対象の言動に影響され，過度に巻き込まれ，冷静さを失うことがある。 ・状況に振り回されることが多い。	・状況の把握が多面的に及ぶ。 ・状況を分析的にとらえる。 ・類似した出来事ならば，重要なもの，無視できるものがわかる。 ・ガイドラインに加え，経験に裏付けされた問題解決技術を展開できる。 ・予測していなかった出来事にもある程度対応できる。 ・対象の身体的側面にとどまらず，心理的，社会的背景にも着目する。 ・状況にかかわる自分の心の動きにある程度気づくことができる	・状況を全体としてとらえ，変化することを知っている。 ・典型的な状況下においては，個別性を重視した柔軟な対応ができる。 ・状況に応じた優先順位の決定ができる。 ・状況に関わる自分の心の動きを察知している。 ・対象を身体的・心理的・社会的側面から包括的にとらえることができる（価値観，家族関係，社会的役割などを含む）。 ・複雑な要求や長期化する問題の方向づけができる。	・状況の全体を瞬時に直感的にとらえる。 ・判断と行為は同時に進行する。 ・その場その場において，何を優先するべきかを知っている。 ・起こりうる問題領域に絞って，注意を集中する。 ・あらゆる側面から対象をとらえたうえで，行為を導くことができる。 ・枠にとらわれず，卓越した自己裁量を活用する。
行為	・対象のニードに関心をもとうとする。 ・行為の数が少ない。 ・ガイドラインを用いて行動するので，対象のニードに合わないことがある。 ・判断にも行動にも時間がかかる。 ・対象の反応に関係なく近づこうとする。 ・行為が対象中心ではなく，業務中心になりやすい。	・対象の反応からニードを把握しようとする。 ・選択できる行為をいくつかもっており，迷いを生ずる。 ・対象のニードに沿おうとする。 ・融通性やスピードには欠けるが，多くの偶発的出来事に対処できる。 ・対象の反応に合わせて近づこうとする。 ・行為が対象中心であるが，ときとして業務中心になることがある。	・対象が気づいているニードを把握する。 ・選択できる行為を多くもっており，迷わず適確に行える。 ・対象のニードに合わせて工夫する。 ・偶発的な出来事に対して速やかに反応できる。 ・対象の反応に合わせて意図的な関わりをもつことができる。 ・行為が対象中心であり業務にも支障をきたさない。	・対象が気づいていないニードを把握する。 ・直感的に行為を選択する。 ・その場その場で行為を工夫し創造する。 ・対象の潜在的ニードにも速やかに対応する。 ・派生する問題を予測して行動できる。 ・ときに対象の反応に巻き込まれているが，自分を見失うことがない。
行為の結果	・対象のニードが充足されないことがあり，対象にどなられたり，反発にあうことがある。 ・行為の満足感が少ない。 ・問題解決する場合としない場合がある。また，問題解決したかどうかわからない場合がある。	・対象のニードに充足して努力しているが，充足するときとしないときがある。 ・自分の行為に対して確信がもてないこともあるが，対象の反応から喜びを感じるときもある。 ・問題解決するときと，自分の行為を一方的に進め失敗するときがある。	・対象のニードが充足され，対象に感謝されることが多い。 ・満足感がもてるときと不満足のときに揺れ動くが満足へと進んでいく。 ・臨機応変に問題解決ができる。	・対象の顕在的および潜在的ニードが充足されたという確信をもつことができる。 ・当然の結果としての，ごく自然な満足感がある。

出所：『看護展望』2001年6月号　メヂカルフレンド社

して，教育研修の目標や方向がわかるようになっています。このような目標設定と評価基準を教育研修の柱として設定することによって，教育研修の骨格ができるのです。

高齢者ケア職の現任教育研修体系ステップモデルをイメージ的に図表化すると，図表2.4のようになります。このケア職の教育研修体系ステップモデルは，基本的には，看護職の教育体系を見習って段階（年次）別教育体系とし，それに能力別の教育プログラムを付け加えた階層別職能別教育体系になっています。このモデルでは，内部教育体制を主体に構築し，職能別では外部教育機関（セミナー・講演会への参加，講師の招請）の併用を考えています。

全体的にみると，職員の基礎教育は1～5年目が重要と考えますので，内部で教育できる体制を作りたいものです。なぜなら，ケアに対する理念はその施設ごとに異なりますし，技術にしてもその福祉施設・サービス事業者の特有のやり方があるものです。そのためには，新人に対する先輩職員による直接的な教育指導が大切になります。他方で，指導する職員側の教育の視点も忘れてはいけません。

> *QC研究
> QCとは，Quality Controlの略で，良い製品をつくるための管理活動をさす。介護・看護職においてもサービス（製品）向上運動として，QCが取り入れられた。現在，社会福祉施設士の団体が毎年大会を開催し，QCの事例発表を行なって促進運動をしている。

図表2.4　高齢者ケア職の教育研修体系ステップ図

集合教育研修（Off-JT）（職能・職務教育研修）

段階	段階別研修	内容・目的	職能別研修	交流・他施設	研究	介護技術研修	事例研究	ケア研究 QC*研究	介護・看護トピックス
〈管理職〉	海外交換研修 リスクマネジメント		主任・係長研修 課長研修			介護技術研修	事例研究	ケア研究 QC*研究	介護・看護トピックス
〈6～10年目〉	介護講座の講師		施設内勉強会の主催 海外視察研修	学会・他団体の研究会に参加					
〈5年目〉	異団体他施設研修		ケア研究						
〈4年目〉	同団体他施設相互交流研修		実習生の受け入れ指導	他施設見学					介護困難者
〈3年目〉	新人職員技術研修Ⅰの講師	目的：新入職員技術研修Ⅰの講師になることによって，自らの介護技術を振り返る	コミュニケーション研修	感性研修	リーダーシップ研修	ケア研究補助			痴呆者介護／コミュニケーション
〈2年目〉	新入職員技術研修Ⅱ	目的：1年目のフォローアップを行い，自己の知識・技術・態度を確認する	介護周辺技術（医療・看護等）研修	同施設内他部門交流研修					レクリエーション／リハビリ
〈1年目〉	OJTによる業務指導　目的：マンツーマンの指導を受け，介護業務が支障なくできるようになる	目的：組織人としての心構えを学び，組織の規則を知り，仕事をマスターする	新入職員技術研修Ⅰ　目的：業務内容を理解し，介護技術を習得する	同施設内他部門見学					介護保険
入社時オリエンテーション		目的：会社の理念・歴史・仕事・組織の規則を知る 職業・社会人としてのマナーを学ぶ	マナー講座，フォーラム他						

5年目以降では，中堅職員への教育研修プログラムが必要です。マンネリに陥らずに業務への関心を持続するために仕事への動機づけと心理面のケアのプログラムが大切になります。中堅職員への研修は，介護職では歴史が浅く高度のスキルを教育できる人材は少ないので，他施設との交流や外部機関をうまく使った技術的取得と自己啓発支援を基礎にして職員個人の能力別にプログラムを設定することです。また，管理職の管理技術能力を取得するための教育は内部での人材確保がむずかしいので，外部の教育機関を活用します。

　外部の教育研修機関は，看護職では，日本看護協会が教育機関として確立していますが，ケア職の教育研修機関では全国社会福祉協議会のほかに介護福祉士や社会福祉士，介護支援専門員などの職域・職能団体や介護老人保健施設協会，有料老人ホーム協会などの業種別の団体があり，それらが研修会を行なっています。また，行政側では各県にある「介護実習・普及センター」*や「福祉人材センター」*が教育研修を行なっています。公的な研修機関では，一般人を対象にしている場合があり，専門職に向いていないこともありますが，選択してこれらを上手く使っていくことが必要です。

　以下の節では，教育研修の全体的な体系に基づいたケア職の教育研修内容のステップ（段階）を紹介し，それぞれの段階においての目的・目標と教育研修内容を記述します。

　なお，研修内容は筆者が所属していた㈶日本老人福祉財団*で行なわれていたものです。筆者が勤務していた当該施設*ではセルフ・ケアからターミナル・ケアまでの終身ケアサービス*を特徴としており，その中で職員研修はそれぞれの職種（部門）別に行なうものと，全職員を対象とするものがあります。職種別では，ケア職部門の他に，事務部門，施設管理部門，食事部門，医療部門などがあります。本書では，ケア職部門の教育研修を取りあげています。

＊介護実習・普及センター，福祉人材センターの所在地は付録を参照ください。

＊㈶日本老人福祉財団の概要
本書の教育研修のモデルになっている当該団体は，1973（昭和48）年に設立された厚生省の許可の公益法人で，全国に7ヵ所の有料老人ホームを経営している。最盛期には正職員約350人をようし，新入職員は毎年約40～50人。

＊当該施設　当該施設は「ゆうゆうの里」の名称で，全国に7ヵ所あり，本書で紹介しているのは，筆者が勤務していた佐倉および京都ゆうゆうの里で実施された教育研修。ちなみに，佐倉施設は380戸（健常者棟280戸，介護者棟100戸），職員数約120名（パート含む）。京都施設は412戸（健常者棟361戸，介護者棟51戸），職員数約100名。共に，診療所，ケアルームが併設された大規模な高齢者コミュニティである。

＊終身ケアサービス　当該団体の有料老人ホームにおいて，入居者に提供されるセルフ・ケア（利便的援助），ホーム・ケア（家事援助），パーソナル・ケア（身体的援助），ターミナル・ケア（終末介護）のトータルなケアサービスのこと。詳しくは，前著『トータルケア』（学文社，2003年）を参照ください。

2 各ステップにおける教育研修の目的・目標とプログラム

(1) 1年目教育研修

①入社前の新入職員オリエンテーション

　入社前に行なう新入職員オリエンテーションは形態の違いはありますが、入社時に必要な入社手続きとは異なり、その団体の理念や組織を理解させるものとなります。このため目的・目標は次のとおりです。

◆目的：職業人・社会人としてのマナーを学び、当該団体の理念・歴史・仕事を理解する

◆目標：1　当組織の理念・方針を理解する
　　　　2　社会人としての意識をもち、職業人のマナーを身につける
　　　　3　他部署の職員と交流し、同期意識の醸成と高揚をはかる
　　　　4　他者の意見を聞き、自分の考えをまとめて発言する
　　　　5　チームワークの大切さと役割分担を知る
　　　　6　協力して問題を克服し、達成感を共有する
　　　　7　仕事の概要を知る
　　　　8　命の尊厳をまなぶ

◆担当者：本部／総務部人事担当者、施設／施設長（教育担当兼務）

　入社前の教育研修では、実施の時期をいつにするか議論の分かれるところですが、施設が単独であるのか、複数あるのかによって相違します。また、新入職員数が多いか（10名以上）、少ないかによっても異なります。研修人数が多い場合は、4月の入社の前に行なった方がよいと考えます。どこか場所を借りた合宿形式がよいでしょう。内容はそれぞれの組織の工夫があると思いますが、基本的には新人をその組織に馴染ませることを主眼にします。入社同期の新人同志の交流を通して、人的関係をつくり、それがその組織に馴染ませるもとになります。

◆プログラム内容

　入社前新入職員オリエンテーションでは、複数の施設の新入職員を一同に集めた集合教育形式で、3泊4日の合宿を行ないます。この研修は職種を問わず全職員を対象にしています。当該団体では、毎年、新入職員としてケア職だけで20～30名の職員が入社し、事務部門、食事部門、医療部門を含めると参加者全員では、40～50名です。ただし、施設が新設された場合は、100名前後にのぼる場合もあります。この研修には、その年度に入社した中途採用者も参加します。入社前教育は以下のようなプログラムになっています。（具体的プログラムは、研修目標に沿って決められています。）

　　目標1⇒理事長から当該団体のできた経緯、理念、方針をのべる。総務担当
　　　　理事から就業規則の概要の説明。

目標2⇒外部の講師を招いてのマナー講座(挨拶の仕方,敬語の使い方,鏡を使って笑顔の確認,電話の応対,身だしなみなど)。

目標3⇒複数の施設の職員をできるだけ異なるチーム(1グループ8～10名)に組んで研修を行なう(途中で,チーム替えを行なう)。これによってできるだけ他施設の職員との接点を多くする。

目標4～6⇒職員をグループ別けしての課題検討会。1つのテーマ(課題)を与えてKJ法を用いて考えをまとめて報告させる。(この課題としては,1日目は,「50年後の日本社会」,2日目は,「これからの福祉サービス」,3日目は,「当団体の高齢者サービス」とします。)

　1日目のテーマは現実から離れて自由な発想でものごとを考えさせることです。2日目には,近い将来の日本の福祉について考えさせます。そして,3日目には,今これから仕事を行なう現実の介護問題としてあなた方はどのようにすべきかを考えさせます。

目標7⇒3日目の午後に「フォーラム」*を開き,各施設の施設長が各部署のテーマごとに施設で問題になった事例を発表し,話し合いをもつ。

　テーマはケア部門(ケアサービス・生活サービス・コミュニティサービス),食事サービス,医療サービス,事務管理,施設管理の7つに分けて行ないます。このフォーラムによって,各職種別の仕事の内容を理解する

*フォーラム(forum) フォーラムディスカッションの略。公開の討論会のこと。元々は,ギリシャの公共広場の意味で,そこで,政治的な議論をしたことから,転じて公開討論会の意味になった。

図表2.5　入社前新入職員オリエンテーション

研修場所:××市
研修日時:3月××日～××日(3泊4日)

時間	1日目 研修項目	担当者	2日目 研修項目	担当者	3日目 研修項目	担当者	4日目 研修項目	担当者
7:00			ランニング,体操 朝食	各施設長	ランニング,体操 朝食	各施設長	ランニング,体操 朝食	各施設長
8:00 9:00			前日のグループ討議発表 グループのリーダーが討議内容を発表し,各施設長・教育担当者が講評する	本部:教育担当者	前日のグループ討議発表 グループのリーダーが討議内容を発表し,各施設長・教育担当者が講評する	本部:教育担当者	前日のグループ討議発表 グループのリーダーが討議内容を発表し,各施設長・教育担当者が講評する	本部:教育担当者
10:00 11:00	受付	総務・教育担当職員						
12:00	昼食		昼食		昼食		昼食	
13:00	理事長挨拶 当該団体の沿革と理念	理事長	仕事の基本(命令と報告・私的時間と公的時間・倫理観・記録・など) 交通安全講習	本部:教育担当者 損害保険事務所	フォーラム 施設の各部門別事例発表 ケアサービス,生活サービス,食事サービス,医療サービス,コミュニティーサービス,事務管理(募集,総務・経理),施設管理 質疑応答と事例解説	各施設長 本部:教育担当者	当該団体経営施設,重度心身障害施設,特別養護老人ホームの見学	総務・教育担当職員
14:00	新入職員自己紹介(自分の似顔絵を動物に似せて書き,自己紹介を行なう)	本部:教育担当者	マナー講習(2班に分かれて行う) 電話,挨拶,敬語,笑顔(鏡を使用)	××百貨店接遇担当者				
15:00							各施設に分かれての説明 終了	各施設長
16:00	組織と就業規則	総務担当理事						
17:00								
18:00	休憩 夕食		休憩 夕食		休憩 夕食			
19:00	グループ討議 課題:「50年後の日本社会」 10名1グループに分けて,KJ法を使って課題をまとめる	各施設長 本部:教育担当者	グループ討議 課題:「これからの福祉サービス」 10名1グループに分かれて,KJ法を使って課題をまとめる	各施設長 本部:教育担当者	グループ討議 「当団体の高齢者サービス」 10名1グループに分かれて,KJ法を使って課題をまとめる	各施設長 本部:教育担当者		
20:00 21:00	終了		終了		終了			

目標7のケア部門のフォーラムで行なった主なテーマ
（ケア職関連のテーマのみ）

- 隣室の難聴の男性入居者がテレビ，ステレオの音を大きくするため音に敏感になり，隣上下の生活音を気にしだしてノイローゼになった事例
- ターミナル・ケアにおける在宅介護の限界と介護職・看護職の連携について
- 自殺未遂者のその後のケアについて
- 夫婦で入居し，配偶者が重症の痴呆になったが職員のケアを断り続けた（アプローチ困難）事例
- リウマチ疾患のある人のケアの事例
- 「入居者や職員に嫌われている」と訴える難聴の女性入居者にどのように対処すればよいか
- ケア対象者に対する音楽療法の試み
- 自殺者の一般的特性について
- 痴呆者の生活の場についての考え方
- 新入居者の施設不適応の問題点とスタッフの役割について
- ケア場面における夫婦と職員の関係について
- 終末期における点滴拒否の対応について
- 癌を告知された人への関わり方について
- 精神分裂病の子を守るための遺言書の書き換えとその親の心のケアについて
- 遺産をめぐって子ども同士で争う親への介護と職員の関係について
- 文句や注文が多く，ケアの時間がかかり過ぎる事例について

ように方向づけます。

目標8⇒当該団体の施設の見学と周辺にある重症心身障害児施設や介護老人福祉施設（特別養護老人ホーム）の見学を行ない，命の尊さを実感してもらいます。

参加者には，この研修の報告書を入社後1週間内に提出してもらいます。

②　入社時オリエンテーション

入社時のオリエンテーションのポイントとして，入社の手続が終わった後は，なによりもまずその施設の理念や歴史を知り，組織メンバーとしての意識づけをすることです。同時に，職業人としての基本的態度を養成します。とくに大切なのが職業倫理です。ケア対象者の人権とプライバシーの尊重を重点的に教育します。

◆**目的**：組織人としての心構えを学び，組織の規則を知り，仕事内容を理解する

◆**目標**：
1. 組織の規則・規程を知る
2. 施設・事業所のシステム・組織を知る
3. 介護システム（手順，実施，体制，記録）を理解する
4. 職業（介護）倫理を理解する

◆**担当者**：施設／施設長（教育担当兼務），事務課長

◆**プログラム内容**

初日は入社の手続きなどをした後，職場に入り，実際の業務を見ながら，次のような内容の研修を行ないます。

入社時オリエンテーションのスケジュール
実施日：4／1～3日の3日間

	13：30～15：00	15：10～16：40
1日目	当該施設の理念・組織・仕事ⓐ	左に同じ
担当者	施設長，各部門責任者	左に同じ
場所	会議室・講義	左に同じ
2日目	仕事と心構え（倫理）ⓑ	日常業務内容（記録方法含む）ⓒ
担当者	施設長，ケアサービス課長	ケアサービス課長，チームリーダー
場所	会議室・講義	会議室・講義
3日目	救急蘇生法ⓓ	左に同じ
担当者	チームリーダー2名	左に同じ
場所	ケアルーム（一時介護室）	左に同じ

ⓐ「当該施設の理念・組織・仕事」の具体的内容

> ●基本理念としての「高齢者コミュニティ*」，●高齢者コミュニティの内容（システムとして，入居者の立場から，職員の立場から，入居者と職員の関係），●ケアという仕事（仕事の原則，ケアプラン，ケアの視点），●組織図の説明，●契約書の解説（入居者の権利と義務），●契約から解約までの流れ，●施設管理規程の解説（引越しから生活までのサービス内容），●入居金システムの解説，●各部署の業務内容，●各部署の責任者紹介

ⓑ仕事と心構え

> ●ケアの意味，●ケア職の心構え，●ケア職の倫理，●ケア職の日常生活管理（精神管理，腰痛予防体操，気晴らしなど）

ⓒ日常業務内容

> ●勤務時間，●1日の業務の流れ（日勤・早番・遅番・当直業務・リーダー業務），●各種会議・打合せ・ミーティング，●業務・介護記録方法，●申請書類（勤務表・休暇），●防災の心得

ⓓ救急蘇生法

> ●蘇生法［蘇生法とは，蘇生法の構成（気道確保・人工呼吸・心臓マッサージ），蘇生法の手順，意識障害の患者に対する手当てのフローチャート］
> ●応急処置（転倒・骨折），●誤嚥，誤飲の対処方法，●人工呼吸・心臓マッサージの実技，●吸引方法の実技

*高齢者コミュニティ （財）日本老人福祉財団の基本理念。従来の考えである「老人ホーム」のホーム（家庭）という概念のアンチテーゼ（対立概念）として考えられたもの。すなわち，ホームつまり家庭の代行機能として発生した高齢者施設ではなく，高齢者が自らの判断によって，自らの金で入居し，自立した生活を営む共同社会（コミュニティ）であること。

③ 職員によるOJT

入社時オリエンテーションが終わりますと，業務に入りますが，当該施設では，1ヵ月程度はチームリーダーか，ケア課の主任がマンツーマンでマニュアルにもとづいて実習を行ないます。その中の必須項目が救命救急法，感染予防，災害（火災・地震など）時の対処方法です。まず，ケア対象者の命を守ることが最優先されます。

◆**目標**：1　1ヵ月目：日勤業務ができる
　　　　 2　2ヵ月目：夜勤業務ができる
　　　　 3　3ヵ月目：日勤リーダーができる
　　　　 4　4ヵ月目：夜勤リーダーができる
◆**担当者**：施設／ケアサービス部門　主任　または，チームリーダー
◆**時期**：4月～7月

半年程度で独立して業務ができることを目指します。その後の半年～1年はケア対象者のクセや個人的好みなどを考慮した「行き届いたケア」の修得になります。これは目標ですので，職員個々人の力量や技術程度によって異なりますが，できない場合は新人の能力や技術程度を評価し，どこに原因があるかを

探って，具体的な指導を行なう必要があります。

ここで強調したいことは，1年目の職員教育に病院の看護師が行なっている「プリセプターシップ」を導入することを推奨したいことです。

プリセプターシップは単なる新人教育制度ではなく，教育するための業務環境や職員意識の変化を促進し，業務マニュアルなどの整備などを通じて教育研修の動機づけや意識向上のきっかけとなり，教育研修全体に波及効果があるからです。Ⅱの3章の「ケア職へのプリセプターシップの導入」を参照してぜひ導入をはかってみてください。

④ 介護技術研修Ⅰ

1年目の新入職員技術研修として「介護技術研修Ⅰ」を設定しています。
◆目的：業務内容を理解し，チームメンバーとしての基本的介護技術を習得する
◆目標： 1 施設で使用する用語を理解する
　　　　2 介護の知識・技術・態度を取得する
　　　　3 組織や業務の流れを把握する（記録方法を含む）
◆担当者：施設／ケアサービス部門　3年目以上の職員
◆時期：6月第1週目

OJTによる実習指導を1ヵ月，それから1人での業務を1ヵ月，合計2ヵ月の見習期間を経てから基本的な介護技術の研修（介護技術研修Ⅰ）を行ないます。

技術研修を入社直後に行なわず，2ヵ月後に行なう理由は，a. 基本的な技術はマンツーマンで行なった方が効果的であること，b. 最初から技術・知識の詰め込みを行なっても身につかないこと，c. 2ヵ月の業務をこなす中で自分の問題点や不足部分が明確になることによって，研修の動機づけができ，この時期の研修の成果が大きいこと，d. 今まで行なってきた介護の復習と自己流の介護を修正するという意味があります。

この研修で重要なのが「**用語**」の研修です。このため，当該施設では半年間をかけて，ケア職員を動員してケア職に必要な当該施設独自の用語集を作りました。この用語集を使って当該施設で使用する介護・看護・リハビリ・医療用語を習得します。用語の統一はコミュニケーションを間違いなくさせ，促進させるものです。業務マニュアルの使用にも用語の説明と解説が必要になります。ケア職では，専門用語としての医療・看護・リハビリ用語の理解が必要です。とくに「薬」の用語解説は必須です。当該施設で使用している精神安定剤，睡眠薬，麻薬などは具体的な名称とその作用だけでなく副作用まで知らなくてはいけません。また，医療の専門用語やバイタルチェックで使用する略語*などはできるだけ日常用語を使用すべきです。

この研修の講師は3年目以上の職員が担当します。教えることは学ぶ以上に覚えるものですし，そこから自分の不足部分が見つかり，課題を発見できます。
◆プログラム内容

この研修は，通常業務の午後に設定し，集合教育方式で，研修場所は，介助

＊ケア職で使用する**看護職略語例**
たとえば，バイタルチェックで行なう，脈拍＝略して「P」，呼吸＝「R」または「Rt」，体温＝「K」または「Kt」，血圧＝「BP」などの略語が一般的に使用されている。

浴槽，トイレ，居室，食堂などの実際の仕事場で行なわれます。具体的内容は次のとおりです。

介護技術研修Ⅰのスケジュール
日程：6月の第1週目
内容：以下のとおり。

	13：30〜15：00	15：10〜16：40
1日目	**介護・看護職の用語の解説**ⓐ	**仕事の流れとマニュアル説明**ⓑ（業務チェックリストの解説）
担当者	ケアサービス課長	ケアサービス課長，チームリーダー
場所	会議室・講義	左に同じ
2日目	**移動介助**ⓒ	左に同じ
担当者	3・4年の職員2名	左に同じ
場所	ケアルーム	ケアルーム
3日目	**更衣介助・リフト浴介助**ⓓⓔ	左に同じ
担当者	3・4年の職員2名	左に同じ
場所	中浴場	左に同じ
4日目	**排泄介助**ⓕ	左に同じ
担当者	3・4年の職員2名	左に同じ
場所	ケアルーム・居室	左に同じ
5日目	**食事介助**ⓖ	左に同じ
担当者	3・4年の職員2名	左に同じ
場所	食堂	左に同じ
6日目	**介護用品**ⓗ（当該施設が使用している介護用品）**の解説**	左に同じ
担当者	3・4年の職員2名	左に同じ
場所	ケアルーム	左に同じ
7日目	**レクリエーション**ⓘ	左に同じ
担当者	3・4年の職員2名	左に同じ
場所	ケアルーム・リハビリホール・屋外	左に同じ

ⓐケア職として使用する用語の解説（後述します）
ⓑ仕事の流れとマニュアル説明

- 日常業務の流れ（日勤・早番・遅番・夜勤），● コミュニティケアサービス，
- 生活サービス，● ケアサービス，● 業務チェックリストの解説＊

＊**業務チェックリスト**の解説と詳細な項目は前書『トータルケア』を参照してください。

ⓒ移動介助

- トランスファー（移動）におけるボディメカニクス（身体機能）の原則
- トランスファーテクニックの原理と原則（寝返り，起き上がり，ずり上がり，ベッド→ストレッチャー，ベッド→車椅子・ポータブル便器・椅子，車椅子→トイレ）
- 移乗の実際（ポイントと実技），● 歩行器歩行介助，● 歩行時の介助，● 杖歩行介助，● 階段昇降介助，● 車椅子の介助

ⓓ更衣介助

- 着替えは日常生活の基本，● 更衣介助の方法（見守り介助＝シャツの着脱，ズボンの着脱，一部介助，全介助）

ⓔ 入浴介助

> ●入浴の留意点, ●入浴準備, ●入浴方法（見守り入浴＝普通浴槽による見守り入浴, 一部介助入浴＝普通浴槽による介助入浴・介助浴槽による入浴・リフト付浴槽による入浴, 全介助浴＝特殊浴槽による入浴）, ●入浴できない場合の方法（シャワー浴, 部分浴＝手・足・陰部, 洗髪, 清拭）

ⓕ 排泄介助

> ●排泄の観察と記録方法, ●おむつ交換の実践, ●「自然な排泄」とは, ●おもらしとおむつ, ●おむつの種類と用途, ●尿器介助, ●便意の仕組み

ⓖ 食事介助

> ●食事の原則（一緒に食べる・自分で食べる）, ●食前の準備（食膳の配置・介助具の検討）, ●食事の介助（見守り, 一部介助, 全介助）, ●注意点（姿勢, ベッド上介助, 寝たまま介助）, ●口腔ケア（歯磨, 綿棒による清拭, 入れ歯, 舌苔の除去, 嚥下障害）, ●摂取状態観察（食事の量, 時間, 食べ方, 残飯）

ⓗ 介護用品（当該施設が使用している介護用品）の解説

> ●生活用品（電動ハブラシ, つめきり, ドライシャンプー）, ●食事用品（エプロン, 曲がりスプーン, 水のみ, すくいやすい皿）, ●寝巻き（つなぎ, 二部式）, ●床ずれ予防用品（円座, ビーズクッション, 手かませ, ムートン, ドーナツパット）, ●寝具（ラバーシーツ, 横シーツ, キュアマット, エアーマット, 防水カバー）, ●トイレ（ポータブル便器, 尿器, 差込便器, おむつ・失禁パンツ）

ⓘ レクリエーション・アクティビティ活動

> ●入居者余暇活動チェックリスト, ●当該施設で行なわれているレクリエーション, ●アクティビティ活動（遊びリテーション）, ●レクリエーションの基本的技術

⑤ ケア職の用語の習得

　ケア職の用語の習得は,「介護技術研修Ⅰ」の中に含まれています。教育研修では, 職員のコミュニケーションが重要になり, そのためには職場で使用する用語の意味を統一しておく必要があります。そしてこの用語教育が教育研修の第一歩になります。市販されている用語集を使用してもかまいませんが, その施設・事業所特有の言葉が必要ですので, 自前の用語集をつくるべきです。当該施設で使用する用語集の作成は, 次の段取りで行ないました。

1 言葉の抽出　入社1・2年の職員（パート職員を含む）を選んで, 入社してから自分が理解できなかった言葉（専門用語, 略語, 常識とは違う意味の言葉, 特定の意味をもつ言葉など）をできるだけ多くカードに書き出してもらいます（たとえば, 1人で100語以上書き出させます）。

2 言葉の選定　書き出した「用語」を集めて, 多い順にまとめます。

3 **言葉の分類** 言葉をカテゴリーに分類します。当該施設では，12のカテゴリーに分けました。

4 **言葉の意味づけ** 用語を選定したら，中堅以上のケア職員や看護師・医師・PT・栄養士・調理師などにその用語の意味を書いてもらいます（たたき台）。

5 **言葉の意味の確定** 書いた内容を，各部署ごとで討議して，意味づけをして完成させます。

6 **周知の教育研修** 完成したら印刷して職員全員に配布し，用語解説の研修を行ないます。

　作成期間は全体で，2ヵ月程度あればできますので，職員の教育研修をかねて作成してください。

◆**用語の12カテゴリー**

1．当該団体が独自に定義づけて使用する日用用語*

　日用用語でも，ケアを行なう場合に特別な意味をもつ言葉がありますし，その施設特有で使うケアのための日用用語があります。

2．ケア用語*

　介護の専門用語のほか，看護職の用語や略語をケア職で使用する場合もありますので，それらを含めています。

3．福祉制度・法律用語*

　福祉制度や法律における最低限の用語は仕事をするうえで必須になります。とくに，介護保険の施行によって，ケア職として知っておく用語*をピックアップしました。

4．医療・看護用語*

　医療・看護の専門用語や略語は非常に多いです。本書では，看護職と共同で仕事をする場合にケア職として最低限知っておきたい用語に限定しました。基本的な医療・看護用語はケア職として必須です。

5．薬用語*

　薬の用語では，特に，注意しなければならないのが，神経・精神薬です。睡眠薬・精神安定薬などは，高齢者には普通に使用されますが，使用の仕方によっては，身体機能を低下させたり，誤って与薬すると命にかかわります。副作用がある薬が多いため，副作用を熟知しておかないと大事にいたります。与薬は看護師の仕事ですが，ケア職として最低限の知識は必要です。

6．介護用品・機器用語*

　介護用品はさまざまなものが市販されています。紙オムツなどは非常に多くのメーカーが出していますので，具体的な商品名と特徴を理解できるように解説します。介護機器・介護用具・自助具なども同様です。

*独自に定義づけて使用する日用用語の例

支援・援助・生活空間・様子うかがい・声かけ・お金・生活モデル・しんどさ・見守り・三者関係・生活歴・信頼関係・チームワーク・対等性・人間関係・寝たきり・人間観・役割モデル・抑圧・労働など

*ケア用語の例

ケア・キュア・介護・介助・コット（大便）・ハルン（小便）・介助浴・機械浴・シャワー浴・居室整備・観察・食介・シーツ交換・守秘義務・特浴・中浴・ちん巻・体交・特変・配下膳・問題行動・申し送り・老人の性など

*福祉制度・法律用語の例

アセスメント・インテーク・ゴールドプラン・QOL・社会福祉法人・老人福祉法・老人保健法・老人医療保険制度・老齢年金制度・ノーマライゼーション・プライオリティ（優先順位）・ケースワークの7原則・パッケージオブケア・グループホームなど

*医療・看護用語の例

イレウス・CT・ICU・エコー検査・MRSA・MRI・EKG（心電図）・うつ病・IV（静脈注射）・IM（筋肉注射）・クーリング・カーデックス・看護サマリー・吸引器（ネブライザー）・疥癬（かいせん）・失見当識・死亡検案書・点滴（DIV）・チアノーゼ・バルーンカテーテルなど

*薬用語の例

精神安定剤＝セルシン・ドクマチール・ホリゾン・ワイパックス，不眠薬＝ハルシオン・レンドルミン・サイレース・ユーロジン，便秘薬＝ラキソベン・レシカルボン・プルゼニド，その他＝アダラート（高血圧症，狭心症の薬）・イセパシン（抗生物質）・インシュリン（糖尿薬）・カシワドール（鎮痛消炎剤）など

*介護用品用語の例

おむつ・安心パンツ・安楽尿器・車椅子・腰布・ストレッチャー・杖・入れ歯（義歯）・自助具・シャワーチェア・洗髪バット・ディスポ（使い捨て）・尿器・歩行器・ナースコール・P便・Pバー・補聴器・ラバーシーツなど

7. 精神・心理，カウンセリングの用語*

心理・精神分野の専門用語は非常に多いのですが，高齢者の「こころ」を理解するための常識的な知識に限定しています。

8. リハビリテーション用語*

リハビリ専門用語は，独特の用語を用います。ＰＴ・ＯＴなどと共同で仕事をする場合は，やはり，ある程度の用語*を知らなければなりません。

9. レクリエーション・アクティビティ活動に関する用語*

また，レクリエーション・アクティビティ用語は日用用語を使用し，専門な用語は少ないので，その施設での造語（たとえば，「遊びリテーション」など）の解説で足ります。

10. 調理・栄養用語*

調理・栄養分野の専門用語は，用語は理解できても厳密な意味がわからない場合が多くあります。とくに，栄養についてはケア職が理解しておくべき用語があります。

11. 建物・設備および施設管理用語（略）

12. 事務管理における入居者募集用語，経理用語，文書用語（略）

これらが職員の共通用語になり，ケア職の全体カンファレンスなどを行なう場合のコミュニケーションの前提になります。項目はアイウエオ順に並べて表示します。

*精神・心理用語の例
コンプレックス・カウンセリング・防衛機制・共感・感情の反射・クライアント中心療法・回想療法・行動療法・痴呆評価スケール・受容・精神分析療法・パーソナリティー・箱庭療法・呆け老人をかかえる家族の会・森田療法・ラポール・音楽療法など

*リハビリ用語の例
ＡＤＬ（日常生活動作）・アロマ療法・ＯＴ・ＰＴ・ＳＴ・ＲＯＭ訓練（関節可動域訓練）・牽引・屈曲・外旋・斜面台・生活リハビリ・伸展・掌屈・体幹装具・端座位・ホットパック・ベット上リハ・ボディメカニクスなど

*レク・アクティビティ用語の例
遊びリテーション・アクティビティ・アクリハ・買物ツアー・ロードショウ・サークル活動・茶話会・マイクロバスツアー・創作活動・文化祭・パーソナルプラン・晩酌会・はつらつ体操・プールで遊ぼう会・棒体操など

*栄養用語の例
油禁・アレルギー食・栄養相談・栄養素・オクノス（濃厚流動食）・潰瘍食・刻み食・基礎食・基礎代謝量・行事食・高カロリー食・高タンパク食・食事箋・食品交換表・食物繊維・全粥軟菜・治療食・特殊栄養食品・ペースト食など

(2) 2年目教育研修

2年目の前半の6月には新人の「介護技術研修Ⅰ」の講師のアシスタントとして参加させ，1年目の介護を振り返り，自らの課題と今後の解決すべき問題を考えさせます。また，1年目のフォローアップとして，自己の知識・技術・態度を確認します。2年目の職員が集合し，その中の職員が司会者となって，「1年間を振り返って」というテーマでグループ討議を行ないます。その後にレポートを提出します。介護技術については，チームリーダーかケア課の主任が出席し，食事介助，移動介助，排泄介助，入浴介助の4つを実習し評価します。そこから自分の課題をみつけます。そして，介護過程は一人立ちしたとみなし，2年目中盤以降は次のステップに進みます。

◆目的：入居者の個別性を考えた介護ができ，介護技術周辺のスキルを理解し，広い視点で介護を行なう

◆目標： 1　複数のケア対象者を担当し，個別性を踏まえたケアができる
　　　　 2　看護の知識，医療知識，リハビリテーション知識などの周辺領域の知識を理解できる
　　　　 3　カウンセリング，老人の心理などの内的世界に関心をもつ
　　　　 4　新人職員に対する指導的視点を養う

◆担当者：施設／ケアサービス部門　課長・主任

① 「介護技術研修Ⅱ」
◆目的：1年目のフォローアップを行ない，自己の知識・技術・態度を確認する
◆目標：1　介護倫理を再確認できる
　　　　2　自分の介護技術を再確認する
　　　　3　他部門とのチームワークがとれる
◆担当者：施設／ケアサービス部門　課長・主任
◆時期：9月～10月の間

　2年目の「介護技術研修Ⅱ」は介護周辺技術（医療・看護等）技術が中心になり，介護の視野を広げ，介護の知識・態度を深めるためのものです。したがって，医療・看護，リハビリ，カウンセリング，レクリエーションなど介護の周辺領域の基礎を学びます。ケア職は生活者（障害時も含めて）と関わるために浅く広い知識と技術が必要です。

◆プログラム内容

介護技術研修Ⅱのスケジュール
実施時期：週1・2回＝午後の3時間，集合教育を行ないます。
場所：以下のとおり

	13：30～15：00	15：10～16：40
1日目	**老人の臨床心理**ⓐ	**老人の栄養**ⓑ
担当者	診療所・精神科医師	食事サービス課・栄養士
場所	会議室・講義	会議室・厨房
2日目	**リハビリの基本**ⓒ	左に同じ
担当者	診療所・PT	左に同じ
場所	リハビリホール	ケアルーム
3日目	**カウンセリングの基礎**ⓓ	左に同じ
担当者	外部講師	左に同じ
場所	会議室	左に同じ
4日目	**臨床検査概要**ⓔ	**看護技術**ⓕ
担当者	診療所・婦長	左に同じ
場所	会議室	診療所・処置室
5日目	**ターミナルケア**ⓖ	左に同じ
担当者	ケアサービス課長，診療所・婦長	左に同じ
場所	会議室	左に同じ
6日目	**高齢者福祉概論**ⓗ	**介護保険法の解説**ⓘ
担当者	生活サービス課長	事務課長
場所	会議室	会議室

ⓐ老人の臨床心理

●高齢者の心理（私たちの眼の前にいる人はどういう人たちなのか），●抑うつ状態，悲哀の過程（かけがえのないものを失った時，人はどう立ち直るか），●心気症状（些細なことを繰り返し訴える人の背景にあるもの），●生活史の聴取の仕方（その人の人生とは），●防衛機制について（他者を理解するために），●痴呆の症状と治療（痴呆は怖い病気か），●高齢者の介護とは（私たちの仕事とは何か）

ⓑ老人の栄養

●老人の食事の特徴, ●老年期の栄養所要量, ●食事困難者の対応方法, ●老年期の身体的特徴と食事, ●治療食

ⓒリハビリの基本

●自立に結びついたADL介助・環境整備＝基本的動作の確認（正常運動発達），標準的な生活動作パターン（安楽肢位・背臥位，側臥位，腹臥位，座位，立位），床上動作（寝返り，起き上がり，正座），移動動作（立ち上がり，乗り移り），●各ケースの身体状況と1日24時間の生活パターンの把握［脳血管障害片麻痺，慢性関節リウマチ，腰痛疾患・腰椎椎間板症・ヘルニア・変形性脊椎症など，四肢骨関節疾患（変形性関節症，肩関節周囲炎など），脊髄損傷（四肢麻痺，下半身麻痺など），寝たきり，老化］，●介助の仕方（各疾患別介助方法，状態別介助方法），●自立視点の介助，●補助用具（自助具，義肢補装具，車椅子）＝［生活補助具，歩行補助具，身体機能補助具］

ⓓカウンセリングの基礎

●カウンセリングの知識（パーソン・センタード・アプローチ，精神分析，行動療法，システムズアプローチ（家族療法），交流分析，ゲシュタルト，アサーション，その他）
●パーソン・センタード・アプローチの方法*

＊詳しくはⅡ，4章，p.95を参照ください。

ⓔ臨床検査

●臨床検査の分類＝検体検査（尿，血液，生化学，免疫血清，微生物，病理・細胞診），生体検査（心電図，心音図，脈波，呼吸機能，基礎代謝，脳波，超音波，眼底），●検査の実際＝測定，検査基準値，●成人病検診表の解説

ⓕ看護技術

●バイタルサインの測定，●清拭，●与薬，●吸入療法，●ベッドメーキング，●褥瘡対策，●感染症＝施設の感染症（MRSA，結核，疥癬，風邪，HIV，肝炎），●施設の感染予防対策のポイント，●薬の知識，●日常の注意点（手洗い，手袋の着装，うがい）

ⓖターミナルケア

●チェックリストの説明，●痛みの緩和（鎮痛剤・麻薬），●楽しみの発見，●家族へのケア，●食事，●治療行為，●葬儀と家族支援

ⓗ高齢者福祉概論

> ●高齢者福祉の歴史的性格，●日本の高齢者問題の今日的課題＝家族面（同居別居問題，家族介護問題，夫婦関係問題，性問題），仕事・生きがい面，社会面（経済問題，住環境問題，医療問題，社会福祉問題，シルバーサービス），●日本の高齢者福祉施策＝日本の高齢者福祉の歴史，●高齢者福祉関連法＝老人福祉法，老人保健法，介護保険法，年金制度，雇用対策，住宅対策，マンパワー対策 ●シルバーサービスの概要＝定義と内容，シルバーサービスの具体例，有料老人ホーム（設置運営指導指針の変化），●高齢社会への視座＝スウェーデンの挑戦，生活認識からの展開，余暇活動の創造，社会変化の発信源としての高齢者福祉

ⓘ介護保険法の解説

> ●介護保険の理念と考え，●介護保険の仕組み（システム），●指定事業者の手続き，●介護保険の費用，●ケアマネジャーの役割と機能，●介護報酬請求事務

(3) 3年目教育研修

3年目は自立して仕事ができることを目指します。具体的には，ケアプランを作成し，実行できることです。目的・目標と担当者は次のとおりです。

◆**目的**：ケアプランが作成でき，自己の介護観を確立し，自立できる
◆**目標**： 1　新人に介護技術を教えることにより，自らの介護技術を振り返り，介護観を確立する
　　　　 2　情報を収集・分析し，問題点を把握し，ケアプランを1人で作成できる
　　　　 3　人間関係を良好にするために，コミュニケーション技術を取得する
　　　　 4　自己の傾向を知り，対人関係を良好にする
　　　　 5　介護で高度な知識・技術・態度を要求される痴呆症について学ぶ
　　　　 6　リーダーシップの基礎を学ぶ
◆**担当者**：施設／施設長（教育担当兼務），ケアサービス部門　課長

3年目になると，「介護技術研修Ⅰ」の講師となります。他者に教えることによって自らの技術を磨きます。この講師役は必須になります。

また，3年目職員は2年目の目標であるケア対象者の個別性を理解したうえに，新人に教えながら，入居者一人ひとりの介護上の個別性（クセ・好み・手順）を確認することが必要になります。

この時期からケア対象者の内面世界を学ぶことが重要になります。3年目には，コミュニケーションと感受性訓練をプログラムに入れています。この理由は，3年目には一人前のケア職として自立し，同時に，入居者の家族や親族などとのやり取りを行なうことや，ケア困難者・アプローチ困難者にも接遇する段階で，ケア業務を進化させていかなければならないからです。他者を知るためには，自己の傾向を知らなくてはなりません。このためにコミュニケーショ

ン技術と感受性研修を行ないます。講義だけでなく，演習やグループ討議を行ないます。仕事の合間や仕事が終ったあとでは落ち着かないので，1泊2日の合宿形式もよいでしょう。また，対象者を全員参加させるために，数回に分けて行ないます。

①「介護技術研修Ⅰ」の講師
◆目的：介護技術研修Ⅰの講師になることによって，自らの介護技術を振り返り，自己の課題を発見し，自律的に取り組める
◆目標：1　新人に介護技術を教えることができ，質問，疑問に答えることができる
　　　　2　教えることによって，自らの技術を振り返り，今後の課題を見出せる
　　　　3　ケア対象者の個別性を理解し，家族を含めた個別ケアができる
　　　　4　新人を指導することによって，リーダーシップを学ぶ
◆プログラム内容
　前記の「介護技術研修Ⅰ」を参照ください。

②コミュニケーションの基礎
◆目的：人間関係を良好にするために，コミュニケーション技術を取得する
◆目標：1　他者が受け入れられやすい技術を取得する
　　　　2　コミュニケーションの基本技術を修得する
◆プログラム内容
　具体的内容は本書Ⅱの4章を参照してください。

③感性訓練
◆目的：自己の傾向を知り，対人関係を良好にする
◆目標：1　自らの思考や感情の傾向を知る
　　　　2　他者の気持ちや感情を受け入れる（共感・受容）
◆プログラム内容
　具体的内容は本書Ⅱの5章を参照してください。

④老人痴呆介護処遇技術
◆目的：痴呆者の病理病態を知り，痴呆者介護に生かす
◆目標：1　痴呆の病理・病態を学ぶ
　　　　2　痴呆の予防と対応策を知る
　　　　3　痴呆者とその家族へのケアの原則を理解する

◆**プログラム内容**

　老人痴呆介護処遇技術は自分の技術の確認と新しい考えや知識・技術を習得するために行ないます。老人痴呆介護処遇技術は必要であれば外部から講師を招いて実施します。

期間：毎週火曜日：18:00～20:00　全6回　対象：15名
方法：講義と演習（グループワーク）
内容：
〈ボケの早期発見と予防〉
● 「痴呆老人」とはどんな人？／ボケの定義，ボケと痴呆，ボケは治るか治らないか
● 痴呆の原因疾患／脳内疾患＝脳血管性障害・アルツハイマー型老人痴呆，二次的脳障害＝脳外傷・脳炎・脳腫瘍・中毒・代謝障害
● 痴呆の起こり方と進行の違い
〈痴呆の症状とその症状の解説〉
● 中核的症状／記銘力障害とその症状，記憶力障害とその症状，見当識障害とその症状，計算力障害とその症状，思考力障害とその症状
● 周辺の症状／意識障害とその症状，感情障害とその症状，病識障害とその症状，感覚障害とその症状，意欲・自発性低下とその症状，発語減少とその症状，性格変化・人格障害とその症状
● 具体的な問題行動／徘徊，幻覚，作話，失禁，失行，失語，失認，不潔行為，異食，過食，盗食，収集癖，固執性，攻撃的（暴力）行為，自傷行為，性的異常，躁鬱，せん妄，被害妄想，弄便，弄火，繰り返し行為
● 問題行動の発生率
● 痴呆者のお世話／痴呆症状の経過とその症状・発生原因と予防の原則：痴呆の発生要因，痴呆の診断，痴呆の予防の原則（アルツハイマー型を除く）・痴呆のケアの実際＝ケアの原則，ケアプランの作成，事例紹介，配偶者・家族への注意点

---

　②～④のプログラムは選択性ですが，1つは受講を必須にしています。
　なお，老人痴呆介護処遇技術やコミュニケーション・感受性訓練は3年目の職員だけではなく，3年目以上の職員も対象にしています。

（4）4年目教育研修

　4年目は，3年目の新人に対する技術指導を行なった後に，リーダーシップを取得し，指導者の入口に立ちます。今までの同じ施設内での研修から，外部研修へと発展していきます。
　また，プリセプターシップを導入する場合は，プリセプターになるのが，この時期です。

◆**目的**：他者をみて自らを振り返り，その成果を業務に反映させる

◆目標： 1　他の施設を見学・体験することによって，自己施設の良い点悪い点を理解し，業務の改善を図ることができる
　　　　 2　他施設の仕事を実際に体験して，自己の業務に新しい視点を交えて改善を図ることができる
　　　　 3　専門学校からの実習生を受け入れ，指導マニュアルにもとづいて指導を行ない，リーダーシップを発揮できる
　　　　 4　自己の内的世界を知り，自己理解，他者理解を促進し，家族を含めた個別ケアができる
　　　　 5　事例をまとめ，事例研究に参加し，発表できる
◆担当者：本部／教育担当部門・老年学研究室　　施設／施設長（教育担当兼務），ケアサービス部門　課長

具体的なプログラムの内容は次のようになります。

①リーダーシップ研修

◆目的：リーダーシップを学び，チームメンバーの指導育成ができる
◆目標： 1　学んだことを実践できる
　　　　 2　日常のリーダーを通じて自己の傾向がわかる
　　　　 3　自己の目標に向けて取り組み，リーダーシップ能力を養う
　　　　 4　リーダー体験の取り組みをまとめる
◆担当者：本部／老年学研究室

　リーダーシップの研修は必須になります。実習生の指導やOJTによる新人の指導を行ないますので，指導の考え方・技術を学びます。現場ではチームリーダーや主任による実践的な指導が行なわれますが，知識や技術はOff-JTで取得します。担当は本部の教育担当が行ないます。
◆プログラム内容（略）

②他施設見学・実習（同団体他施設実習，異団体他施設見学）

◆目的：他の施設を見学することによって，自己施設の良い点悪い点を理解し，改善を図り，同時に先進的な知識・技術を学ぶ
◆目標： 1　自らの課題に沿った見学施設を探し，見学交渉を行なう
　　　　 2　自施設の課題を認識し，他施設の対応を見聞する
　　　　 3　職員全体会で発表する
◆担当者：本部／研修担当・老年学研究室　　施設／施設長
◆プログラム内容

　4年目の教育は，当該団体全体では同団体他施設間相互実習交流として他施設の介護実習が組まれています。所変われば品変わるといいます。基本理念は同じですが，同じ団体でも具体的な介護はそれぞれの施設で創意工夫があり違っているものです。他の施設にいってそこの職員の指導を受けてケアを行ないます。また，関心をもった他施設を見学して視野を広げます。

同団体他施設間相互実習交流（同職種研修　1ヵ月間）*

> 目的：他施設の仕事を実際に体験して，自己の業務改善を図る
> 目標：1　同団体他施設で介護業務が遂行できる
> 　　　2　他施設の良い点悪い点を指摘し，改善点を見つけ出せる
> 　　　3　他施設実習を業務に生かせる
> 　　　4　レポートを提出する
> 期間は原則1ヵ月間
> 初日：施設見学・オリエンテーション（業務内容説明，施設長面談）
> 2〜5日：施設職員によるマンツーマン指導
> 2〜4週間：他の職員と同じ業務につく。
> 最終日：施設長面談，レポート提出。

*同じ職種で1ヵ月間を他施設で実習し，同時に他施設からの実習を受け入れ，相互の実習を行なう。このように相互実習にすると長期の実習を行なっても職員が欠員になることはない。

異団体他施設見学（「ホスピス」の見学事例）

> 目的：ターミナル・ケアを学び，入居者の安心・安楽な終末を援助する
> 目標：1　ホスピスを見学し，ターミナル・ケアの実態を理解する
> 　　　2　ターミナル・ケアにおける職員の心の持ち方を学ぶ
> 　　　3　本人・家族を支える手法について学ぶ
> 〈研修内容〉
> ●施設全般：略，●ケアサービスの内容：略，●告知について：略，●入院の時期：略
> ●癌の治療：略，
> ●本人，家族に対する精神的ケア：ホスピス付のチャプレン（牧師）が精神的ケアの部分の役割を大きく担っているように感じた。本人と家族への精神的ケアはフィフティーフィフティーとのことで，家族にも心をくだいている。家長が死んだ後の経済的な面はソーシャルワーカーが相談にのっている。1年に1回，遺族のために「思い出を語る会」をもち，家族が悲しみから立ち直れるように支援している。
> 〈ある職員の感想〉
> 　末期ガン患者援助の大切なことは「全人的ケア」であると言われるが，そのためには1つのセクションだけでは不可能で，それぞれのセクションがチームを組んで専門的に考えることが必要と思いました。ペインコントロールさえできれば，自施設でもホスピスケアが十分できると思う。（中略）見学日の最後の日は遠足の日でした。布団，P便，点滴，薬などもっていく物の多さに手伝っていてビックリしました。もっと驚いたのは，ストレッチャーに乗せられて，切開しチューブが入っている患者に医師が聴診器を当てながらバスに乗り込む様子を見て，ホスピス側の積極的な姿勢が感じられました。そのまま，遠足先で息を引き取ったとしても，ただ死を待つよりはズット良いのに違いないのだから…。自分であったらやれる勇気があるか，研修の帰り道で考えていました。

③実習生（学生）の受け入れ・指導

　専門学校からの実習生を受け入れて，指導マニュアルにもとづいて指導を行ないます。4年目は実習学生指導のスタート年になります。もし，4年目にプ

リセプターシップを導入する場合には，4年目の教育研修内容を変更し，プリセプターの負担を軽くする必要があります。その場合には，実習生の受け入れの指導は5年目以降の職員が行なったほうがよいでしょう。

◆**目的**：実習生を指導し，目的の達成を支援でき，指導を通して，自己の課題を発見できる

◆**目標**：1　学生指導原理と方法を学ぶ
　　　　　2　実習学生に指導的な関わりができる
　　　　　3　学校との交渉ができる

◆**担当者**：施設／施設長，ケアサービス部門　課長・主任

◆**プログラム内容**
　実習生の受け入れ指導は次のように行ないます。

介護実習受け入れマニュアル（概要）

> 〈役割分担と責任の明確化〉
> 　●責任者＝ケア課長　　●統括者＝主任・係長　　●指導者＝4年目以降の職員
> 〈実習の流れ〉
> 　●事前オリエンテーション，●初日オリエンテーション＝ケア職場の説明（業務の流れ，記録，会議，その他）・入居者紹介（入居者のケアの個別特徴）・課題の確認（実習生との話合い）●2日目以降＝日程表に基づいて実習，●中間反省会，●終了時反省会
> 〈評価〉
> 　●実習のまとめ，●課題の達成度，●知識・技術・態度の変化（成長），●評価のまとめ（指導職員，主任）
> 〈今後の課題（実習校の指導教員との話し合い）〉
> 　●日程調整，●改善点

(5) 5年目教育研修

◆**目的**：1　他施設を知ることにより，他施設に負けない知識・技術・態度を有し，自分の課題や目標を見出し，自己啓発ができる
　　　　　2　自己啓発として，自らの業務内容や関心をもち研究的視点で介護ができる

◆**目標**：1　他施設で実際に働き，自己施設の良い点悪い点を理解し，業務を改革できる能力と思考を習得し，ケアシステムの改善を図ることができる
　　　　　2　国際的視野をもち，先進的な介護観・技術などを学ぶ
　　　　　3　アサーションを学び，他者に受け入れやすいコミュニケーション技法を学ぶ
　　　　　4　ケア業務改善の成果を研究誌に発表できる

◆**担当者**：本部／教育担当・老年学研究室　施設／施設長（教育担当兼務），

ケアサービス部門　課長

　5年目は他施設の実習を中心に行ないます。いわゆる他流試合です。他の施設を経験してみて自分の技術や態度を再考することを意図しています。対象先は異団体同職種，異団体異職種があります。他団体との相互研修は，相手先の業務の都合をみて教育担当が調整してプログラムを組みます。単独施設で他施設研修ができない場合は，近くの同じような施設に交渉すればよいでしょう。できれば相互研修にしたほうがベターです。他団体の場合には近隣の施設でケアの評判が高い施設を選定して交渉します。その場合，施設種別が同じでなくてもよく，たとえば，本書の事例のように特養ホームと有料老人ホームとの交換研修でもよいのです。かえって異なった分野のほうが新鮮で新しい視点を得ることができます。他施設の職員を受け入れることによって自施設のことを他施設の職員に評価してもらえるメリットがあります。プログラム内容は次のようになります。

①異団体施設間相互実習交流
◆**目的**：異団体他施設で業務することによって，自施設，自己の知識・技術・態度を振り返る
◆**目標**：1　先進的な他施設の介護技術レベルを知る
　　　　　2　自分の技術レベルを知る
　　　　　3　先進的な介護思想・技術を取得する
　　　　　4　実習を活かして，日常業務の改善策3つ以上を提案できる
　　　　　5　実習を活かして，自己の動機づけができる

　異団体への研修は，研修費用を支払う場合と支払わない場合とがあります。支払う場合には，研修先での事故などの経費は研修費に含まれていると考えてよいのですが，費用を支払わない施設では，事故が起こった場合の対処方法を事前に話し合っておくことが大切です。また，異団体の相互実習研修の場合は，勤務条件として次のような点を決めておく必要があります。
● 相手先の勤務条件にあわせる。
● 事故が発生した場合は，研修先が責任をもつ。
● 研修者は5年以上の経験者で介護技術を有している職員であること。

　研修報告書には，a．研修先の施設・ケアシステムの概要，b．研修スケジュール，c．業務内容，d．感想，e．研修先の良い点，悪い点，f．研修先の業務上の改善点，g．当該施設への参考になる点，改善点，などの項目を書きます。とくに，自施設の改善点は具体的に業務に役立つものを3点以上提案させて日常業務の改善をはかります。

◆**プログラム内容**
　以下，具体的な内容を紹介します。

異団体他施設実習研修（A施設は有料老人ホーム，B施設は特別養護老人ホーム）

A施設職員がB施設での実習研修
研修先：B施設＝介護老人福祉施設（特別養護老人ホーム）
期間：2週間
初日：オリエンテーション，職員紹介，施設長・ケア課長挨拶
2～8日：痴呆者棟で研修
9～15日：寝たきり棟で研修
●業務内容：略，●業務の改善点：略，●自施設へ導入可能な点：略，
〈実習研修の感想〉
　施設の形態が違うので，一概に比較は難しいが，介護という点では同じ視点で考えられる。研修を行なって，身体的介護では，見習う点が多く，仕事の量からいったら"すごい"，"大変"だなーと思うが，どこか我々の施設（A施設）より気楽さみたいなものがあって，介護する側からみるとやり易いと思う。その理由は，介護が職員のペースで行われており，入居者からの要求が少ないので，精神的に楽な気がする。A施設ではこの点が難しくいつも悩んでしまうところだ。B施設の寮母さんは1日9回のおむつ交換を8回に減らしても，もう少し精神的なケアをしたい，ゆっくり話をしてみたいと言っていた。精神的ケアほど大変なものはないと思うので，やればできると思うが，実際はやり方がわからないのではないか。A施設でも5年後には同じ状態になるが，やりかた次第ではどのようにでもできるのだと自信がついた。ただ，どんなに忙しくても入居者の思いを聞き取る配慮は必要で，その点は充分気をつけなくてはいけないと思った。いつも思うことは，どんな時でも自分の"良心"に問いながら仕事をしていかなければならないと強く思う。
　また，終末介護をどのような視点でとらえ，どのような心のおきどころで接するのか，職員一人ひとりの大事な問題である気がした。終末をむかえているお年よりをみて，自分に訪れる老いについてこれほど身近に感じたことはなく，自分なりに生と死，そして，人間の価値について，研修中ずっと考え続けていたように思う。答えなど出るべくもないが，安易に日々を過ごしてしまいがちな生活に大きな示唆が与えられた研修であった。

他施設職員の当該施設での研修

B施設職員のA施設での研修報告
期間：2週間
〈研修内容〉
●A施設における1日の業務の流れとB施設との違い
排泄・清拭の違い，食事の違い，入浴の違い，アクティビティの違い，リハビリの違い，記録方法・様式の違い
●B施設にないA施設の特徴
申送り方法と会議，ナースコール（プレスコール，ペンダントコール，ベッドサイドコール）
〈実習研修の感想〉
　今回，A施設に研修にいかせていただきました。形態が違うので，そのまま比較ができませんがいろいろな点で勉強になりました。第1は言葉が丁寧であったこと，明るく挨拶がされていたこと。第2には，時間にせかされていない（ケア

する対象者が少ない）ので，入居者が何をもとめているのか見逃さずに察知できています。第3には，処遇をサービスととらえ，一人ひとりが責任をもって仕事を行なっていました。第4には職員同士の連絡に漏れがないように非常に密に行なっていました。第5にどの入居者の部屋（個室）の出窓にも花が咲き誇っており，生活感がでていました。

　問題点としては，入居者の部屋が全て個室であるためプライバシーが守られるのは良いのですが，自立を強調しすぎて職員の眼が離れると事故に発展する可能性があます。部屋のナースコールに頼らずに入居者の観察を密に行なう必要があり，変化を早く察知していくことが大事と感じました。形態は違いますが，対象者がお年寄りという点で，同じような悩み，欠点がでてくるのをB施設でもできる範囲でいかにうまくカバーしていくのかがこれからの課題です。もっと他施設での良いサービスがあれば取り入れていける施設でありたいと感じました。この研修を終えた機会に，自分自身の言葉使いや対応の仕方について立ち止まって考え直したいと思います。

②生活リハビリテーション講習会（外部研修）（略）

③アサーション・コミュニケーションセミナー（外部研修）（略）

④研究論文の発表
　研究論文の発表では，当該団体の発行している研究誌（『老人福祉研究』）に日常業務の考え方や改善点を研究的視点から論文として発表します。
◆目的・目標：1　日常業務の改善点をチームで検討しまとめる
　　　　　　　2　職員全体会で発表する
　　　　　　　3　研究誌『老人福祉研究』に論文として発表する
◆プログラム内容
研究論文の内容例*

テーマ／当該高齢者施設における介護・看護・医療を考える
●病院側と施設側の受入能力とその限界：浜松施設職員 ●伊豆高原施設におけるケアプランの問題：伊豆高原施設職員 ●居室ケアの現状と課題―介護内容の分類と優先順位を考える―：神戸施設職員 ●新しいコミュニティを目指して：神戸施設職員 ●当該施設における生活とケアスタッフの役割：湯河原施設職員 ●当該施設の現状報告と今後：大阪施設職員
テーマ／高齢者施設における介護実践と食事
●当該施設における夜間入浴問題：伊豆高原施設職員 ●老人のケアと電動車椅子：伊豆高原施設職員
テーマ／「地域」概念の今日的可能性
●生活サービスを理解するための試み：神戸施設職員 ●生活サービスという場所：湯河原施設職員

＊『老人福祉研究』第10巻1986年10月・11巻1987年12月・13巻1990年3月・発行（財）日本老人福祉財団を参照ください。

(6) 中堅職員（6〜10年目以上）教育研修

　6〜10年目以上の場合は，中堅職員としてチームの中心的メンバーとして業務を行ないます。したがって，職員個人の能力を勘案し，個別の教育プログラムを選択できるようにします。ここでは当該団体が実施した3つのプログラムを紹介します。

　また，この時期から自己啓発への支援が重視されます。自らのキャリアアップのための資格取得（社会福祉士・介護支援専門員，福祉住環境コーディネーターなど）やカウンセリング技術，音楽療法などの専門領域のスキル取得の支援が必要です。

◆**目的**：中堅職員として，チーム内でリーダーシップを発揮し，業務をリードできると，同時に，職員だけでなく周辺住民に対しても介護技術を指導することができる。

◆**目標**：1　周辺住民を含め，一般の人を対象に介護講座を開講し，講師になれる
　　　　　2　後輩の事例研究を指導でき，事例研究会の企画主催ができる
　　　　　3　先進的な国の施設・サービスを視察し，介護全体の視野を広げる

◆**担当者**：本部／教育担当・老年学研究室　　施設／施設長（教育担当兼務），各サービス（コミュニティサービス・生活サービス・ケアサービス・医療サービス）部門　課長

　具体的なプログラムは次のようになります。

①地域住民のための介護講座の講師

　介護講座の講師とは，周辺の住民や学生を対象に無料の介護講座を開催し，その講座の講師となるものです。当該施設では，「男性のための介護講座」「学生のための介護講座」を行ないました。実施日は土日になりますので，職員には勤務外の報酬を出しました。このあたりは各施設のアイディアでさまざまに考えられるでしょう。この介護講座の講師役は教育研修項目としては必須になります。ただし，10年目以上の職員が対象になります。

◆**目的**：介護講座の講師ができる

◆**目標**：1　地域住民などの一般者を対象に介護技術の講師ができる
　　　　　2　同施設，異施設を問わず，他施設で介護の指導ができる

◆**プログラム内容**

　周辺住民を対象にした公開講座を行なう場合のポイントは，
ａ．告知と集客方法
ｂ．事故が起こった場合の対処方法
ｃ．事後の感想アンケート（参加者並びに講師役の職員）

　告知の方法は，その地区の新聞社の行事・催事の告知欄に掲載を依頼します。また，行政の発行している広報誌にも掲載依頼します。可能であれば，新聞社や役所に後援を依頼すると永続性があります。事故が起こった場合の対処方法

として，参加者に保険に加入してもらうことが必要です。参加費は有料，無料が考えられますが，参加者の参加意識を高めるには安くても有料にした方がよいでしょう。少なくとも保険料は自己負担してもらいます。実施後のアンケートは必ず取り，今後の改善に役立てます。アンケートは参加者だけでなく講師役の職員からも必ず提出してもらいます。

以下に介護講座企画案の例を示しておきます。

男性のための老人介護初級講座企画案

〈目標〉
1　○○○○苑の蓄えたノウハウを市民に提供し，市民との関係を良好にし，施設が地域に基盤をもつものにする。
2　一般市民がこれからの高齢化社会に対応すべき介護技術を習得する機会を提供し，老人介護の必要性を認識してもらう。
3　職員が本講座の講師を行うことによって，自らの技術を見直し，今後の課題を見出す。

〈挨拶文案〉
　高齢化社会をむかえる今日に，老人問題は全国民が直面せざるをえない問題です。高齢者は当然のこととして，若い世代にとっても親の扶養問題として，自ら取り組まなければなりません。その時に，現状では女性の多くが介護の担い手になっていますが，今後は男性が担い手になるか，あるいは少なくとも理解者にならなくてはなりません。その意味で男性に対して介護の理解や介護技術を普及させることは社会的に有意義と考えます。周囲を見回してみますと，市や団体の介護講座は多々ありますが，ほとんどが平日で女性を対象にしており，男性とくにサラリーマンが参加しにくいのが現状です。そこで，当苑としては，これからの社会的要請として男性を対象とした老人介護講座を企画しました。

- 対象／25歳以上の男性
- 定員／20名（先着順）
- 費用／無料（ただし，損害保険料は自己負担）
- 場所／○○○○苑
- 内容と日程

1回目…10月○○日（日）13:00～14:00　オリエンテーション及び○○○○苑の見学
　　　　　　　　　　　　14:00～17:00　日本の老人福祉施策及び介護体系，介護保険の概要
2回目…10月○○日（日）10:00～17:00　救急蘇生法，擬似体験，介護機器の取扱い方
3回目…10月○○日（日）10:00～17:00　高齢者の移動介助及び入浴介助技術
4回目…11月　○日（日）10:00～17:00　高齢者の排泄介助及び食事介助技術
5回目…11月○○日（日）10:00～17:00　高齢者の心理（特に喪失の時期の心理）
　　　　　　　　　　　　　　　　　　　人間関係援助の技法

- 担当者：企画担当者　教育担当　A職員
　　　　　講師　　　　B職員他5名
- 費用：講師役職員の人件費（時間外対応）＋消耗品費
- 告知・募集方法：X新聞社の告知欄に掲載依頼。Y市の広報誌に掲載依頼。
- 応募要領：
　希望者はハガキに①氏名　②住所　③電話番号　④年齢　⑤職業　⑥応募動機を記入の上，10月○日（○）までに，次のところに送付のこと。
　〒×××　住所　○○県○○市○○町　○○○○苑　講座係まで。
　　　　問い合わせ先　電話　○○○（○○○）○○○○　担当者：A職員

②施設内「学会」*

　病院の院内学会と同じように，施設内「学会」を行ない，中堅職員が今までのケア対象者の中から選んだ事例研究や関心分野の研究を発表しあうコンクールを行ないます。

　当該団体では，たとえば，次のようなテーマで行なわれました。

* 詳細は『老人福祉研究』第17巻1996年2月発行（財）日本老人福祉財団を参照ください。

テーマ「高齢者施設におけるトータルケア」
生きがい ● 創作活動―生きがいを見出すために― 　　　　…湯河原施設職員 ● 行事についての一考察 　　　　　　　　　　　…佐倉施設職員
リハビリ ● 「リハビリの場面と生活の場面の接点」に関する問題提起 …伊豆高原職員
相続 ● 社会相続としての高齢者コミュニティ 　　　　…本部職員
身体移動 ● 身体論 　　　　　　　　　　　　　　　　　　…本部職員
デイケア ● 入居者同士のボランティア活動を通じての助け合い …伊豆高原施設職員

③海外視察研修

　海外視察は，本部で募集を行ない，志望動機，研修目的などを提出させ，業務成績を加味して教育担当者および担当役員が決定します。ここでも基本的には10年目以上の職員が対象になります。当該団体では，海外施設の視察先として，アメリカを中心に，スウェーデン，オーストラリアを選びました。

　期間は10日～2週間です。

◆**目的**：先進的な国の施設・ケア内容を見て視野を広げる

◆**目標**：1　先進的な国の介護レベルを知る
　　　　　2　先端的な介護思想・技術を知る
　　　　　3　研究誌に発表する

◆**プログラム内容**

　海外視察研修先は年度によって異なります。次のような視察先で実施しました*。

* 詳しくは『老人福祉研究』第6巻（1981），第8巻（1983），第9巻（1985），第12巻（1988）を参照ください。

海外視察研修
1979年2月　アメリカ西海岸高齢者施設視察研修 1982年10月　アメリカ西海岸老人医療施設視察研修 1984年10月　ヨーロッパ老人施設視察研修 1995年10月　アメリカ老人施設視察研修（以降，毎年同じ） シダレークホームキャンパス（マディソン），プレスビテリアン・ラムジー（セントポール），フレンズハウス（サンタローザ）など

(7) 管理職教育研修

　管理職（主任・係長，課長）の教育は現場の問題解決能力だけではなく，職員の管理能力をはじめ，家族や周辺の住民などとの交渉力，業務を推進するリーダー能力，社会動向に気を配りながらケアを行なっていく情報収集能力などが必要です。

①主任・係長レベル
◆**目的**：主任・係長管理職の役割を自覚し，実践できる
◆**目標**：
1. 介護単位の直接的ケアの責任者としてリーダーシップがとれる
2. スタッフの方向づけや育成ができ，担当部署の目標達成に貢献できる
3. リーダーとしての役割モデルがとれる
4. ケア課長の代行ができる
5. ケア対象者の家族の意向や不満を聞きとることができる

◆**担当者**：本部／総務部人事担当課長，老年学研究室　　施設／施設長
◆**プログラム内容**
　　a．問題解決技法（略）
　　b．動機づけ理論（略）
　　c．リーダーシップを実践的に学ぶ（略）
　　d．業務の効率化を学ぶ（略）
　　e．業務改善（QC）の実際を学ぶ（略）
　　　管理職の教育研修は，主として，外部の講習会やセミナーを受講します。

②課長レベル
◆**目的**：
1. 施設の基本方針を認識し，経営的視点で管理できる
2. 組織の強化と活性化を図るため，職場管理と介護職の指導教育ができ，管轄部署の管理監督ができる

◆**目標**：
1. 社会や介護・看護の動向を理解し，組織の理念に沿った管理能力を発揮できる
2. スタッフの臨床実践能力を評価し，育成計画を立てることができる
3. コスト意識をもち，ケアチーム単位ごとのコスト改善をはかることができる
4. 中間管理者として経営に参画し，目的遂行能力を高める
5. 立場の役割を認識し，自己の姿勢・態度のあり方を振り返る
6. 自己啓発に努め，管理者としての能力を高める
7. 入居時やケア内容を決定する時に的確に判断できる

◆**担当者**：本部／総務部人事担当役員，老年学研究室　　施設／施設長

◆プログラム内容

　課長レベルの教育研修で，必須になるのは，海外提携施設との相互実習研修への参加です。提携先施設はアメリカ，スウェーデン，オーストラリアです。

　実習期間は3ヵ月間をめどに行ないます。また，外国の提携先の施設や市職員を当該施設に受け入れます。この場合の期間は2～3週間です。参加職員の費用は，交通費が半額個人負担で，研修先の生活費（食費他）は研修先が負担します。以下，当該団体の研修実績を紹介します。

＊（財）日本老人福祉財団発行
『老人福祉研究』第16巻（1995年）
を参照ください。

海外高齢者施設との交換実習研修*

年	月	施設名	研修先
1986 (S61)	10月～12月	伊豆高原 湯河原職員	ラムジーカウンティナーシングホーム（米） シダレークホームキャンパス（米）
1987 (S62)	10月～12月 10/3～10/23	神戸職員	シダレークホームキャンパス シダレークホームキャンパスより2名の職員来日
1988 (S63)	4月～6月 9/26～12/30	伊豆高原職員 大阪職員	ラムジーカウンティナーシングホーム シダレークホームキャンパス ラムジーカウンティナーシングホームより1名の職員来日
1989 (H1)	5/5～6/2 9/26～10/28		スウェーデン・クリッパン市よりサービスハウス長来日 ラムジーカウンティナーシングホームより生活部門職員来日
1990 (H2)	5月～6月	神戸・湯河原職員	スウェーデン・クリッパン市
1991 (H3)	5月～6月 5/6～6/6	伊豆高原 大阪職員	ラムジーナーシングホーム，プレスビテリアンホームズ（米），シダレークホームキャンパス スウェーデン・クリッパン市より社会福祉部門長，高齢者ケアスタッフ来日
1992 (H4)	5月～6月 10/4～10/31	伊豆高原・佐倉職員	スウェーデン・クリッパン市 ブルードミードホステル（豪）のデレクター来日
1993 (H5)	5/9～5/22 5/17～6/16 10/2～10/21	浜松・大阪職員	ラムジーナーシングホーム，プレスビテリアンホームズ職員来日 モアーフィールドホーアダルトケア（豪） スウェーデン・クリッパン市より職員2名来日
1994 (H6)	4/6～5/2 9/22～10/15	伊豆高原職員	モントクライムデイテラピーセンター（豪）職員来日 ラムジーナーシングホーム，プレスビテリアンホームズ

海外施設実習報告

●シダレーク・ホーム研修報告：大阪施設職員*
●スウェーデン研修報告** a．スウェーデン研修報告Ⅰ：湯河原施設職員，b．スウェーデン研修報告Ⅱ：神戸施設職員
●海外高齢者施設との職員交流研修*** a．スウェーデン研修報告，b．アメリカ研修報告，c．オーストラリア研修報告─雑感─，d．アメリカの高齢者施設での研修を振り返って
●海外の施設職員の報告*** a．私の視点から（スウェーデンの施設職員），b．職員交流訪問の報告（オーストラリアの施設職員），c．内省（アメリカの施設職員）

＊『老人福祉研究』第12巻1988年12月発行（財）日本老人福祉財団編
＊＊『老人福祉研究』第14巻1991年3月発行（財）日本老人福祉財団編
＊＊＊（財）日本老人福祉財団発行『老人福祉研究』第16巻1995年7月

その他として，次のような研修が行なわれます。これらは，主として，外部の講習会やセミナーを受講します。
・システム思考による問題解決（略）
・面接技法（略）
・リスクマネジメント（略）
・管理事例研修（略）
・経営管理手法（略）

(8) 専門領域・関心領域別教育研修

専門領域・関心領域別のプログラムは原則として，全職員が対象になりますが，エンカウンターグループ，看護技術演習などのように，施設側で特定の職員を選んで受講させるものもあります。

◆目的： 1　介護の知識・技術・態度を深め，キャリア開発の方向性をもつ
　　　　 2　科学的根拠にもとづいて対象にアプローチでき，論理的思考で介護ができる
◆目標： 1　ケアワーカーとして質の高い実践ができる
　　　　 2　個人的課題をもちキャリアを育成できる
　　　　 3　介護研究発表の実践により，質の高い介護を追及できる
　　　　 4　生涯学習の自己研鑽の機会とする
　　　　 5　施設内教育活動に参加し，役割が果たせる
◆担当者：本部／老年学研究室，　施設／施設長

専門領域や関心領域として，個別のプログラムが組まれています。この中で，力を入れているのが「事例研究」と「エンカウンター・グループ」です。

① エンカウンター・グループセミナー

エンカウンター・グループは，職員の感受性教育の中心に据えました。施設内と施設外で実施しました。施設外では「人間関係研究会」のプログラムに参加しました。感想文*を読むと研修した職員の考えや感じ方がわかります。

*本書，Ⅱ5章②p.115以下を参照ください。

◆目的・目標：1　他者の感情を受け止め，自己の感情の表出をすることができる
　　　　　　　2　他者の発言を受けて，自己の内面を感じることができる
　　　　　　　3　自己の感情面のあり方や傾向を知覚し，業務上において人間関係を改善できる

◆プログラム内容

本書Ⅱ部5章で詳述します。

②事例研究

事例研究は，ケア職員が日常業務で試みたことをまとめて，施設内で発表したものを研究誌に掲載します。ケア実践研究の蓄積がケアサービスの改善につながります。ケア研究は当該団体の本部にスーパーバイザー（老年学研究室職員）がおり，検討会に参加しアドバイスします。

事例研究は，毎月1回，当該施設における入居者の中で，ケア困難な事例を抽出し，職員全体会で発表し討議します。

◆目的・目標：1　事例を選択し，問題点を認識し，事例をまとめることができる
　　　　　　　2　事例を演繹し，業務上有益な経験則を抽出できる
　　　　　　　3　事例からの教訓を実際の業務に生かせる
　　　　　　　4　事例研究を介護研究に高め，発表することができる

◆プログラム内容

本書Ⅱ部6章で詳述します。

③勉強会

勉強会を有志で行なうことも大切です。たとえば，当該団体では，「初歩のカウンセリング」というテーマで毎週1回，1年間継続して行ないました。

テキストには，日本・精神技術研究所の『独習　入門カウンセリング・ワークブック』を使用し，課題に沿って参加者が自分の考えを発表して，自分と他者の考えを比較し，自分の考え方の傾向を把握したりしました。

④看護職によるケア技術演習

看護職によるケア技術演習を外部から講師を招請して行ないます。職種が異なると違ったケアの方法を学ぶことができます。本演習は，2～3年目の職員には勤務時間内として，出席を義務づけます。具体的内容は次のとおりです。

看護職によるケア技術演習プログラム

目的：当施設独自の介護活動を充実させ，個々の老化に伴う心身機能の低下にあった適切なケアを提供するために，看護における理想的なケアのあり方を模索しながら介護スタッフに求められる知識・技能・態度を再確認する
目標： 1　看護技術を参考にして介護技術の重要性を感じる
　　　 2　看護技術を参考にして介護提供者の果たすべき役割を考察する
　　　 3　看護技術を参考にしてこれまで実践した活動状況を分析し，問題点への対応策を習得する
　　　 4　入居者個々人を大切にする個別的ケアを実施する上に必要な判断能力を習得する
研修期間：10ヵ月　／研修時間：毎月　第2・4木曜日　14:00～16:00
具体的内容：
1回目　五感の活用による違いの発見，2回目　安全・安楽な身体移動法，3回目～5回目　快感を与える清潔法（その1～その3），6回目　身体機能が低下している人の寝衣交換，7回目～8回目　その人の欲求を満たすために（その1・その2），9回目～15回目　症状出現時の対応（その1～その7），16回目　寝たままリハビリ実施法，17回目　死を迎える人のケア，18回目　ケアの技と心

⑤文献講読

　文献講読はいろいろありますが，入居者をターミナルケアすることが現実となった時に，ケア職と看護職が共同で文献講読を行なったのが，キューブラ・ロス*の『死ぬ瞬間』と『死ぬ瞬間の対話』です。とくに，『死ぬ瞬間の対話』はターミナルケアにおける職員の対応について具体的に書かれており，参考となりました。また，施設のノーマライゼーションを考える時に，アメリカの社会学者E・ゴッフマン*の『アサイラム―収容施設の日常生活―』をテキストとしました。

⑥トピックス

　トピックスはその時々の話題や課題に沿ったものを選定し，実施します。ここでは，「アロマテラピーの講習会」を紹介します。この講習会は4回に分けて行なわれましたが，その後，業務に取り入れられケアの質を高めることに成功したものです。

香りの療法（アロマテラピーの講座）

全4回　1回90分～120分
●アロマテラピーとは（講義）
・アロマテラピーの科学，・アロマテラピーの歴史，・アロマテラピーの各国の事情，・アロマテラピーの資格，・日本の現状と今後
●香料の実際（体験学習）
・エッセンシャルオイルの利用の仕方，・エッセンシャルオイルの体験（主な香料14種類），

---

*キューブラ・ロス（1926～）アメリカの女医で，ガンの末期患者の死への心理的過程を分析し，死を目前にした人が示す基本的態度を，否認－怒り（攻撃的反応）－取り引き－抑うつ－諦観（あきらめ）に変化するとした。それを著した「死ぬ瞬間」は，ターミナルケアやホスピスに大きな影響を与えた。死へのプロセスは喪失世代であり，死を目前にした老人の態度とも原則的に同一であると考えられる。

*アーヴィング・ゴッフマン（1922～1982）　アメリカの社会学者で，日常的な出会い，集まり，パフォーマンス，会話などの対面的相互行為といったミクロ社会学に焦点をあて，そこに成立する社会的自己，リアリティ，さらに秩序とは何か，また，何がそれを可能にしたかを解明した。ノーマライゼーション（日常生活）を考える時に参考となる『アサイラム（収容所）』，ケア対象者と職員との相互関係性を考察する時に参考となる『行為と演技』『スティグマ』などの著作がある。

> ● 香料の効果と作用（デモンストレーション）
> ・ラベンダー・ローズマリー・イランイラン・カモマイル・ジュニパー・サンダルウッド・ユーカリ・ミント・ゼラニウム・レモン・オレンジ・クラリセージ・サイプレス・シダーウッド他
> ● 活用法（実習）
> ・マッサージ・湿布・エアフレッシュナー・吸入・うがい・膣洗浄・沐浴他

また，外部講師を招いて次のようなテーマ別セミナーを開催しました。テーマだけ紹介します。

> ● 老人と性，● 老人と精神衛生，● 夫婦関係―求められる男と女の新しい生き方―，● 孤独問題―無意識と抑圧―，● 相続法の理念と課題，● リハビリ医者の日常診察，● 高齢者デイケアの実践他

(9) 中途採用者の教育研修

　中途採用者のメリットとデメリットを考えますと，メリットは即戦力になること，デメリットはその組織体の理念や方針を理解していないこと，つまり，その組織体とは違った考えや見方に染まっていること，その人の能力がどの程度であるのかが不明であることです。中途採用者の教育研修は，このデメリットを修正するために行なわれます。

　まず，その組織体の理念や方針などは，入社時に経営者から直接説明することが必要です。とくに，ケア対象者への基本的態度はきちっと伝えるべきです。たとえば，ケア対象者から金品は貰わないことや，個人的な取引はしないこと，ケア対象者のプライバシーを守ることなどです。中途採用者の場合はこのような基本的な態度が欠如している人がいますので注意が必要です。

　中途採用者の一番の問題は，中途採用者がどの程度の知識・技術を有しているかです。中途採用者のキャリア測定は，第1には，履歴書の経歴や面接試験時の記録などを参考にします。どのような職場で，どのような業務を何年行なってきたか，どのような実績があり，どのような役職を経験しているかなどを聞きます。第2には，仕事についてから受けた教育研修の内容を聞き取り，どの程度の教育研修を受けてきたかという教育研修履歴を把握します。第3には，業務の中で具体的な能力測定を行ないます。

　知識・技術の能力測定は，客観的な判断だけではなく，本人が将来進みたい方向性や希望を加味してランクづけします。中途採用者は新人と同じようなプログラムは組む必要はありません。技術・知識でしたら1～2週間程度の実習でわかりますが，考え方や態度・姿勢は1ヵ月程度が必要です。

　中途採用者の研修の注意点としては，次のように考えられます。

①**入社動機**　中途採用者はいろいろな経験を身につけています。たとえば，入社動機にしてもキャリアアップを目指して転職する場合と，前職場でのトラ

ブルで転職する場合とでは対応がかわります。したがって，事前に，中途採用者と面談し，その人の経歴や業務期間を聞きながら，指導計画書を作成します。

②**指導職員**　指導職員が年上のほうがベターです。また，かなり力量がある場合には，主任クラスの職員が指導した方がよいでしょう。

③**実習期間**　実習期間では指導職員と中途採用者では1～2週間程度は勤務時間を同じに設定します。

④**目標設定**　1週間ごとの指導目標を設定し，評価します。

⑤**自尊心の尊重**　中途採用者の仕事上のやり方やクセを修正する場合には，自尊心を傷つけないように注意します。

⑥**指導スタート**　指導は実際にできるところから確認してみることから始めます。

　能力評価は後述する図表2.6「ケア業務能力測定項目表」(p.59)を利用してチェックし，教育研修体系上の教育研修レベルにあてはめていけばよいでしょう。階層別の教育体系は，いいかえれば，ランク別の能力別研修体系でもありますから，中途採用者の能力を体系レベルに当てはめればよいわけです。このため，中途採用者の教育研修は当初の実習期間以外はその人の特別のメニューを作る必要はなく，既存の教育研修体系の中で行なわれます。

③ 教育研修の評価と進め方

(1) 教育研修の評価

　教育研修で最も大切なことは，目標管理を行なって定期的に職員の能力を評価し，教育研修の効果を測定することです。そのためには，次ページの図表2.6のような能力測定表を作成します。これは看護師のクリニカルラダーを参考に作成した1つのモデルですから，それぞれの施設で工夫して能力測定表を作ってください。

　図表2.6は，初級の能力，中級の能力，上級の能力に分けて，それを1・2年目，3～5年目，6～10年目以上というように階層別教育のレベルに応じて評価できるようにし，同時に，能力別教育とも関連させています。能力を評価する場合には，ケア業務の全般的な知識・技術と，具体的な介護の知識・技術に分けます。全般的な部分は業務を進めていく場合のポイントになるもので，研修の流れでものべましたように，身体的なもの→精神的なもの→環境（家族・社会的）なものへと進化するように作成します。この表を作成することによって，どの部分が不足しているか，どの部分が十分であるかの能力を測ることができます。

(2) 初級レベルの能力評価チェック

　とくに，1年目は職場に定着させるという目標と共に，その団体の理念・社会的存在意味を理解してもらうことや，これからの職業人としての基本的な態度や仕事に対する姿勢の修得という重要な位置付けがあります。その意味で，初年度教育研修は定期的なチェックを3・4ヵ月ごとに行なうことが大切になります。マナーや基本的態度の評価は図2.7のようなチェック表を作成して行ないます。

　この表は仕事上のマナーと業務の基本的態度に分けて評価しています。チェックリストの質的評価＝重要度では，その**組織の理念や方針→具体的な作業に**なるにつれて重要度は低くなります。

　次にケア業務能力測定チェック表を参考にして，初級レベルの職員の業務能力評価表を作成すると，図表2.8のようになります。

(3) 教育研修の進め方

　教育研修の進め方はいろいろ考えられますが，根本は経営者の意識です。経営上の優先課題として「教育研修」を設定し，継続して行なう信念をもつことです。次には，教育研修の担当者を選任する必要があります。人材がいなければ施設長や事務長を兼務させてもよいでしょう。いずれにしろ誰か専任の担当

2章 高齢者ケア職の職員教育研修体系モデル

図表2.6 ケア業務能力測定項目表

教育クラス 項目	細目	初級クラス 教育研修体系1・2年目の内容	中級クラス 教育研修体系3～5年目の内容	上級クラス 教育研修体系6～10年目の内容
目標		仕事が先輩職員の指示どおり、マニュアルに従ってできる	入居者の個人的ケア傾向を把握し、危険を予知し回避できる判断能力があり、業務改善能力を身につけ、安全・確実な業務ができる	入居者の個人的ケアニーズを把握し、個人的ケーススタディができ、仕事に工夫ができる能力を身につけ、安心・安楽なケアを提供できる
ケア業務の全般的把握	マニュアル	マニュアルどおりにできる	マニュアルに自分の工夫を加えることができる	マニュアルをチェックし修正又は新規作成できる
	介助時の一般的注意点	介助時の注意点が3ついえる	介助時の注意点が5ついえる	介助時の注意点が10以上いえる
	介護補助器具	介護補助器具を知っている	介護補助器具を充分使用して介助できる	介護補助器具を使って生活の自立を援助できる
	居室の改造	住環境の基礎知識を知っている	居室の改造の相談にのることができる	居室の改造を通じて生活の自立を援助できる
	コミュニケーション	介助時の必要なことがいえる	個別的な話し相手になれる	悩みや不安を受け止めて癒すことができる
	ことば	日常的な挨拶、声かけができる	敬語・丁寧語を使える	相手の話すことを辛抱強く聞ける
	個人理解	個人の生活歴を理解する	個人の生き方に共感する	個人の全体を理解し、内面世界を受容する
	ケアプラン	ケアプランを先輩職員の指導で作成できる	ケアプランを1人で作成できる	ケアプランを本人・家族に説明し、納得させることができる
	ケアの具体的内容	先輩職員の指導を受けながら身体的障害をもつ人へのケアができる	1人で自立して精神的・家族的問題をもつ人のケアができる	チームを組んで、リーダーとして痴呆者のケアができる
	情報収集	既存の資料から個人情報をまとめることができる	本人・家族から個人のプライバシーに関わる情報を収集できる	収集した情報から、その人の人物像を想定することができる
	記録	記録をマニュアルどおりに記入できる	ケアプランを考慮に入れた記録を作成できる	記録からケアサービスの問題点や課題を見つけ出すことができる
介護知識・技術の把握	排泄	マニュアルどおりに排泄介助ができる	羞恥心やプライバシーを考慮して排泄介助できる	排泄における機能低下や機能障害を判断でき、治療の援助ができる
		オムツ・P便の種類と使用方法を理解している	オムツ・P便の使用が適切に行なえる	排泄補助器具がケア対象者に合うように適切に使用できる
		排便障害の知識をもっている	排便障害の処置ができる	排便の状態によって身体の変化がわかる
		高齢者の排泄の特徴がいえる	排泄の対応が適切にできる	排泄のケアプランが作成でき、排泄のタイミングがわかる
		便秘の構造を知っている	便秘の処置（浣腸・摘便・薬）ができる	便秘の解消のために総合的な対策を実施できる
		失禁の構造を理解している	失禁の対応が適切にできる	失禁の根本的原因をケアプランできる
	食事	高齢者の食事の基本である栄養量・栄養素がいえる	治療食の知識と経験がある	栄養相談を受けることができる
		食事の準備、実施、後片付けができる	声かけしながら楽しく食事介助ができる	嚥下障害者の食事介助ができる
		食事介助の注意点がいえる	楽しい食事時間が過ごせるように配慮できる（花・音楽・温度など）	行事食、季節食などのメニューを作成し、アクティビティを企画できる
		片麻痺者の食事介助ができる	ベッド上の食事介助ができる	誤飲時の対応ができる
		治療食・特別食・配慮食の区分・知識・提供の仕方を理解する	その人の症状に合わせた特別食（刻み食・ペースト食など）を提供できる	ターミナル時などに特別配慮食を提供できる
		口腔ケアの必要性を理解する	口腔ケアの実際ができる	痴呆者や介護困難者の口腔ケアができる
	移動	トランスファーの原則を3ついえる	トランスファーの原則を5つ以上いえる	トランスファーの原則を7つ以上いえる
		歩行補助具をいえる	歩行補助具を使う場合の注意点がいえる	歩行補助具を使って生活の活性化がはかれる
		ボディメカニクスを知っている	ボディメカニクスを利用して介護ができる	ボディメカニクスを教えることができる
		自立歩行の援助ができる	杖歩行などの援助ができる	車椅子（ベッド、便所、食事）のトランスファーができ介助ができる
		室内移動の援助ができる	室外、居住区周辺の介助ができる	外出介助ができる
		体位交換の基本を知っている	ベッド上の介助ができる	離床するための動機づけをすることができる
	更衣	更衣介助の手順がいえる	更衣介助の実際ができる	安楽・安心な更衣介助ができる
		更衣介助の注意点が3ついえる	更衣介助の注意点が5ついえる	更衣介助の注意点が7つ以上いえる
		片麻痺の人の介助ができる	関節リュウマチの介助ができる	痴呆者や介護困難者の更衣介助ができる
	入浴	入浴介助の補助ができる	全介助（特浴、リフト浴）ができる	痴呆者や介護困難者の介助浴ができる
		入浴の準備、実施、後片づけができる	特浴、介助浴、リフト浴の判断ができる	バイタルチェックができ、身体を全体的にみれる
		入浴の効果を理解している	入浴環境（温度、滑り止め、プライバシーなど）を整えることができる	入浴の効果（やすらぎ、身体観察、話合い、清潔）を出すことができる
		足浴ができる	シャワー浴ができる	清拭ができる
	清拭	必要品の準備ができる	ケア対象者への挨拶と説明ができる	声かけしながらケア対象者の変化を把握できる
		プライバシーを確保する	麻痺のある人の衣服の着脱ができる	身体の皮膚状態を確認できる
		清拭用の湯の温度設定ができる	片づけ、記録までできる	じょくそうの予防ができる
		清拭の手順どおり行なう	寝たままでの洗髪ができる	スキンケアの処置ができる

図表 2.7　新入職員チェックリスト表

新入職員評価チェックリスト表		
項目	評価	コメント
①仕事のマナー・態度		
出勤時間は適切か（就業15分前にきているか）		
欠勤がないか		
挨拶はできるか		
服装・身だしなみは整っているか		
話し方・話し声は適切か		
感情表現が豊かか		
言葉遣いが適切か（敬語・業務語）		
健康管理は適切か		
小計（普通を24点として評価する）		
②業務の基本		
処置の前後に手洗いをしているか		
必要時にはメモをとっているか		
時間配分はできているか		
ケア対象者の状態・状況報告は適切か		
わからないことを質問してくるか		
必要なことをケア対象者に伝えているか		
ケア対象者とコミュニケーションが取れているか		
情報収集が適切にできるか		
記録が適切にできるか		
会議で発言ができるか		
後片づけができているか		
できないことを他のスタッフに頼めるか		
仕事の速さは適切か		
空いている時間の活用は適切か		
仕事の準備はできているか		
マニュアルを理解し、その通りできるか		
引継ぎが適切にできるか		
専門用語を理解できているか		
小計（普通を54点として評価する）		
総計（普通を78点として評価する）		

評価：5＝非常によくできる。4＝よくできる。3＝普通にできる。2＝ややできない。1＝非常にできない。

図表2.8 ケア業務能力評価チェックリスト表（初級）

項目	細目	内容	評価	コメント
目標	教育研修体系1・2年目	仕事が先輩職員の指示どおり，マニュアルに従ってできる。		
ケア業務の全般的把握	マニュアル	マニュアルどおりにできる		
	介助時の一般的注意点	介助時の注意点が3ついえる		
	介護補助器具	介護補助器具を知っている		
	居室の改造	住環境の基礎知識を知っている		
	コミュニケーション	介助時の必要なことがいえる		
	ことば	日常的な挨拶，声かけができる		
	個人理解	個人の生活歴を理解する		
	ケアプラン	ケアプランを先輩職員の指導で作成できる		
	ケアの具体的内容	先輩職員の指導を受けながら身体的障害を持つ人へのケアができる		
	情報収集	既存の資料から個人情報をまとめることができる		
	記録	記録をマニュアルどおりに記入できる		
介護知識・技術の把握	排泄	マニュアルどおりに排泄ができる		
		オムツ・P便の種類と使用方法を理解している		
		排便障害の知識をもっている		
		高齢者の排泄の特徴がいえる		
		便秘の構造を知っている		
		失禁の構造を理解している		
	食事	高齢者の食事の基本である栄養量・栄養素がいえる		
		食事の準備，実施，後片付けができる		
		食事介助の注意点がいえる		
		片麻痺者の食事介助ができる		
		治療食・特別食・配慮食の区分・知識・提供の仕方を理解している		
		口腔ケアの必要性を理解している		
	移動	トランスファーの原則を3ついえる		
		歩行補助具をいえる		
		ボディメカニクスを知っている		
		自立歩行の援助ができる		
		室内移動の援助ができる		
		体位交換の基本を知っている		
	更衣	更衣介助の手順がいえる		
		更衣介助の注意点が3ついえる		
		片麻痺の人の介助ができる		
	入浴	入浴介助の補助ができる		
		入浴の準備，実施，後片付けができる		
		入浴の効果を理解している		
		足浴ができる		
	清拭	必要品の準備ができる		
		プライバシーを確保する		
		清拭用のお湯の温度設定ができる		
		清拭の手順どおり行なう		
計（91点を「普通」として評価する）				

評価：ケア業務の全般的把握：5＝非常によくできる，4＝よくできる，3＝普通，2＝ややできない，1＝できない
　　　介護知識・技術の把握：3＝よくできる，2＝普通，1＝できない

者を選定することが第一条件です。そして，今まで行なっている教育プログラムを再検討し，教育研修の体系化をスタートさせます。おおまかな計画書を作成しタイムテーブルを設定します。計画書の基本は施設の理念にそって統一した考えに基づいた教育研修体系を構築し，その体系を基礎として主体的な職員教育研修を行なうことです。体系的なことはいままでのべてきたことを参考にして作成してください。ここでは，具体的な進め方のポイントをあげておきます。

①**実践部隊の編成**　教育担当者が決定されたら，実践部隊の組織と体制をつくる必要があります。教育担当者を中心に各部署から中心的職員をあつめてプロジェクトチームを編成します。このプロジェクトチームは現業組織ではありませんので，業務の直接的な命令権はありませんが，教育研修に関しては部署の責任者にも命令できる権限を与えます。そして，かならず予算を付与します。

②**教育環境整備**　次にとり組むことは，教育環境の改善・整備です。職員の勤務状態（遅刻・早退・勤務態度など）や勤務のマナー（あいさつ・言葉使い・会話内容・プライバシーへの配慮）を採点します。このような内容は外部のコンサルタントに入ってもらうと的確で効率よくできます。

③**教育研修案の提示**　既設の施設であれば，まず，全職員からいままで受けた教育研修内容をヒヤリングして，それをもとにして，具体的な教育研修体系の案をつくって職員に対して提示します。この計画書は理想をかくのではなく，現実をふまえた実行可能な内容とします。

④**新人教育研修**　具体的な教育研修内容は新人教育研修からつくっていきます。その前に，職員への啓蒙と教育をかねて「当該組織専用の用語集」をつくることをおすすめします。

⑤**プリセプターシップ導入**　1年目教育では，プリセプターシップと介護技術研修がメインになります。OJTとしての新人研修にはプリセプターシップを導入するのがよいと考えます。具体的内容は3章を参考にしてください。介護技術研修のマニュアルはチームメンバーが作成し，講師役の職員（3年目職員）が指導します。

教育研修内容は，それぞれの組織体のあり方によって異なると思いますが，次の3つは，教育研修の体系化の段階でぜひ行なってほしいものです。

⑥**ケア業務の作業分析**＊　第1には，ケア職の作業分析を行なうことをおすすめします。これを行なうことによって，職員が自分の仕事を客観的にみることができるようになります。

⑦**業務チェックリストの作成**＊　第2には，業務チェックリストの作成をおすすめします。チェックリストはマニュアルとは異なりますが，業務の羅針盤的役割をします。作成の進め方は用語集と同じ段取りをとります。これは時間がかなりかかりますし，職員にも負担がかかりますが，ぜひ行なってほしい教育研修の具体的内容の1つです。そして，これはケア職だけでなく，組織の各部署でも行なうべきものです。

＊具体的内容は，前著の『トータルケア』第2章の7.「トータルケアの業務分析」に詳しく書いていますので参考にしてください。

＊具体的内容は，前著の『トータルケア』の資料編「トータルケア・チェックリスト」を参照ください。

⑧**事例検討会**　教育研修の中でも事例の検討は重要な位置を占めます。日常のケア業務の中で，ケアプランの検討のうち，ケア困難事例は全社的取組として他部署も参加した職員全体会で行なうのがよいでしょう。また，終了したケースで，ケア職員が「失敗した」という感じをもった事例は，「事例研究」の対象にして検討すべきです。このような「事例」を多くもつことが教育研修を進化させることになります。

　いずれにしろ，教育研修の大切な点は，職員個々人に身につくような教育とその教育が業務上の効果としてあらわされなければなりません。
技術的な研修であれば，実際の業務で実践させることや繰り返し行なうこと（フォローアップ研修）が必要です。そして，外部の講座や研修会，セミナーでは，参加させるだけで満足するのではなく，新しい情報は参加者から職員全体会で内容を発表させたり，技術的なことやその研修会で得たことを当該施設に照らし合わせて業務改善や新たな企画ができるかを検証していく必要があります。

　また，大事なことは，体系化にあわせて，職員個々人の教育研修の履歴簿を作り記録に残して，さらに管理台帳を作成して計画的に実施することです。長期的視点と短期的視点を組み合わせて，その施設の目的と職員個人の目的が合致するように計画的に行なう必要があります。

　教育の体系化とは，階層別職能別の体系を作るだけではなく，動機づけの仕組みを加味することです。勤務評価と教育研修を合体させ，待遇面（昇進・昇給）での改善が伴わなければなりません。その意味で教育研修の体系化と同時に，待遇面の仕組みが大切になります。職員の意識が高まり，教育のツールや人材が蓄積されれば，おのずと教育の効果が出てきます。

　教育研修が体系化されているところに人材は集まります。規模が小さいから，費用がないからといって職員教育研修を行なわないところはいずれ淘汰されてしまうでしょう。事業規模が小さかったり，費用が足らなければ周辺の施設と合同で行なったり，人材がなければ外部を活用することも考えられます。まず，経営者の意識が問われています。

Ⅱ
新人教育制度の導入と人間教育の実践
―プリセプターシップ・感性教育・事例研究―

　第Ⅱ部では，教育研修の具体的な実践事例を紹介します。本書ではケア職の教育研修として重要な方法と思われる3点に絞って紹介します。第1は，新人教育に有効な「プリセプターシップ」の導入の提案，第2には，対象者理解と自己覚知・感性練磨の方法としての「感性教育」，第3には，教育研修の総合的・実践的な手法として「事例研究」を取りあげました。

　まず，教育研修の実施形態としては，OJT（個別指導教育），Off-JT（集合教育），自己啓発がありますが，その中でも重要なものがOJTであることは衆目の認めるところです。さらに重要なのが，入社1年目の新人教育です。初めての職場がその職員の職業人としての基礎をつくるといっても過言ではありませんし，組織の方針や理念を理解し，組織への忠誠心をもってもらうためには，施設側にとっても大事な時期になります。そこで本書では，病院で行なわれて評価の高い「プリセプターシップ」の導入を高齢者ケア現場でも導入するように提案しています。

　次に，教育研修内容は，知性教育，技能教育，感性教育に大別されますが，ケア職として，この中でとくに大切なのが感性教育です。極論すれば技術・知識教育は経験を通して見よう見真似であるレベルまでは修得が可能です。しかし，感受性は個人の資質とも関係し，同時に意識的に開発していかなければなりません。ヒューマンサービスでは，相手の感情を受容し，自らの感情をどのように表出するかが大切になります。人間相手の仕事は，最終的には，職員の感受性が頼りです。この面の教育研修が必須になります。

　最後には，ケア職の現場では「事例研究」が重視されます。その理由は，事例を通して，相手の内面理解を行ない，どのように対処するか，そのプロセスこそがケア職としての仕事の習熟度を高めることになるからです。事例研究を通じて，自らの行なった，あるいは行なっている事例をあらゆる方向から検討し，それを今，あるいは今後の仕事につなげることで技術教育・感性教育・知性教育を網羅した総合的な教育手法になるのです。

3章　ケア職へのプリセプターシップの導入

1　病院におけるプリセプターシップの構造と実際

(1) プリセプターシップとは

　「Preceptor」は，教訓者，教師，指導教官と訳されます。プリセプターは，新人看護師を指導援助する人を指し，指導される方をプリセプティーといいます。プリセプターシップは，日本の看護界では，90年代に入って，医療の高度化により基礎教育の内容が複雑化してきたことや看護の質が問われるようになったことにより普及してきました。もともとは，アメリカの臨床医養成のための研修制度として行なわれていたものが日本に導入され，新人のための看護教育手法として実施されるようになりました。

　プリセプターシップは，先輩看護師が新人看護師と固定的なペアを組み，一定の期間内に指導目標が達成できるように段階的な育成計画を作成し，日常業務を通じてマンツーマンで指導を行ないます。その目的は新人看護師を早く戦力化することと同時に，現場のリアリティーショックを緩和し，早期退職を回避させるためです。また，プリセプターシップはプリセプター役にプリセプティーと同じ世代に近い入社3・4年目の若い職員をあてます。つまり，プリセプターシップは新人ナースのための教育制度のようにみられますが，指導するプリセプター側の教育という面も見逃せません。指導することによって，自己の知識技術のレベルを確認し，新たな課題を見つけ出すと同時に，将来の幹部候補者としてのリーダーシップを発揮する予行練習という意味合いをもっています。

　プリセプターシップは社内教育体系の1つであり，階層別教育のOJTであり，「目標管理」手法を用いた個別教育法です。したがって，OJTの長所と短所をもっていることに注意し，導入する際には，OJTの短所をカバーして長所を十分生かして行なうようにすることが大切です。

　確認しておくことは，教育とは，教えることと育てることの二面があることです。教える，教わることによって，教育する側，される側双方の成長がはかられることが肝要です。また，教育には，意図的な側面（教育研修制度）と無意図的な側面（職場環境・経営風土・勤務態度・人間関係等など）があり，両者を併せて関連づけて構築することが必要です。教育研修を実践してもうまくいかない場合がみられますが，その場合は無意図的な側面を見直す必要があります。無意図的な側面を放置して教育制度だけの導入を優先しますとうまくいかない場合があります。

(2) プリセプターシップのプラス面とマイナス面

　プリセプターシップを教育体系の中でどのように考えていくかは，導入の目的や経緯によって異なりますが，一般的には，プリセプティーの教育面の目的では「一人前の看護師として自立できる能力を習得する教育」として考えます。そして，プリセプターの教育面の目的では「ジェネラリストの能力開発を促進する教育」と位置づけて，臨床指導者・教育指導者へのステップアップのための基礎となる教育的係わりを学ぶものと考えます。したがって，プリセプターシップを新人教育研修体系の柱として位置づけることが必要になります。

　導入する場合には，プリセプターシップの特性を知らなければなりません。そこで，まず，OJTの長所と短所と照合しながら，プリセプターシップの導入のプラス面とマイナス面を考えると次のようになります。

	導入のプラス面	導入のマイナス面
プリセプティー	a）職場の具体的な看護技術をマンツーマンで指導してもらえるためリアリティーショックを緩和できる。 b）相談相手が身近にいるため，相談しやすく不安が軽減する。 c）年代が近く，新人の心理を理解してもらいやすいため生活上の支援も受けやすい。 d）各段階の目標がはっきりしているため新人が安心しやすい e）退職への動機を軽減できる。	a）指導者が固定するためにプリセプターの価値観・技術力に影響される。 b）新人とプリセプターの関係がプライベートな部分まで密になりすぎ，馴れ合いの関係になりやすい。 c）プリセプター教育が不十分な場合は，かえって悪い影響が新人に伝わる。 d）業務，教育上の問題は個人の生活や能力に関することが多く，会議などで公表されるとプリセプティーの心が傷つく。
プリセプター	a）プリセプターに強い責任感が生じ，新人の期待に応えようと努力する。 b）プリセプターは新人の指導を通してリーダーシップを発揮し，リーダーとして成長できる。 c）新人指導計画が明示されるため職場内の協力が得やすい。 d）指導者が1人なため指導に一貫性・継続性がたもてる。	a）プリセプターの業務がオーバーワークになり，プリセプターへの全社的な支援体制がないと，プリセプターの負担が増大し，やる気を減退させる。 b）新人の落ち度を指摘されるとプリセプターが非難されたと思い，落ち込んだり感情的になり，自信喪失につながる。 c）プリセプターになれなかった人がプリセプターに協力せず，職場の雰囲気が悪くなる。
管理者	a）管理者が新人教育に関わる時間を軽減できる。 b）プリセプターを通して新人の状況を把握できるため的確なアドバイスができる。 c）指導計画書によって指導ニーズが的確に把握でき，問題解決がしやすい。 d）先輩による新人イジメを防げる。 e）プリセプターと管理者のコミュニケーションが増えるので，信頼関係が築きやすい。 f）将来の幹部候補を育成できる。	a）ペアリングがうまくいかないと，逆効果になって新人が退職する。 b）新人指導計画書をプリセプターと一緒に作成しないと，プリセプターシップの理解ができずやる気を失わせる。 c）プリセプターの事前教育を行ない，作業マニュアルなどの整備がないと，プリセプターが統一した指導ができずうまくいかない。 d）プリセプターへの肯定的評価を定期的に行ない，動機づけないと，プリセプターの意欲が継続しない。

　注意しなければならない点は，プリセプターとプリセプティーのペアリングの問題です。これがうまくいかないと双方が傷つくことになります。相性が合わずにうまくいかないことがないようにペアリングする場合の事前調査と，事後におけるフォロー体制が大切です。プリセプターシップのマイナス面はOJTにはたえずつきまとう問題で，OJTの欠点を克服することがプリセプターシッ

(3) プリセプターシップにおける担当者の役割と機能

プリセプターシップを行なう上で，担当者の役割と機能を日本看護協会では次のように指摘しています*。

*『看護職の社会経済福祉に関する指針』(社)日本看護協会　2000年4月

①プリセプターの役割と機能
（A）プリセプター自身が看護実践モデルになる
●現実的な目標設定のもとに指導する，●基本的な看護技術を示す，●時間内で業務を終了する，●チーム員としての役割を認識する。
（B）プリセプティーを支援する
●失敗や不安に対処できるように支援する，●周囲のスタッフとの関係を調整する，●お互いが自由に会話を交わすことができる，●自己の能力に対して自信を喪失させないよう配慮する，●現在もっている能力と不足する能力を査定したうえで，現実をうけとめる。
（C）プリセプターを評価する
●期待された仕事であったことをチームで信頼する，●熱心に仕事をしていることをチームで信頼する，●ペア同士お互いの成長を評価する（指導するプリセプターも成長する）。

②　管理者の役割と機能
（A）プリセプターの選考とペアリングの決定
●新人の性格，能力の把握，●プリセプターの力量の把握（看護実践ができる・話を傾聴できる・自己の能力を判断できる），●組合せは2人の相性を考えて決定する
（B）職場内の機能の調整
●自信をもたせ，自立できるよう成長を支援する，●相談しやすい職場環境と人間関係をつくる，●定着率の向上がはかられる。
（C）新人の学習過程に責任をもつ
●ペアリングを考慮して，勤務計画を調整する，●教育的効果が表れるように，業務の割りふりを考慮する，●バックアップシステムの充実，●有効なカンファレンスの実施

③　アソシエート（補助）の役割と機能
プリセプターシップは，プリセプター・プリセプティー・管理者の関係だけでなく，アソシエートナースや他の同僚の支援が成功の鍵を握っています。アソシエートナースはプリセプターが休日の時に代行して指導するような実質的な支援だけではありません。プリセプターがつぶれるのは，アソシエートナースや他の同僚からの批判やイジメによることは，現場の声として聞かれます。

このため，アソシエートナースがプリセプターシップを理解し，プリセプターへ協力することが不可欠になります。
●プリセプターシッププログラムを理解し，評価する，●プリセプターと新人の関係について支援する，●プリセプター不在時に補い助けて，アソシエートプリセプターとして機能する，●新人の基本的技術の向上を支援する，●業務以外でも，温かい気持で見守る。

(4) プリセプターシップの実態調査*

ここでは，プリセプターシップの実態調査内容を記述します。まず，プリセプターシップの「実施の有無」については150社を対象に調べました。また，具体的な「教育内容」については，プリセプターシップについて詳細な教育内容を記載していた90社を対象にその実態を具体的に記述しました。

*実態調査対象病院は１章の注にある「病院における看護師の教育研修体系実態調査」を参照ください。

① プリセプターシップの実施率について

調査対象の病院150社の内，プリセプターシップを実施しているところは121社，実施していないところは27社，不明２社で，実施率は80.7％にのぼっています。また，井部らの看護師の臨床実践能力の実態について198施設を対象にした調査*（1999年）では，95％にのぼっています。これからわかることは，大手の病院では新人教育法としてプリセプターシップが定着しているということです。

*平成11年度　井部俊子，飯田裕子，岩井郁子他「看護教育における卒後臨床研修のあり方に関する研究―新卒看護婦・士の臨床実践能力とその成長や変化に影響を及ぼした要因について」厚生省科学研究　1999年

② プリセプターの導入年次について

本調査をみると，プリセプター導入の開始時期は，２年目では，全体の15.6％，３年目では43.3％，４年目では40.0％，５年目では1.1％となっており，３年目が一番多いようですが，４年目も多く，３年目，４年目で全体の83.3％を占めています（図表3.1）。

地域別にみますと，関東地区の病院が２年目から導入を行なうところが比較的多いのが目につきます。関西地区で２年目が４施設ありますが，関東ほどではありません。つまり，関東では，他の地区に比べて導入を早めに行なうことが一般化しているといえます。中部・東海や中国・四国・九州などの地方では，３年目と４年目はほぼ同数であり，比較的ゆっくり導入を行なう姿勢がみられます。

図表3.1　プリセプターの導入年次（対象数：90社）

	北海道・東北	関東	中部・東海・北陸	関西	中国・四国・九州	合計
２年目	0	9	1	4	0	14 (15.6%)
３年目	3	12	13	10	1	39 (43.3%)
４年目	1	9	13	9	4	36 (40.0%)
５年目	0	0	0	0	1	1 (1.1%)
合計	4	30	27	23	6	90 (100.0%)

通常，プリセプター養成は，プリセプターになる前年の年度後半に行ないますので，3年目・4年目では，その前年の12月～3月に集中して行なわれています。フォローアップ研修は，プリセプター年次の6・7月頃と，9・10月頃と，1・2月頃の3回程度に分けて行なうのが一般的です。

③ プリセプターシップの具体的内容について

以下は，調査対象90社の回答から得られたデータを抜粋して，教育研修内容を具体的に記述します。

(A) プリセプター養成のための目標のキーフレーズ

プリセプター養成のための目標のキーフレーズをプリセプターになる前年の養成時期とプリセプター年次に分けて記述すると次のようになります。

〈プリセプター前年次〉

- プリセプターの役割を遂行する上での問題点を明らかにし，より効果的な関わりができる能力を身につける
- プリセプターの役割を知り，プリセプティーとの支援関係や指導力を養う
- プリセプターの役割，行動について理解を深め，新人の気持を理解し，どんな看護師になりたいか見出す
- プリセプター，プリセプティーの役割を理解できることで，プリセプターの知識・技術を再確認できる
- 新人指導者の意義と目的を理解し，指導者の役割ができる
- プリセプターの概念とその役割を理解し，新人指導者の姿勢を身に付け，プリセプターとしての準備ができる
- プリセプターについて学び，役割遂行ができる能力を身につける
- プリセプターシップを通して指導能力を高める
- プリセプターシップの基本知識・技術を取得する
- プリセプターとして新人に看護モデルになれる
- 新人の到達目標が理解できる
- リアリティーショックを緩和する方法がわかる

〈プリセプター年次〉

- 新人看護師に仕事の役割を与えながら必要な能力開発をOJTの技法で指導し，その役割を通して指導者として成長する
- 看護職として知識技術態度を向上させ，プリセプターとしての役割を主体的に把握でき，自らも成長できる
- 後輩指導を行なって，自己に必要な能力や自己の問題解決法を明確化する
- 新人の職場適応を円滑にし，専門分野の看護チームとして参加を促す役割ができる
- プリセプターについて理解を深め，指導に役立てると共に，自己啓発の機会とする
- プリセプターとして，主体的に役割ができ，能力向上を図る
- 効果的なオリエンテーションでプリセプターシップを遂行できる
- プリセプターができ，時期を追って，受持ち新人の達成評価ができる
- 新人の看護技術達成度を高めるために，個々に応じた教育指導を行なう
- プリセプターシップを発揮する具体的な関わり方法を理解し，実践に役立てる
- 新人教育を通して教育的資質を高める

（B）年間教育研修事例

具体的な教育研修プログラムの事例をあげます。

事例1	年間5回，a．オリエンテーションを受ける　b．直面している課題を明確にする　c．活動の評価をする
事例2	プリセプター講座＝3月：プリセプターの定義とやくわり，卒1年目教育内容の理解，5月：プリセプター情報交換会（GW），6月：新人教育のあり方（講義），9月：中間評価表提出，12月：まとめ（GW），1月：評価表チェック，2月：次年度計画検討
事例3	プリセプター講座＝4月：プリセプターの役割確認，5・6・7・9・12月：プリセプターのグループワーク，3月：次年度プリセプターと合同研修
事例4	プリセプター研修＝4月：プリセプター研修1＝プリセプターとは何か，何を準備するか　8月：プリセプター研修2＝プリセプターの持つ悩みを共有し，今後の取り組み方を学ぶ　12月：プリセプター研修3＝プリセプターの再確認　3月：プリセプター研修4＝プリセプターとしての成長を確かめあう
事例5	6・10月：プリセプターフォローアップ研修＝a．指導上の悩みや問題点を表出でき，共有できる　b．自己の方向性を見出せる

（C）具体的教育内容

次に，どのようなプリセプター教育が実施されているか各病院から寄せられた教育内容を一覧としてあげます。

〈準備時教育〉

- プリセプターの講義，新人の指導計画案策定＝「私の関わりが新人を生かす，そして，私がかわる」
- 「プリセプターシップの成功と失敗の理由」（課題図書）
- プリセプターの役割
- 新人研修・技術研修のチェック準備
- 指導計画表の作成
- 指導者の役割
- プリセプターシステムの運営と評価
- プリセプターの役割とその機能
- プリセプター対象・役割の理解
- プリセプターの定義と役割
- リーダーシップ理論
- 卒1年目教育内容の理解
- リーダー養成講座
- プリセプターの指導・助言とは
- プライマリーケア
- 新人指導者の意義と目的
- 新人教育内容，教育課題
- 新人看護師を迎えるにあたっての心構え
- ディベートマッチ
- 具体的な新人教育法
- プリセプターを理解し，病棟でのオリエンテーション
- 心構えのレポート提出

〈実施時教育〉
- プリセプター会議
- 事例検討会＝事例を通してリーダーシップを学ぶ
- ワークシートを用いた事例問題の解決
- 後輩指導
- 新人ナースの環境作り
- 新人の到達目標
- 自己の振り返り（3ヵ月評価）
- 直面している課題の明確化
- チェックリスト使用によるグループ討議
- 実践での問題課題の抽出
- 現状の報告・情報交換
- 人間関係のレポート

〈フォロー時教育（評価教育）〉
- プリセプター活動の評価
- 次年度プリセプターと合同研修
- プリセプターとしての自己評価と今後の課題
- プリセプター・リピーター講座
- プリセプター活動を通しての反省・評価
- プリセプター役割を実践し，学んだことを生かして仕事を行なう
- プリセプターのフォロー研修
- サポーターとしての支援方法
- 1年間の反省会に参加し，プリセプターとしての自己評価と今後の課題を見出す
- 事後評価レポート

(5) プリセプターシップの体制づくり

　プリセプターシップの構造は図表3.2のようになりますが，その体制づくりは，プリセプターシップ制度とそれを支援する全社的な取り組み体制の双方が必要です。

　取り組み体制の基本は，組織上位者としての管理者（看護師長・主任）がプリセプターの目標を明示し，目標達成度とその評価の時期を明確にすることです。そして，プリセプターの目標だけでなく管理者の責任範囲とその権限を明確にしておきます。プリセプターシップの最終責任は管理者が負うことを明記すべきです。

　プリセプターシップ体制の実行組織は，看護単位になりますが，全体的な教育研修体系の中に位置づけることが必要です。その意味で，教育委員会（スタッフ）の位置づけと現場責任者（ライン）の役割を明確にしておかないと混乱が生じます。プリセプターシップを作りあげる初期の段階では，プロジェクトチームを作り，教育委員会（スタッフ）が主導的な立場で，各看護単位の師（婦）長・主任などをメンバーにプリセプターシップを立ちあげます。プリセ

プターシップが立ちあがった後では，教育委員会の役割はプリセプター候補者への集合教育などの側面援助が主になります。できるだけ，現場の主体性を尊重し，看護単位のプリセプターシップを進めていくことです。また，看護単位責任者（管理者）はプリセプターと共に具体的な指導計画書を策定していきますが，プリセプター会議などはプリセプター達が自主的に運営していくほうが効果があがります。

図表3.2　プリセプターシップの構造

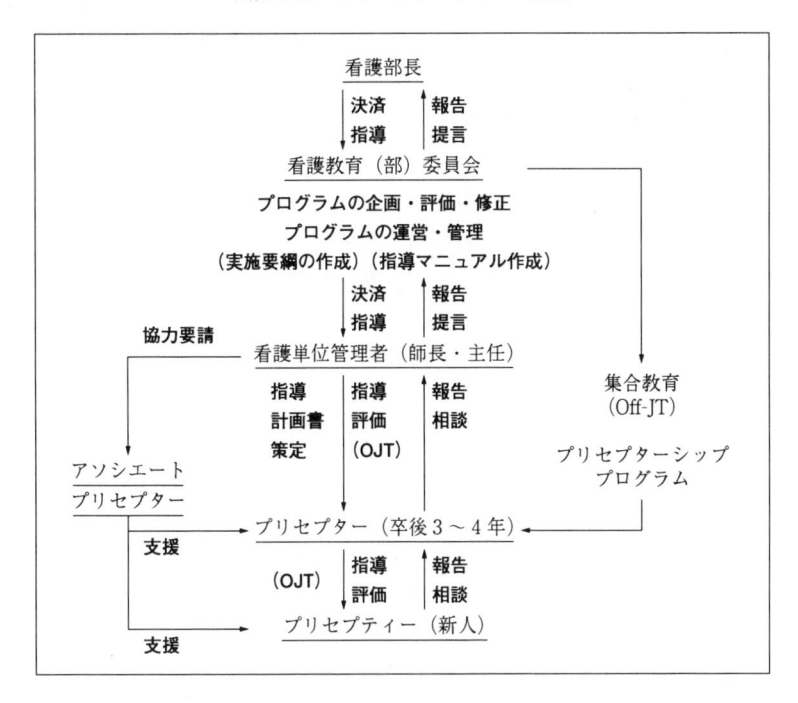

```
                        看護部長
                    決済 ↓ ↑ 報告
                    指導 ↓ ↑ 提言
                    看護教育（部）委員会 ─────────┐
                プログラムの企画・評価・修正          │
                    プログラムの運営・管理            │
                （実施要綱の作成）（指導マニュアル作成）│
                    決済 ↓ ↑ 報告                    │
                    指導 ↓ ↑ 提言                    │
    協力要請   看護単位管理者（師長・主任）            │
    ─────→   指導  指導 ↓ ↑ 報告    集合教育       │
             計画書 評価      相談   (Off-JT)        │
             策定  (OJT)              プリセプターシップ
    アソシエート                        プログラム
    プリセプター
         │      プリセプター（卒後3～4年）←─────────┘
    支援 │           指導 ↓ ↑ 報告
         │   (OJT)  評価      相談
    支援 └─→  プリセプティー（新人）
```

2 病院におけるプリセプターシップ導入のプロセスと作業項目

(1) プリセプターシップ導入の全体計画

　プリセプターシップを導入する場合には，それぞれの病院の個別的事情，つまり経営理念・診療科目・ベッド数・職員数などによって異なりますが，ここではおおまかなプロセスを紹介しておきます。導入に際して一番重要なことは，人材と資金を用意することです。専従者を選任しプロジェクトチームを組んで，同時に，活動できる予算を組まなければなりません。

① 導入のための準備作業

　導入を成功させるには，経営者や管理者の意識改革と熱意が必要です。経営理念にもとづいた方針にしたがって教育研修の体系化を行ない，具体的な指針を明示することです。
　具体的には次のような作業が考えられます。
（A）教育研修の体系化のための準備作業
　全社的な作業面で，一番大事なのは，予算（資金）とそれを推進する担当者（人材）の確保です。プリセプターシップ導入の前段階として，教育研修の体制づくりが必要です。

- 資金の確保＝教育研修の実際を裏づける資金の確保
- 担当者の選任＝プロジェクトチームづくり
- 環境づくり＝教育的な環境・雰囲気づくり
- 教育システムの策定＝教育の体系化と評価プロセスの策定
- 教育内容の策定＝業務マニュアルの見直し・教育内容の作成
- 意識統一＝現場の仕事と教育の一体化
- 意識改革＝導入に対する職員への啓蒙

（B）プリセプターシップ導入のための実際的作業
　次に，プリセプターシップ導入のための実際的作業としては，以下のことが考えられます。この中で，プリセプター選考基準とペアリングの決定方法については，周りから不満が出ないようにできるだけ客観的な基準をつくり，それにもとづいて選任することが大切です。

- プリセプターの仕事の明確化（具体的内容とスケジュール）
- アソシエート（支援または補助）ナースの仕事の明確化（具体的内容とスケジュール）
- 管理者の仕事の明確化（具体的内容とスケジュール）
- 全社的なサポート体制の確立（基準とシステムづくり）
- プリセプター選考基準の明確化（考え方と基準づくり）
- アソシエートナースの選考基準の明確化（考え方と基準づくり）

- ペアリングの決定方法の明確化（考え方と基準づくり）
- 評価基準の明確化（客観的基準と実施の手順・要綱）
- 効果測定と報償制度（実施の手順・要綱と基準づくり）

② プリセプターシップ導入の手順

第1段階＝導入の前提・事前調査と啓蒙活動

　責任者としては，導入の前に，プリセプターシップを導入した場合のメリットとデメリット（とくに費用対効果の考察）を分析する必要があります。そして，導入することにメリットがあると判断し導入すると決めた場合は，全社的な啓蒙活動が必要になります。上からの押しつけではなく，現場職員が理解し，自らが行なおうとする意欲を高めることです。そのためには，全社的なプロジェクトチームを作って推進します。そのチームがプリセプターシップについて他病院の見学などを通して勉強し，講習会や勉強会を行ない，職員に具体的な内容を理解させ，プリセプターシップの導入によって，職員自らがどのようなメリットが得られるのかを理解させて動機づけを行なうのです。

第2段階＝問題点や課題の抽出とその克服策

　啓蒙活動と同時に，現状におけるプリセプターとなる職員能力（知識・技術・態度）を調査し，不足している点を抽出し，また，現状の教育体制を調査し，問題点を摘出し，具体的な課題を設定します。つまり，ａ．業務上必要な能力を整理する→ｂ．部下の適性や個性を見つけ出す→ｃ．育成目標を設定します。

第3段階＝計画の立案

　次に，具体的な新人育成計画を立案します。その場合に重要なことは，新人の育成目標と現有能力のギャップから具体的な教育必要項目を設定します。たとえば，年度当初の新人ができる技術を測定し，年度末に到達すべき技術を具体的な目標と到達レベルを明示します*。また，育成計画はスケジュール，手段なども具体的に設定します。

＊達成目標は2章図表2.7「新人職員チェックリスト表」を参考にしてください。

第4段階＝実施

　実施段階では，多少の問題があったり，準備が完全でないと思っても，実施してみることが重要です。最初から完全なものができることはないと考え，実施しながら修正するという考えが必要です。なぜなら新しいことを導入する場合には，必ず反作用が伴います。全員一致や完全性にとらわれていますと先にすすみません。途中でのフォローアップが大切です。

第5段階＝検証

　実施したことを分析し，どのような効果があったか，どの程度あったかを測定します。また，どのような問題点が生じたのかも明らかにします。プリセプター，プリセプティー双方の分析評価を集めて，検証することが必要です。

第6段階＝継続の判断

　それぞれのレベル＝個人的視点（プリセプティー，プリセプター），実施単位の視点（主任・課長），所属部署全体（部長）の視点で分析評価したものを

前橋赤十字病院におけるプリセプターシップ導入の経緯

1993/11	・導入の契機	・新人教育担当者が救急医学会でプリセプターシップの情報入手
1994/1	・婦長よりプリセプターシップの導入を考えていることをスタッフに公表	・事前に従来の新人教育の問題点に対する解決策を検討し，新人教育の見直し課題を提示
1994/2	・スタッフとの話し合い ・プリセプターシップの勉強会（1回目） ・勉強会後の意見交換 ・スタッフ全員のコンセンサスを得て導入決定	・「従来の新人教育と問題点」 ・新人教育担当者からプリセプターシップの講義 ・「新人教育に必要なことは何か，そのための手立ては」 ・一人ひとりに意見を聞き，プリセプターシップの導入に達した。
1994/3	・プリセプターシップ導入のためのプロジェクトチームを編成 ・プロジェクトチームによる従来の新人教育の見直しとプリセプターシップの方法の考案 ・プリセプターシップの勉強会（2，3回） ・プリセプターの選考 ・アソシエートナースの選考 <プリセプターシップ開始>	・プロジェクトチームメンバーの選考基準に基いてチームメンバーの選出 ・プロジェクトチームメンバーからの講義 ・プロジェクトチームの中から選出 ・プリセプター選考基準方法に基く。婦長，係長が選考 ・当初は婦長，係長が代行（現在は，プリセプターを経験した者から選考基準に基いて実施）

出所：前橋赤十字病院中央手術室編『臨床看護　指導者教本　プリセプター教育』メディカ出版，2000年，pp.16～17

経営的視点（費用対効果）から計画を継続するか（変更も含む），中止するかの決定を行ないます。

　ここに，前橋赤十字病院におけるプリセプターシップ導入の経緯を左表に紹介しますので参考にしてください。

　この病院では，導入が比較的短期間（5ヵ月）で行なわれていますが，この理由は，プリセプターシップ導入以前から新人教育がシステム的に行なわれていたことによります。もし，教育体系の構築を最初から行なう場合は，1年程度の導入期間が必要になると考えます。

(2) プリセプターの選任と指導計画

① プリセプターの選任

　2・3年目の職員からプリセプターを選出して，プリセプター養成研修を行ないます。プリセプター養成研修は基本能力，役割能力やリーダーシップを教育しますからキャリア開発の一環として位置づけます。

（A）選任すべき人材の要件

　プリセプターに相応しい人材とは次の要件を備えている人で，通常，新入後2・3年の職員が望ましいと考えられます。

● 日常業務遂行能力があること。具体的には，業務遂行に必要な技術が臨床指導レベルにあること，業務マニュアルを完全に理解し，業務のポイントを理解し，技術的な手本となりうること，患者主体のケアが指導できること，そして，勤務態度・マナー・人間関係の手本を示せること。
● 新人とのコミュニケーションギャップが少ないこと。
● リーダーの役割に前向きな姿勢をもっていること。
● モデルになれる。新人への動機づけができ，率先垂範でき，手本になれること。
● 職場内の人間関係が良好で，チームワークがとれること。

　入社2～3年目で以上のような能力全てがある職員は少ないと思われますの

で，業務遂行能力をクリアーしており，人間関係の良好な人をプリセプターに選任し，リーダーシップや動機づけなどは，プリセプターの過程で育成していくようにします。原則論にとらわれないことです。

(B) ペアリングの決定とその基準

管理者は新人職員の性格や考え方，生活，成育歴，技術などを把握し，プリセプターとの相性を判断しなければなりません。そのための情報（どんな人物か）を履歴書や新人オリエンテーション中や個別面談を行なって，つかんでおき，配属の数日前にペアリングを決定します。4月にはいって新人オリエンテーションを行なう場合は，配属後の決定になりますが，できるだけ早く決めることです。

ペアリングの基準としては，学歴，資格，看護（介護）歴，勤務先，年齢，性別，出身地などを検討し，プリセプターになる人が上位者であることが必要です。

学歴は，プリセプターが高学歴か同じ程度がよいし，資格は同資格者が望ましく，年齢は同じ世代に属する者がよいでしょう。「出身地が同じ」などはペアリングの良い条件です。

性格の不一致や仕事のやり方の違いはプリセプターフォロー研修で調整ができるように指導します。大事なことは，最初に管理者から，プリセプターにペアリングした理由をつたえます。その目的は管理者とプリセプターの円滑な人間関係をつくり，プリセプターに管理者の教育的意図を伝えてプリセプターのやる気を喚起するためです。

② プリセプティー指導計画

(A) プリセプティー指導目標の設定

プリセプティー指導の目的は，上位目標（病院の経営方針や看護部方針）を理解し，新人教育の狙いや目標に反映させることが求められます。

次に，目標は，新人が1年後にはどのようになってほしいかの予想像をある程度予測して設定します。そして，目標の設定は1年の間で，段階ごとに中間目標をたてます。

● プリセプティー指導目標の設定

留意点は，
・上位目標と結びついている
・目標は3つ程度
・無理な目標は立てない
・具体的に記述する（5W2H＝いつ（When），誰が（Who），なぜ（Why），どこで（Where），なにを（What），どのように行なうか（How to do），いくらかかるか（How much））

● プリセプティーの段階的目標設定

プリセプティー目標は一般的に習熟度に応じて3段階に分けて設定します。プリセプティーの3段階目標は，

・レベル1は「教わって学ぶ」
・レベル2は「ミスをなくす」
・レベル3は「自分で考えて行なう」と設定します。

段階的目標内容は以下のような考えに基づいて設定します。

教わって学ぶ
・準備（確認）＝指導内容の説明を受ける（なにを・どのように・いつまでに），取得している技術の習熟度合いを確認する，身だしなみと身体状況（爪・装飾具など）を確認する
・手本（実習）＝仕事の手順とポイントを教わる，実際にやってみる，自分が完全に理解したか確認する
・実行（実践）＝仕事をする，うまくできたらできるだけ1人で行なってみる，間違いや不都合な場合は再度指導を受けてやり直す，無理と判断したら次回の課題とする
・結果（評価）＝うまくいった点，拙かった点を整理する，うまくいかなかった点は原因を追求し，指導をうける
ミスをなくす
・準備（確認）＝過去の事例を踏まえて仕事上でミスが発生しやすい点の説明を受ける，ミスの原因を整理する，自分の有している技術で対応できるか確認する
・手本（実習）＝自分のミスの傾向を考える，お手本をみる（改善ポイントの説明を受け，手本をみせてもらう）
・実行（実践）＝ミスの内容の説明をうける，実際にミスをやってみる（ミスの体験学習）
・結果（評価）＝ミスの内容・原因を理解したかを確認する，その評価を受ける
自分で考えて行なう
・準備（確認）＝目標のゴールを確認する，習得した技術が自分にとってどのようなメリットがあるか気づく，今までの取得技術を確認する
・手本（実習）＝目標の達成点はなにかを質問受けながら行なう，ポイントの強調を受けてお手本をみる
・実行（実践）＝自立して自分で考えて自己責任で行なう，必要な時のみ援助を受ける
・結果（評価）＝できた点とできなかった点を確認する，改善点をあげて考える，今まで受けた指導内容を再検証する

出所：永井則子『プリセプターシップの理解と実際』日本看護協会出版会，2001年，p.71〜73を参考に修正記述。

プリセプティーが受ける指導期間は，通常，1年間です。「学ぶ」「ミスをなくす」「自ら考える」というレベルごとに対応するように1年間を3段階（通常，4ヵ月を1ステップとして区切ります）に分けて中項目・小項目の目標を設定します。たとえば，年間目標として，「看護師に必要な専門知識・技術の基本をマスターする」とした場合ですが，プリセプティーの最初の1〜4ヵ月では，中目標は「仕事の流れを把握し，職場生活に慣れる」で，小目標では，1ヵ月目では「日勤業務ができる」，3ヵ月目では「夜勤業務ができる」というようになります。具体的な目標は前述した「プリセプターシップの実態調査」を参照ください。

また，プリセプティーとプリセプターとのペア勤務時間は，配属直後の1週間は勤務時間帯を同じにします。この勤務時間の調整は管理者が行ないます。日をおって減らしていき，3ヵ月程度で自立できるようにします。つまり，プリセプターによるマンツーマンの指導は1ヵ月程度で，その後は，計画書にもとづいて，必要に応じた指導を行ないます。しかし，新しい役割や業務につく

ときはまたペア勤務になるように調整されます。

③ プリセプター養成計画

プリセプターの養成は，看護教育委員会などによって集合研修として行なわれます。養成の時期としては，前年の10月〜3月が一般的です。

目標を設定する場合，プリセプターとして養成する能力は，業務遂行能力，指導者意識，指導能力の3つが考えられます。そして，それらの養成能力と達成水準は次のような考えを基本において設定されます。

業務遂行能力
・能力別課題＝技術を身につけるに当たり，背景となる専門知識までを理解し，業務遂行できるレベル
・達成レベル＝業務マニュアルのポイントとなる部分に，専門的知識からの説明ができるレベル

指導者意識
・能力別課題＝指導者としての基本姿勢を身につけるレベル
・達成レベル＝新人の能力開発に影響を与える条件としての「共感的態度」のあり方に気づくレベル

指導能力
・能力別課題＝Plan-Do-See の過程を理解し，実施できるレベル　段階的育成計画を進めることができるレベル　臨床指導者の資格取得を目指せるレベル
・達成レベル＝実際の業務を自力でできるレベル　業務マニュアルを指導する時にどのポイントをサポートするか明確にできるレベル

出所：永井則子『プリセプターシップの理解と実際』日本看護協会出版会，2001年，p.86を一部修正。

能力を達成するための目標として設定される具体的項目は，前述したプリセプターシップ実態調査を参考にしてください。

ここでは，昭和大学病院の事例を紹介しておきます。

昭和大学病院のプリセプター養成計画

第1回目	目標：プリセプターの役割が理解できる 内容：「医療を取り巻く環境の変化」「基礎教育と継続教育について」「新人の状況を理解する」「プリセプターシップについて」「グループワーク」
第2回目	目標：プリセプターとしての役割行動を明らかにできる 　　　　新人指導実践計画書を完成する 内容：「病院の理念・方針」「看護部の理念・目標」「患者満足のための基本となる看護体制」「指導計画書の完成」「個人作業・グループワーク」「新人指導のポイント」
第3回目	目標：プリセプターとして，自己の指導方法の問題を明らかにする 内容：「4月の目標達成度の評価」「カンファレンスについて」「3ヵ月目に向けての目標・行動の修正」
第4回目	目標：指導上の問題点を実践を通して解決できる 内容：「3ヵ月後の目標達成度の評価」「指導について」「動機づけの指導について考える」
第5回目	目標：自己・他者評価を通して，課題を明らかにできる 内容：「6ヵ月後の目標達成度の評価」「6ヵ月間の振り返り」「次年度のプリセプターへのアドバイス」「患者対応について」

出所：「特集プリセプター読本」『臨床看護』2002年4月号　へるす出版，p.502

(3) プリセプターシップの実施・評価・修正

プリセプターシップは，Plan（計画）→Do（実施）→See（評価）→Feedback（修正）の循環システムが重要です。それぞれの段階におけるポイントをのべておきます。

① プリセプターシップ実施時の注意点

プリセプターシップの成否は，プリセプティーおよびプリセプターのやる気を引き出すことです。

(A) プリセプティーの動機づけ

プリセプティーの動機づけは，目標管理の手法を取り入れて，目標をもたせて達成感を感じさせることです。また，動機づけとは，新人の望むことと指導内容の利害が合致するように納得理解させ，教育は自分のためという意識をつけさせることです。そこに主体的な学習態度が植えつけられます。とくに，新人教育はこの点が大事です。なぜならば，今後の良好な施設内教育研修意識を植えつけることになるからです。このことは仕事の姿勢にもいえることで，言われたからやる「待ちの姿勢」ではなく，自らが考えて行なう「積極的な姿勢」が仕事をおもしろくすることを理解させます。考えさせることは，他者から与えられるものでなく，自分で考えることによって，問題点に気づき，解決する意欲を引き出すのです。そのためには，新人プリセプティーが望む目標と計画した目標が何らかの意味で繋がっていることが納得できるように繰り返し説明します。

挑戦したい気持ちになれるように，その業務をなぜ行なうか，その能力を身につけるメリットを説明し，次につなげる目標を設定します。そのために到達可能な目標を具体的に細かく設定する必要があります。目標は達成可能でかつ能力向上を自覚できる程度のものにします。また，評価的態度とは，叱るだけでなく，誉めること，その人の良い点を評価する態度が大事です。それによって，自分は評価されているという自信をもつことができます。そこからやる気がわいてくるのです。

(B) プリセプターの動機づけ

プリセプターのやる気を引き出すためには，新人教育プログラムを作る場合に，必ずプリセプターに参加してもらい，プリセプターが管理者と一緒に教育目標，教育内容，教育時期などの計画をつくることが大切です。また，プリセプターに主役意識をもたせ，プリセプティーを指導することによって自らが成長したという実感をもつようにさせます。管理者はその計画が上位方針と乖離がないか，目標・内容に無理がないか，あるいは容易過ぎないかをチェックする程度がよいでしょう。

また，プリセプターがやる気を起こしても，環境整備が整っていないとやる気が失われます。業務マニュアル，指導マニュアル，操作マニュアルなど日常業務のマニュアルが完備されていることは当然ですが，その他に，同僚の支援，

勤務や業務体制の整備, 健康管理, 職場マナーなど(勤務態度, 言葉づかい, 対人マナー)をチェックすることです。

② プリセプター会議

日常的なプリセプターの支援は管理者が行ないますが, プリセプターの制度的な支援はプリセプター会議になります。会議は4ヵ月ごとに行ないます。4ヵ月は, プリセプターがプリセプティーを指導しながらその問題点を集約し, 自分の考えを熟成させる期間であり, 同時に, プリセプターに任せたという姿勢をしめす期間でもあります。

第1回目は, プリセプターシップ開始後の6月後半から7月初旬に行ないます。そのころがプリセプターの疲労が目立つ時期であり, 教え込む指導から考えさせる指導への転換期になるからです。

プリセプター会議は, 行き詰まっている問題やプリセプターの悩みなどを出し合って共有し, やる気を喚起するための会議です。プリセプター会議は看護教育委員会が主催しますが, プリセプター, プリセプティー双方のプライバシーや深刻な悩みが表出されるので, 会議の運営は, 自主性を尊重してプリセプターに任せる場合が多いようです。会議の討議内容は, 現状を報告することによって,

・目標達成度の確認
・指導のうまくいっている部分とうまくいっていない部分
・指導の障害になっている点を検討し, 指導者のアドバイスを受けます

プリセプター会議はプリセプターに任せるにしても, 教育担当者, 管理者も出席して現状把握と必要に応じてアドバイスを行ないます。しかし, できるだけ口出しはしないようにします。

③ プリセプターシップの評価表

目標レベル, 指導日時・期間, 勤務帯, プリセプターとプリセプティーの関係性などを再検討し, 4ヵ月ごとのプリセプター会議を経て, 現状を把握し, 計画の修正を行ないます。具体的な計画の修正・変更はプリセプターが管理者と相談して行ないます。計画は変更してはいけないと考える必要はありませんが, プリセプティーの成長は個人差がありますので, 達成度合いを判断するにはある程度の期間が必要になります。それぞれの段階ごとの課題がありますので, その期間が4ヵ月ということです。

プリセプターシップの評価は自己評価と他者評価についてプリセプターとプリセプティーの双方が具体的なチェック表を使って行ないます。以下に紹介しておきます。

図表3.3　プリセプターシップ評価表

〈プリセプティー評価表〉

プリセプティー評価表（自己評価・他者評価）		
項目	評価	コメント
①プリセプティーの気持ち		
不安やおそれ抱かずに安心できたか		
他のスタッフに自然に打ち解けられたか		
患者に受け入れられたか		
努力や成長を他のスタッフが理解してくれたか		
失敗のフォローや勇気づけられて自信がもてたか		
自主的に行動できたか		
精神的な疲労はなかったか		
課題を与えられてやりがいをもてたか		
責任感がもてたか		
看護師としての自覚がもてたか		
②看護実践（内容）		
指導されて基本的看護技術を経験することができたか		
新たな業務内容は必要な回数行なえたか		
簡単なことから複雑なことへの段階的にアプローチされ理解できたか		
業務の時間配分・優先順位の選択方法を理解できたか		
過度な負担がなく，実用的で優先度の高いものから与えられたか		
好感のもてる電話応対の方法を示され，それを生かし実践できたか		
チームケアの意識付けをもって，実践行動できたか		
メンバーシップを理解し，実践できたか		
組織体系を踏まえた関わり方を示され，実践できたか		
③学習		
学習意欲は向上したか		
学習目標の立案が1人でできたか		
週，月ごとの目標が設定できたか		
能力に適した到達目標を立てられたか		
礼儀作法を習得できたか		
マニュアルを活用した指導がなされたか		
会議・話し合いなどの意見交換場で積極的に参加できたか		
自己学習に必要な参考書・本などを紹介され，活用できたか		
指導された内容を復習しながら学習できたか		
④コミュニケーション		
スタッフとのコミュニケーションの方法を示され，それを生かし実践できたか		
患者とのコミュニケーションの方法を示され，それを生かし実践できたか		
プリセプターに素直に気持を表現できたか		
プリセプターに悩み・不満を相談できたか		
プリセプターとの関係で，やすらぎを感じたか		
プリセプターが健康管理に注意を払ってくれたか		
プリセプターに質問しやすい雰囲気であったか		
プリセプターの声掛けでやる気がもてたか		
プリセプターは誠意と関心をもって接してもらえたか		
プリセプターと良好なコミュニケーションがはかれたか		
プリセプターは自信をもって接してくれたか		
プリセプターは一番の理解者であることを示し理解してくれたか		
⑤課題設定		
目標設定ごとにカンファレンスが行なわれ，フィードバックの機会が与えられたか		
プリセプター，スタッフから評価・意見をいわれ反省改善できたか		
プリセプター，スタッフから評価・意見をいわれ，自信がもてたか		
マニュアルを活用して，仕事上にフィードバックできたか		

〈プリセプター評価表〉

プリセプター評価表（自己評価・他者評価）		
項目	評価	コメント
①プリセプティーの気持を配慮した指導		
プリセプティーの抱く不安やおそれを理解し，適切に対処できたか		
プリセプティーが他のスタッフに自然に打ち解けられるように配慮できたか		
プリセプティーが患者に受け入れられるように配慮できたか		
プリセプティーの努力や成長を他のスタッフに理解できるように伝達したか		
プリセプティーの失敗をフォローし，勇気付け，自信を失わないように配慮したか		
プリセプティーが自主的に行動できるように働きかけたか		
プリセプティーに精神的な疲労を与えないように配慮できたか		
プリセプティーがやりがいを持てるように課題を与えたか		
プリセプティーが責任感を持てるように働きかけたか		
プリセプティーとしての自覚がもてるように支援したか		
プリセプティーの成長・努力を理解できたか		
②看護実践（内容）		
基本的看護技術を示し，プリセプティーにそれらを経験させる機会を与えたか		
新たな業務内容は，適切な回数に分けたり，必要な回数行なえるように配慮したか		
簡単なことから複雑なことへの段階的にアプローチされ理解できたか		
業務の時間配分・優先順位の選択方法を理解できたか		
プリセプティーに過度な負担をかけないよう配慮し，実用的で優先度の高いものから与えたか		
好感のもてる電話応対の方法を示したか		
チームケアの意識付け，実践行動する方法を示したか		
メンバーシップを理解し，実践する方法を示したか		
組織体系を踏まえた関わり方を示したか		
③学習		
プリセプティーの学習ニーズを査定し，向上するように指導したか		
学習目標の立案が具体的に例示できたか		
週，月ごとの目標が設定できるように指導したか		
能力に適した到達目標を立てられるように指導したか		
礼儀作法を指導したか		
マニュアルを活用した指導を行ったか		
会議・話し合いなどの意見交換場で積極的に参加できるように指導したか		
自己学習に必要な参考書・本などを紹介され，活用できるように指導できたか		
指導された内容を復習できるように指導できたか		
④コミュニケーション		
スタッフとのコミュニケーションの方法を示したか		
患者とのコミュニケーションの方法を示したか		
プリセプティーが素直に気持を表現できるように配慮したか		
プリセプティーの悩み・不満を聞くように努めたか		
プリセプターとの関係で，やすらぎを感じられるように対応したか		
プリセプティーが自己の健康管理に注意しているか確認していたか		
プリセプティーが質問しやすい雰囲気を作っていたか		
プリセプティーのやる気を持たせるように声かけを行ったか		
プリセプティーに誠意と関心をもって接していたか		
プリセプティーと良好なコミュニケーションがはかれたか		
プリセプティーに自信をもって接していたか		
プリセプティーに一番の理解者であることを示し，理解に努めたか		
⑤フィードバック		
目標設定ごとにカンファレンスが行われ，フィードバックの機会を与えたか		
プリセプティーが他のスタッフから評価・意見をいわれ反省改善できたか		
プリセプティーがプリセプターや他のスタッフから評価・意見を積極的に伝え，反省・改善させたか		
他のプリセプター・スタッフから評価・意見をいわれ自信がもてたか		
マニュアルを活用して，仕事上にフィードバックできたか		

⑥役割達成度と課題設定		
プリセプティーの学習査定が的確にできたか		
プリセプティーに必要な参考書や本を提供したか		
看護基準・手順を活用できたか		
指導のための学習ができたか		
各期ごとの到達目標は達成できたか		
週間スケジュールはプリセプティーの成長度・経験を配慮して立案できたか		
プリセプティーのパーソナリティに適した指導方法を選択できたか		
時間の有効利用を考慮して指導が行えたか		
指導上の経過報告を上司や同僚に適宜行ったか		
支援したことに評価が行えたか		
指導の内容をフィードバックできたか		
マニュアル，チェックリストを生かした指導ができたか		
プリセプター間のコミュニケーションは図れたか		
プリセプター間のチームワークは効果的に図れたか		
自分の知識・技術の不足部分を発見できたか		
今後の研修課題を見出せたか		

評価基準：5＝よくできた，4＝大体できた，3＝普通，2＝あまりできなかった，1＝全くできなかった

出所：前橋赤十字病院中央手術室編「臨床看護指導者教本プリセプター教育」メディカ出版，2000年，pp.198～202，『看護実践の科学』2001年9月号　看護の科学社　p.26を参考に一部修正して作成。

(4) サポート体制と問題の対処方法

① プリセプターシップのサポート体制

　プリセプターへのサポート体制は，同僚職員の協力的側面と管理者の指導的側面と教育委員会の教育的側面の3つがあります。とくに重要なのが，同僚職員の協力です。日常的にかかわる同僚の態度が，プリセプターをやりやすくもやりにくくもします。

（A）同僚職員の協力的側面としては，
・プリセプターシップを理解し，プリセプターを支援する。
・新人の計画を理解し，目標を共有する。
・教育機会があるときは，積極的に声掛けする。
・評価は客観的に行ない，感情的・批判的にならずに助言を行なう。
・メンバー全員がマニュアルを遵守し，挨拶身だしなみなどの職業人としての行動を実践する。

（B）管理者の指導的側面としては，
・プリセプターを段階ごとに指導する。
・プリセプターの活動と業務環境に関して評価を行ない，問題点を明確にする。
・プリセプター会議に参加し，情報交換をし，プリセプターへの精神的支援を行ない，アドバイスをして指導的にかかわる。
・必要に応じて面談し，指導助言をする。

（C）教育委員会の教育的側面としては，
・プリセプター会議の開催
・フォローアップ研修の実施

・指導，業務マニュアルの作成整備を行ない，全体の指導レベルをあげる。
・指導能力・能力評価を開発する。

② 起こりがちな問題とその対策

(A) 職場風土が与える新人教育へのマイナス効果
● 職員全体のマナーが悪い場合
改善方法：プリセプターシップ実施までに職場全体でマナーチェックを行ないます。身だしなみ，挨拶，言葉づかい，服装，化粧など習慣化しているものを見直すことが必要です。
● 業務マニュアルを遵守せずに勝手に行なわれている場合
改善方法：業務マニュアルを中堅職員が中心になって点検し，改善点はすぐに修正します。
● 職場の勤務態度が悪い場合
改善方法：たとえば，遅刻やルール無視が頻繁にある場合は改善しなければなりません。就業規則違反者に対しては改善策を提出させ，できない場合は，規則にしたがって処罰する姿勢が大切です。
● 疲れるコミュニケーション場面が多い場合
改善方法：仕事が終了した場合に「仕事が遅いわ」「なにやっているかわからないわ」などと文句をいわれると疲れが倍増します。責任者が率先して，温かい言葉掛けをすることが必要です。
● 上司，先輩や同僚の悪口を言う場合
改善方法：他人の悪口はストレス発散の一番といいますが，上司，先輩や同僚の悪口をいってプリセプティーに同意を求めて，プリセプティーの精神的なストレスを増やす行為やチームワークをみだす行為を行なう場合は，注意して，それでも駄目な場合はプリセプターを外すことも考えます。

(B) 熱心さのあまり新人を傷つけるマイナス効果
● プリセプターが厳しすぎてプリセプティーが萎縮してしまう場合
改善方法：このような場合は，新人が萎縮して，自分から積極的に仕事を行なわず，指示まちの姿勢をとるようになります。この場合は，プリセプターが学習を行ない，ロールプレイングなどで実体験させ，自分の取っている行動が相手にどのような影響を与えるかを実感させることです。
● 他のプリセプターとの指導競争に夢中になる場合
改善方法：プリセプターは新人の成績イコール自分の評価と考えがちです。この場合は，教育本来の目的である個別性を重視し，再度，指導者の役割を学ばせることです。つまり，プリセプターシップは相対評価ではなく，絶対評価であることを理解させます。

(C) 管理者のサポート不足によるマイナス効果
● ペア勤務比率が調整されていない場合

改善方法：全勤務日とペア勤務日の合致する日数を明らかにし，すぐに調整します。
●プリセプター教育が十分でない場合
改善方法：指導計画は一緒につくり，フォローアップ研修を行ないます。

(D) 管理者が介入するタイミング
●新人が退職する場合
改善方法：プリセプターは新人の退職は自分の責任ではないかと考えます。その場合，管理者は傾聴を中心としたカウンセリングを行ないながら，同時に，指導内容に問題がなかったかをプリセプターと一緒に考えることが必要です。そこから，指導マニュアルの修正を行ない，失敗を生かす方策を取ることが大切です。
●ペアリングがうまくいかない場合
改善方法：管理者は中立的立場で根気よく相談にのります。場合によっては，双方にいいたいことを言わせることも必要です。喧嘩も相互理解の1つとして前向きにとらえます。ペアリングがうまくいかない場合は管理者が自分の責任と感じることがありますが，どうしても合わない場合はペアリングを変更することも考慮します。
●プリセプターが自信を無くした場合
改善方法：管理者は現状を多角的に分析し，うまくいっている点は評価して，うまくいっていない点を具体的に一緒に考えて改善策をつくります。仕事だけでなく，ストレス発散法や健康管理も含めた指導が必要です。業務と指導の双方で忙しすぎる場合は，勤務状態に配慮します。

以上のような点に注意して実施することがプリセプターシップの成功につながります。

③ 高齢者ケア職への導入にあたって

(1) ケア職モデルと看護職モデルの相違

　看護師の世界で導入されているプリセプターシップがそのままケア職の世界に導入できるかというとそうではありません。看護は治療の場であり，命のやりとりです。ケアは生活であり，その質の向上をめざします。そこに大きな相違があります。

　ここでは，看護職モデルと，ケア職モデルを比較しながら，その相違に基づいて福祉施設・サービス事業所にプリセプターシップを導入する際のポイントを考えていきます。

　看護職とケア職の最も大きな違いは，看護は疾病の治療行為を行ない，疾病が改善・治癒すれば原則として看護は終了します。これに対して，ケアは障害者の生活の支援でありますから，極論すればその対象者が死ぬまでかかわることになります。また，医療行為は命に直結しますから，高い技術・知識を有し，有資格者でなければ治療・看護行為はできません。ケアは生活支援ですから命に直結することは少なく，したがって，有資格者でなくても仕事ができます。看護職とケア職の相違点をあげますと，以下のような点が考えられます。

図表3.4　看護職とケア職の相違点

	看護職＝病院（在宅看護は除く）	ケア職＝施設（在宅介護は除く）
規模の違い	スタッフの人数　比較的大 予算の規模　比較的大	スタッフの人数　比較的小 予算の規模　比較的小
歴史の違い	病院・医療は100年以上	介護・福祉は30年程度 介護・福祉分野は医療分野から分離したもの
教育体系・学問体系	看護体系は科学的・システム的に確立している（小児看護・成人看護・老年看護・地域看護・看護教育など）	介護体系はまだ確たるものはできていない
仕事の内容	看護は治療（キュア）が原則 看護職は原則的に短期間	介護は生活支援（ケア）が原則 ケア職は長期間
専門性	看護職は医者・看護師・検査技師・薬剤師など専門職の集合体	ケア職は無資格者も多く，経験者集団
仕事の専門性	看護の資格職は，名称と業務独占	介護の資格職は名称独占のみ
仕事の場所	看護は原則として病院	介護は原則として施設（自宅）
資格のレベル	学習年限が長く，国家試験が必要で技術・知識レベルが高い	学習年限が短く，介護福祉士は登録資格で技術・知識レベルが低い
教育体系	教育体系が確立している 専従の教育担当看護師（教育委員会）	教育体系が確立しているところが少ない 教育担当の専従者が少ない

　以上のような相違点をプリセプターシップを導入する時に考慮しなければなりません。

(2) ケア職へのプリセプターシップ導入のポイント

　福祉施設・サービス事業所へのプリセプターシップ導入の手順は基本的には病院と同じですが，病院（個人医院を除く）に比べて，スタッフの人数，教育に使える予算規模，業務の専門性，技術の難易度，関わり期間の長短，関わる場所などの条件の違いを考慮すると，ケア職におけるプリセプターシップの導入ポイントは次のように考えられます。

①経営者の姿勢

　病院に比べて福祉施設・サービス事業所のような小規模な場合は何よりも経営者の考えによって決定されます。経営者がやる気を出して，リーダーシップを発揮しないと導入は不可能です。「継続は力なり」を基本に途中で中止をせずに粘り強く改善を繰り返していくことが大切になります。その過程で，必ず，人材が育ってきます。

　福祉施設・サービス事業所の場合は，いまだ家族的経営が行なわれているところが少なくありません。したがって，既存の施設にプリセプターシップを導入する場合に，最も難しいのが管理職をはじめとした職員の意識改革です。なぜ，プリセプターシップを導入するのか，それによって，施設がどのように変わるのか，職員にとってどのようなメリットがあるかを十分説明して，トップ自らが手本をみせなければなりません。経営者や管理者自らが変革する態度を全職員にみせることが大事です。経営者や管理者が勤務態度の悪い職員を叱責しながら，自分が遅刻をしたり，約束を守らないようでは教育はできません。

②全社的取り組み体制の構築

● 職員意識の向上

　経営者が導入すると決めたら，職員への啓蒙活動が不可欠です。なぜなら，実際の仕事を行なうのは職員だからです。強制しては長く続きません。中間管理職から説明し，実際に導入している施設を見学をしたり，勉強会を行なうなどのプロセスが大切です。とくに，管理職の協力は必須です。

● 教育（研修）改革プロジェクトチームの設置

　職員への啓蒙を行ないながら，プロジェクトチームを立ち上げます。構成メンバーはケア部門のトップは当然ですが，各階層のやる気のある職員をピックアップします。その時に大切なことは，1人でもよいし，期間限定でもよいから専従者を決めることです。その人を中心に導入作業をすすめます。日常的な業務をやりながら達成できる仕事ではありません。また，新規の事業には資金がつきものですので，財務の事務方も参加させます。

● 職場環境・風土の改善・修正

　プロジェクトチームが取り組むのは第1に職場の環境や教育風土です。それは経営者や管理者が率先垂範しなければできません。まずは，経営者・管理者から挨拶，笑顔，勤務態度を変えていかなければなりません。それがリーダー

シップです。職員の勤務規定や服装・言葉遣いなどのマナーをチェックして改善します。これらは，全員が同じレベルになるまで行ないます。場合によっては，外部の専門家に定期的にチェックしてもらうとよいでしょう。

③プリセプターシップの体系化

プリセプターシップは，それ単独で行なってもそれなりの効果はありますが，プリセプターシップが職場のOJTであるということから考えると，その組織の全体的な教育体系を考えて，その1つとして位置づけることが大事になります。その際にはOff-JTを加味してOJTの短所を補正する方策が必要となります。

④業務改善，整理

● 業務マニュアル

必要なことは，共通の言葉をもつことです。各施設によって独自の介護・看護用語を使っていますので，これを用語集としてまとめて，職員に教育する必要があります。この用語をまとめる作業過程が大きな研修の機会にもなります。

次に，各種業務のマニュアルを作成することが必要です。業務マニュアルのないところはないと思いますが，今一度，新人教育としてのマニュアルとして適切かを再検討します。作業はプロジェクトチームが現場の職員の意見をとり入れながら行ないます。

● 業務目標設定*

プリセプター，プリセプティーの業務目標を設定します。これはできるだけ具体的に表示します。

● 業務内容の手順書*

目標に沿った具体的な業務内容とその手順をつくります。

● 業務達成チェックリスト*

業務の実行を評価するチェックリストを作成します。

*これらの内容については前節の「病院におけるプリセプターシップ導入のプロセスと作業項目」を参考にケア職用にアレンジして作成してください。

⑤新プロジェクトの原則（人材，資材，資金の確保）

● 専従者の選任

導入を推進する人が必要です。その人には組織の理念・方針を十分理解してもらったうえで，リーダーになってもらいます。経営者直属にして十分働きができるように環境を整備します。

● 研修経費と予算組み

専従者の人件費の他にプロジェクトチームの調査費，実習費，図書費，外部傭人費などプリセプターシップ導入のための予算措置が必要です。この場合は単年度ではなく，導入して成功するまでのある程度の複数年度を想定することが大事になります。

● 成功事例から学ぶ

すでにプリセプターを導入している施設（一部の介護老人保健施設で導入がはじまっています）や外部の専門家から学ぶことが導入を容易にします。

(3) プリセプターシップ導入を成功に導くための実施上の視点

ここでは，プリセプターシップを福祉施設・サービス事業所に導入する場合の成功の実施上のポイントを指摘しておきます。

①プリセプターの選出

看護職では，プリセプターに相応しい人材とは，通常，入社3～4年目の職員です。ケア職ではどのように考えれば良いのでしょうか。

ケア職でも新人と同じ感性をもった3～4年程度の職員が相応しいと考えられますが，もう少し幅をもたせて3～5年程度でもよいと考えます。ただし，技術的成熟度と新人を理解できる世代的共感できるレベルの人がよいでしょう。新入職員と3～5年目の職員の人数的バランスによりますが，ケア職では技術的にクリアーしていれば，人間関係が良好であり，施設として育てたい人をプリセプターに選出すべきです。その場合大切なことは強制的にプリセプターにするのではなく，本人と話し合って動機づけを行なうことです。

②ペアリングの決定時期とその基準

看護職では，あらかじめ，履歴書や新人オリエンテーション中の観察を行なって，新人がどんな人物でどの程度の技術力をもっているかをつかんでおき，4月の配属の数日前にペアリングを決定しています。4月に入ってから新人オリエンテーションを行なう場合でも4月初旬には決定しています。

ケア職の場合には，看護職と違って，技術も重要ですが，ケア対象者となる人の個別的ケア内容が大切であり，その人の生活空間に入ります。また，病院のようにプリセプティーの人数が多くないことを考えあわせると，機械的な組合せよりも新人の性格や人柄をみてからでも遅くはないと思われます。したがって，1週間程度の管理職者（チームリーダー・主任）によるOJTを行なった後でもよいと考えます。ただし，4月中には決定したいものです。ペアリングの基準は作っておくにこしたことはありませんが，管理者が新人のOJTを行なって，その新人の性格や癖を把握してからプリセプターとの相性を考えてペアリングしてもよいでしょう。また，ケア職は看護職に比べて男性が多いのですが，ペアリングは同性同士にします。

③プリセプターシップの期間

看護職では，実施期間は1年間ですが，ケア職では，技術的な難易度からいってプリセプターシップの期間は半分程度の半年間で良いのではないでしょうか。ただし，在宅ケアのように，個人の家に入るような場合には，多少延ばす必要があります。そして，福祉施設・サービス事業所では，チームケアを行なっているところが多いので，プリセプターシップの初期には，ある特定のケア対象者を受けもたせた方が効果があがります。また，ケア職では，1ヵ月程度はできるだけ同じ勤務帯に組み，夜勤を一緒に体験させて，2ヵ月後には夜勤

ができるようにします。

④目標の設定
ケア職の新入職員の具体的目標は次のように考えられます。
 1ヵ月目＝日勤業務を行なえる
 2ヵ月目＝夜勤でも独立できる
 3ヵ月目＝業務における日勤リーダー業務を行なえる（ケア対象者のクセや性格を大まかに理解する）
 4ヵ月目＝夜勤リーダーができる。また，介護用品や必要な物品の管理と購入ができる
 5・6ヵ月目＝朝ミーティングや夕のミーティングの司会ができる
 10ヵ月～1年＝ケアカンファレンスの司会ができ，家族の対応ができる

これらの目標は1つの目安ですので，各施設の状況に応じて変えてください。ケア職では6ヵ月程度で一人立ちでき，プリセプターシップを終了するようにプログラムを組みます。

⑤プリセプターの養成
看護職では，プリセプターシップの事前教育は，看護教育委員会などによって集合研修として行なわれます。ケア職では，通常，専従の教育担当者がいないところが多いので，管理職者が担当するのが良いでしょう。前年度の1～3月が適当です。

● プリセプターの動機づけ

看護職でもケア職でも同じですが，要は本人のやる気を引き出すことです。そのためには，本人がプリセプターを行なうことによってどのように変わるかを具体的にイメージできるようにします。事前教育研修の場では，先輩プリセプターの話を聞かせる機会を設けます。また，本人の考えや意見を聞いてできるだけ取り入れるようにします。

● プリセプターフォロー

看護職のプリセプターフォローの時期としては，3～4ヵ月ごとの実施になりますが，ケア職では，プリセプター期間が短いので，1・2ヵ月ごとになります。病院のようにプリセプター数が多くないので，管理者が面談などを行なってこまめにフォローすべきでしょう。

● プリセプター会議

看護職では年3回程度プリセプター会議を開催して，現状を検討し，計画の修正を行なっています。ケア職では，期間が半年と短いこと，プリセプター数が少ないことがありますので，月1回程度行なってもよいでしょう。会議はプリセプターが中心になりますが，管理者の参加が必要です。効果を上げるには目的意識をもたせてプリセプター会議の意味を理解させないと，井戸端会議の場になってしまいます。

● プリセプターのサポート体制

 プリセプターへのサポート体制は，職場・同僚からの支援と管理者（主任・課長）の支援が必須です。職場の同僚からアソシエート（補助）職員を決めておくことがよいでしょう。ケア職でもサポート体制をもたないとプリセプターがつぶれて失敗します。

⑥導入の失敗原因とその対策

 病院のプリセプターシップ導入の項でのべましたが，失敗しないためには介護施設でも次のような点を配慮する必要があります。

・リアリティーショックを和らげるために，最初から難しい入居者に当てないような配慮をすること。
・仕事は，必ず時間内に終らせること。緊急なことでなければ，できない場合は後日に行なうこと。
・仕事のこととプライベートなことを分けること。プリセプティーがプリセプターに対してプライベートなことまで相談することがないように配慮すること。ケア職は仕事がプライベートな場所で行なわれるので，公私の区別を厳格にすることが大切です。
・プリセプターが責任を感じて新人を厳しくしつけ過ぎないように配慮すること。
・目標にそって教育研修を行ない，達成評価を定期的に行なうこと。
・とくに基礎的なもの，たとえば，用語の理解，感染予防，救急蘇生，防災，連絡・報告，記録などは身につくまで現場で実践させること。
・最終的な責任は管理者が負うことをプリセプターに理解させること。
・他の職員による意地悪やイジメを排除すること。
・介護技術と並行して，対人関係のマナーの改善をはかること。
・職業倫理を徹底させること。たとえば，プライバシーの保護や入居者からの贈物は辞退するなどの規則を守らせること。
・ペアリングがうまくいかない場合は，責任者は調整したうえで，無理な場合は担当替えも検討すること。

 病院の多くが導入している新人教育のOJTである「プリセプターシップ」はすでに医療機関である介護老人保健施設に導入されはじめています。医療機関だけではなく，近い将来には福祉施設・サービス事業所で採用されることが望まれます。

4章 ケア職における感性教育の基本理論
―ケアマインドとケア対象者の理解―

　ケアを行なっていると，相手がわからなくなります。また，自分もわからなくなります。その時に，自分の基本的な考えに立ち返って，もう一度，考えを新たにすることができるような基本的哲学をもつことが大切と考えています。

　教育担当者（施設長などの管理者を含む）は，自らがモデルとなるようなケア哲学をもたなければなりません。その哲学にもとづいて教育研修を行なう必要があるのです。自らのケアマインドの確立とケアマインドにもとづいた教育を行なうことが求められます。

　ケア職は個人レベルでは，人間（自分や対象者）の感情や深層心理に触れることになりますし，家族レベルでは，夫婦・親子関係までにも介入することになり，対象者のプライバシーに関わりながら仕事をすすめることになります。したがって，ケア職の教育研修では，第1には，ケア対象者をどうみるかという人間観，第2には，自己の内面世界の理解，第3には，他者と自分との感性や思考の相違などを意識化し，ケア対象者をどのように理解するかということが重要になります。本書では，それらをまとめて感性教育としています。

　4章では，まず，人間観をどのように理解し，他者（ケア対象者）をどのように理解していくかという理論的考え方をのべ，次の，5章では，そのような感性を豊かにするための具体的な教育研修のプログラム内容を紹介します。

1　基本的人間観

　ケア職は，心をもった人間が対象であるがゆえに，自分の内面をも表現しなければなりません。ケアの仕事は自分が試されているといってよいでしょう。その仕事の根底にはその人の人生があり，その人のパーソナリティがあり，これらを総合してケアという仕事に結びつけることがケアマインドといわれるケアを行なう場合の基本的態度です。ケア職に一番大事なことはしっかりした肯定的人間観を作り上げていくことです。

　私の基本的人間観は，カール・ロジャーズ*にもとづいています。ロジャーズは「生命体の実現傾向」のたとえ話として，少年時代に体験した地下室のジャガイモの話をします。陽の入らない地下室で，春になるとジャガイモは青白い芽を出して日の光のある窓に届こうと必死に伸びていこうとしています。その姿が「私が述べてきた生命体の基本的志向性の必死の表現と見ることができます。」「この前進的傾向が人間中心アプローチの基底なのであります。」（『人間尊重の心理学』p.113）とのべています。

　人はただ読んだり，教えてもらったりするだけでは自分の価値観にはなりません。体験の裏打ちがあって，自らの心の奥底にストーンと落ちるような本当の意味での納得があって初めて自分の行動基準となるのです。私が過去に体験

*カール・ロジャーズ（1902～1987）　アメリカの心理学者。来談者中心療法（現在はPCA）やエンカウンター・グループの創設者。ロジャースは初め精神分析の影響のもとに治療を行なっていたが，成功したと思った事例が再び同じような問題に陥り，権威者の教えに幻滅を感じた経験と，自らが体験した面接から，その人の問題の核心，その人を傷つけているのは何か，どの方向に進むべきか知っているのはクライアント自身であることを確信し，できるだけ権威的でなく，クライアント自身が自発的に問題を発見し，解決していけるように援助していくというクライアント中心の態度を強調するようになり，来談者中心療法を創設し発展させた。

＊その体験は筆者の前著『トータルケア』で詳しくのべていますので参照ください。

したある特別養護老人ホームとある重症心身障害児施設の体験＊がもとになって，そして，施設経営を経験したことによって，はじめてカール・ロジャーズの言葉が納得でき，自らの価値観になったのです。

　ロジャーズは本の中で，自らの生い立ちをのべていますが，その中でカウンセラーを始めた頃は「性悪説」を信じていたといっています。その彼がカンセリングの専門家としてクライアントに解決策を指示し，彼等の心を操作し創り変えようとしたがうまくいかなかった。指示や操作をするより，「真実で暖かく理解的な雰囲気を創り出すことができるならば素晴らしい事が生じてくるのを，私の体験から見出しました。」（『人間尊重の心理学』p.43）とのべ，そのような体験を通して彼の人間観が変化したということです。彼の凄さはカウンセリングの仕事を通じて体得したことを，仕事を通して理論化し，科学的説得力をもつまでに高めたことです。ロジャーズは自分の思想はすべて自分の体験と思考を通して生まれてきたとのべています。体験に裏打ちされた思想の強さを思い知ります。

　彼の理論は発達にしたがって呼び方が変化しています。当初は，技法を重視したものであり，それが「非指示的面接法」でした。これを臨床を通じて科学的根拠の立証を行なうことによって，「来談者（クライアント）中心療法」となりました。近年では，教育，医療，企業の社員教育などの多方面に応用＊され，かつ，グループセラピーにも展開されて，技法より，人間に対する考え方というか態度というかそういった方向が重視されるようになって「人間中心のアプローチ（パーソン・センタード・アプローチ，略してＰＣＡ）」と呼ぶようになりました。心理療法の名称の変化はクライアントへのアプローチ技術から人間志向つまり，人間をどのように理解し接していくかという態度の変化にそって行なわれています。

＊応用分野についてはロジャーズの著書である『人間の潜在力』創元社　1980年刊に詳しくのべられている。

　私がロジャーズの考え方を基本にすえる理由は，第1には精神分析などの療法のように，難しくなく，誰でも入りやすいこと，利用しやすいこと，副作用が少ないことです。また，第2には人間の心を支えるための基本的心理技法（たとえば，傾聴，受容，支持，共感などの手法）を有しているからです。しかし，一番大切なことは，第3には人間（ここでは高齢者）をケアするうえで，ケア従事者がもたなければならない最も大切な「人間は死ぬまで成長し，自らが問題を解決する能力を有している」という肯定的「人間観」が基本にあるからです。第4には同時に，対人援助を通じてケア職員自らの心の成長をも目指すものだからです。

　ケア職員は自らの心を知り，どのような相手でも共感理解ができる精神の研磨が必要になります。その意味では，ロジャーズの療法は，とことん突き詰めていくと心理技術ではなく，人間性にいきつきます。このため，入りやすいが，しかし奥深く，自己研磨が必要になる難かしさを有しているともいえます。

　「人間と向き合う時，免許は真の資質を保障するものではないという事実を真正面から見つめねばなりません。私たちが尊大にならなければ，資格のない人からも多くのことを学べます。なぜなら人は人間関係に於ては思いもよらな

い力を発揮する事があるからです。」(『人間尊重の心理学』p.234)。ここで言う「免許」とはライセンスのことだけでなく, 社会的地位や肩書をも含めたものと理解されます。ロジャーズの考えは, カウンセラーではなくても, 専門技術・知識がなくても, 肩書きが無くても, 人を支え援助できるという考えです。「問題を抱える人々こそが, その問題に取り組む最高の資源をもっている。」(『人間尊重の心理学』p.235) この考えでよいのです。

　高齢者のケア現場で働く人は, いろいろな人に出会い, 高齢期特有の性格のゆがみ, たとえば, 我がまま, 頑固, 口うるさい, お節介といった自己中心的態度に閉口したり, 困らされたりしています。こういう時にはいくらお世話しても変わらないと感じることが多いでしょう。確かに, 高齢者は70年も80年もその性格で生活してきたのだからとても変えようはありませんが, しかし, その人の気持ち(感情)は変わるということを信じたらどうでしょうか。人間の「実現傾向」を信じ, 相手の変化を信じ, 人間は死ぬまで成長し, その変化のプロセスが生きることであると考えれば, ケアの仕事上で壁に突き当たっても希望を捨てることはないと思います。つまり, 性格までは変わらないにしても「人の感情は変わる」という信念をもつことが大事ではないでしょうか。そして, なにか問題が生じたときには, その原点に立ち戻って今一度考えてみることです。ケアの相手はもちろんですが自分自身のあり方も含めてです。

2　パーソン・センタード・アプローチ（人間中心アプローチ・PCA）

　カウンセリングは精神・心理学の実践ですから, その理論的根拠によって多種類の流派があります。ざっとみても, 精神分析療法*, 行動療法*, 家族療法（システム療法）*, 交流分析*, 森田療法*, ゲシュタルト療法*など。それらはその理論によって方法も異なりますが, 共通の目的は人間の心の病理への治療です。ただ, 対象者（クライアント）を1人の人間（実存）としてどのようにみるかによって大きく異なります。パーソン・センタード・アプローチではカウンセラーがクライアントの今（実存）を信じて, その気持ちにそって共に生きるという態度を取れば, クライアント自らが考え選択し納得して行動する, そこにその人の成長をみることができる, という肯定的人間観があります。私はそこに共感するのです。

(1)　3つの条件

　ロジャーズはパーソン・センタード・アプローチを次のようにのべています。

　「個人は自己の内部に自己理解や自己概念, 基本的態度, 自発的行動を変化させていく為の大きな資源を内在させている, それらは, 心理学的に定義可能

---

*精神分析療法　フロイトが創設した精神分析学を基礎とした療法。フロイトは最初, 神経症の原因として性愛的なものが重要と考えた。性愛そのものが抑圧されている事実に注目し, この抑圧の解決がとりもなおさず治療であると考え, それを精神分析と命名した。その後, 性愛やその抑圧だけが重要でなく, エディプス・コンプレックスへと進み, 自我, 防衛機制, 象徴, リビドーなどの概念を考えた。彼のもとにアドラー, ユング, アブラハムらが集まって, 精神分析学派ができた。その後, アドラー, ユングは彼の下を離れ, ユングの集合的無意識, アドラーの権力への意志などの独自の分析理論が派生した。

*行動療法　人間の不適応行動は誤った学習によってもたらされるものであるという考えに基づき, 人間の行動を再学習により正しくしようとする治療法をいう。再学習は人間の"なれ"を利用し, 最初はできなくても少しずつ行い, なれることによってできるようにする考えである。理論的背景は, ソーンダイクによる試行錯誤の繰り返しから, より望ましい行動を強化していく道具的条件付けがある。

*家族療法　さまざまな心理的な問題を持つ人への援助・治療を, 個人や, 母と子, 夫婦という二者関係だけに注目するだけでなく, 家族内の複雑で, 多面的な人間関係を家族全体で考えて, システム思考で行なう治療法。具体的な治療法として, 短期療法（ブリーフセラピー）などが用いられる。

> *森田療法　森田神経質といわれる心気的，強迫的な性格傾向をもつ人に対して，禅の思想をとりいれた精神療法。強迫的で完全癖をもつ人は完全性が満たされないと不安に陥る。それに対して自らの苦悩や不安をあるがままに受け入れることで，実生活を円滑にしようとする指示的な精神療法。
>
> *ゲシュタルト療法　ドイツの精神科医パールズが創設したもので，集団心理療法の１つ。特徴は，今の気づきに関心をもつ，ありのままの自分に徹する，心・身体の一体感を体験することなど，自立の確立が神経症的状態から抜け出るために必要とする考え。

な促進的態度に出会うならば出現してくる。」というものです。そして，成長促進的雰囲気を出現させるには３つの条件が必要とされるといいます。その３つの条件とは，

①見せかけのない事，真実，一致。（または，純粋性，真実性，一致性）
②無条件の積極的（または肯定的）関心
③共感的理解（または，感情移入的理解）

　この三条件は，クライアント（相談者）に求めるものではなく，カウンセラー自身の態度であり，クライアントに対する姿勢であるというところが大切なことです。

　①の見せかけのない事（純粋性），真実（真実性），一致（一致性）というのは，カウンセラーが自分に正直であること，つまり，自分の中に生じている感情や態度をクライアントに正直に表現することです。「あるがまま」にあるという状態です。カウンセリングを通じて，カウンセラーの心の内奥で経験されつつあること，認識されつつあることとカウンセラーがクライアントに話す内容が一致していることが成長促進的雰囲気をつくることであるといいます。つまり，「専門家面や個人的仮面をつけていなければいないほど，クライアントも仮面を脱ぎ，建設的な姿勢で変化し，成長する」（『人間の潜在力』p.12）とのべています。それをロジャーズはカウンセラーがクライアントに対して「透明（ありのまま）にあること」といっています。実際の場面では，クライアントが苦しんだり，困惑したりしている時には，カウンセラーは同意・理解・寛容さという肯定的経験をしますが，別の機会では，退屈・怒りなどの否定的感情を経験することもあるでしょう。そういうふうにカウンセラーが自分自身の感情に気づくほど，そして，肯定的であろうと否定的であろうと，これらの感情を正直に表現できるほど，カウンセラーはクライアントに援助的であるといっています。援助的なのは，他人についての意見や判断ではなく，（カウンセラーの）感情と態度が表明された時であるといいます。たとえ，クライアントへの否定的な感情であっても，自分の感情に嘘の表現をするより，正直な感情を表現したほうが良いとロジャーズはいいます。「私にとっては，素直な表明は防衛的であるよりはるかに喜びです。実行は難しいですが，たとえわずかでもそうあるなら，対人関係は非常に豊かにされます。」（『人間尊重の心理学』p.43）。

　ケア状況の中でいえば，たとえば，問題をもつケア対象者に対して，ケアスタッフは否定的な感情をもつことがあります。それでもケアスタッフ自身が感じたことを正直に表明しろとロジャーズはいっています。しかし，実際のケア現場では，「そんなことを言ったら相手を傷つける」とか「信頼関係がなくなる」などと懸念され，否定的感情をそのまま表現するのは躊躇されます。私が考えるには，ロジャーズのいうことはカウンセリングのプロセスやケアの進行状況によって異なると思います。カウンセラーとクライアントの信頼関係ができていない時に，たとえば，最初の面談の時からクライアントに感じたことを正直に話してよいかといえば，そうではないでしょう。ある程度進んだ面談の

プロセスにおいて，あるいはケアプロセスがある程度進んだ段階で，徐々にカウンセラーから心を開いていけばクライアントも本音で対応するといっているのではないでしょうか。だから，実際のケアの進展にともなって信頼感が生まれれば，ケア職員が自分自身の感情に偽りのない表現をすることによって，ケア対象者はケア職員が真剣に自分に対応していると感じます。それによってケア対象者が安心し，さらに自分自身の心を開いてくるというように理解できるのです。つまりは，相手（クライアント）に対して自分（カウンセラー）の裸（心の内）をみせるということです。悪い感情も含めて自己開示するということです。

②の無条件の積極的関心とは，「治療者（カウンセラー）が肯定的で受容的態度を（カウンセリングのプロセスで）体験しているほど（クライアントに）治療的動きや変化が生じるというものである。」（『人間尊重の心理学』p.110）クライアントが感じていることを受け入れて，「条件を押しつけることなく（つまり，無条件で）全存在を評価するのです。」（『人間尊重の心理学』p.111）

この肯定的で受容的態度とは，そのクライアントをカウンセラーが診断や評価などをせずに，その人をそのまま受け入れるということです。これをロジャーズは「親が乳児にいだく感情にも似ている。」（『人間の潜在力』p.14）とのべています。つまり，「そばに寄り添う」という状態を指しています。はたしてカウンセラーはこのような心の状況になれるのでしょうか。感情を受けとめることは自分の感情を調整することにほかなりません。自分とは異なる人間の感情を受け入れるということは難しいことですし，つらいことです。ロジャーズは「もちろん，このような無条件的配慮をいつも感じつづけることは不可能である。誠実な治療者は，しばしばクライアントに対して，それと非常に異なった感情，例えば否定的感情を持つ時もあろう。それゆえ，治療者はクライアントに対して無条件の肯定的配慮を持つべきであるというように『当為（「ねばならない」という状態）』と見なしてはならない。それは，もしこの態度的要素がその関係の中に適度な頻度で存在しなかったならば，建設的なクライアントの変化は起こりにくいだろうという，単なる事実をいっているのである。」（『人間の潜在力』p.14）とのべて，カウンセラーが無条件の積極的関心を「必ずもつべきである」というように条件づけしないように注意しています。そのような態度がカウンセリングの中に適度な頻度で存在すればクライアントの成長的変化が生じるというのです。否定的感情だけでは相互の心の交流とその結果による信頼感の醸成は生じないということと理解できます。

③の共感的理解とは，「来談者（クライアント）が経験しつつある感情や個人的意味合いを正確につかみとり，それを来談者にも伝えるのです。」（『人間尊重の心理学』p.111），「治療者がこのようなレベルで応答する時，クライアントの反応は『私が言おうとしてきたことは，多分そのことなんです。今までそれに気づきませんでしたが，そうなんです。そのように感じているんです』というようなものになる。」（『人間の潜在力』p.15）といいます。共感的理解は「最もうまく機能する時には相手の内的世界に関する情報を知り，来談者が認知し

ている意味だけでなく認識下にある意味までをも知る事ができます。この**鋭い積極的傾聴は日常生活ではきわめて稀です。**」(『人間尊重の心理学』p.111) とのべています。この具体的な技術として,「フィードバック」「要約と明確化」などがあります。

　フィードバックとは,会話の中で,話し手が重要な意味を込めている単語や言葉をそのまま,相手に送り返すことをいいます。聞き手は勝手に翻訳したりしません。フィードバックの中でも感情の部分を繰り返すことをとくに「感情の反射」といいます。「要約と明確化」は,話し手の内容を簡単な言葉やセンテンスにまとめて相手に伝え,また,それによって,話し手が意識していない感情,気持ちを明確にすることです。

　たとえば,話し手が「私は夫に先立たれて,一人息子を苦労して育てたのです。大学も出してあげて…。私は息子が結婚したら同居しようと思っていたのに息子は家を出て嫁と生活を始めたのです。嫁がそそのかしたのです。もうやりきれなくてね。」という場合,聞き手が「苦労して育てた息子さんが,お母さんを捨ててお嫁さんの言いなりになっている…。お一人で,本当にお寂しいでしょうね。」と答えたとすると,ここでは,「お母さんを捨ててお嫁さんの言いなりになっている」という言葉が息子の裏切りや嫁への恨みを表現し,話しを要約しています。そして,「寂しい」という言葉で,母親の気持ちを明確化しています。明確化は,「話し手は,このような感じなのかなー」と,聞き手が素直に感じたことを伝えて,話し手がそうではないと否定すれば,また,違った見方をして,修正していけばよいのです。

　ロジャーズはこの三条件が成立する時にクライアントに成長促進的雰囲気が生じるといっています。三条件を同列に並べて説明していますが,私はこの三条件が同時にかつ面談の最初からできるとは思いません。当然,カウンセラーの経験や資質にも影響されるでしょう。面接の初回から三条件がそろった雰囲気を作ることは困難です。したがって,この三条件は同列なものではなく,カウンセリングの過程で変化するものであると考えます。

　まず,初対面の1回目の面談から数回は,カウンセラーの態度(あるいは姿勢)として,②の積極的関心をカウンセラーの基調にして,クライアントの気持ちを受け止める肯定的で受容的な態度が大事でしょう。さらに進んで,お互いが知り合ってきた段階で,③の共感的理解によってクライアントの内面世界を共に探していく作業が始まります。もちろん,積極的関心は維持しながらです。つまり,受容的態度によってクライアントが安心して本音を話せるような雰囲気づくりをして,共感的理解によってクライアントの内面を映し出すために共に歩むのです。その過程で,①のいつわりのないカウンセラーの感情や気持ちの表現はクライアントに自分の内面を見つめるための刺激＝きっかけ作りになっていくのではないでしょうか。カウンセリング状態が最高潮に達した時には,三条件が存在する自己成長力を高める雰囲気になっている状態にあると考えます。

　三条件は対象者や状況によっても異なるとロジャーズはいっています。「そ

こで，成長を産み出す三つの態度的要因とその相互関係について考えていることを手短に述べておきたいのです。日常生活のやりとりでは，つまり，配偶者や恋人との関係，師弟関係，労使関係，仲間関係では，一致が一番重要でしょう。一致あるいは真実は他者をして『あなたは，ここにいるのだな』という感じを起こさせます。これは自己の所有する感情が肯定的であろうと否定的であろうとそれと対面し克服していこうとさせます。一致は，真実でありながら生きていこうとする態度の基本です。しかし，他の特別な状況にあっては，思いやりや承認が最重要要因となります。そこには，母と子，治療者と寡黙な精神病患者，医師と重症患者との関係に代表されるような言葉をぬきにした関係が含まれます。思いやりは創造を生み出す態度として知られています。こわれやすくためらいがちな新しい生産的プロセスが出現してくるはぐくみの場です。そして，共感性が最も有望とされるもうひとつの状況が挙げられます。誰かが傷ついていたり，混乱していたり，困っていたり，不安・孤独・恐怖を抱いている時，自己の存在価値を見失い自分がわからなくなっている時，理解が必要となります。おだやかで機敏な親しい関係が共感的個人（もちろん他の二要素も所有している必要があります）から提供されるなら，解明と治癒が生じます。その深い理解の中で最も貴重な賜物が相手に伝わっていくのだと思います」（『人間尊重の心理学』p.151）といいます。私は対象者だけでなく，そのプロセスも三条件は時間差が生じてくると解釈しています。この三条件はそれぞれ別のものでなく，三条件は相互に関係しあい，クライアントの心を開き，成長させる雰囲気をつくるのですが，異なる対象者や状況によって三条件の軽重は変化するとも考えています。

　私は，三条件中でも3つ目の「共感的理解」が職業としてのケアサービスを行なう者にとって最も必要とされるものと考えます。それは，①，②ともにカウンセラーのクライアントに対する姿勢というか態度というか，もっといえば，カウンセラーの人格や人間性から発せられるその人の生き方＝哲学と考えられます。この部分を理解し実践に移すには修練と経験と自己陶冶が必要とされます。しかし，3つ目の共感的理解についてロジャーズは，「この第三の要素（共感的理解または感情移入的理解）は，多分簡単な訓練によって，最も容易に向上するものである。治療者たちは極めて敏速に，よりすぐれた敏感な聞き手になり，感情移入的になることを学習することが可能である。それは，態度であるとともに，部分的には技術（スキル）でもある。しかし，よりありのままになり，より好意的になるためには，治療者は体験的に変化しなければならないし，これは長い期間と，もっと複雑なプロセスを要する。」（『人間の潜在力』p.15）とのべています。共感的理解は技術でもあるから比較的容易に習得できるのです。カウンセリングの「フィードバック」「要約と明確化」などは共感的理解を援助する技術です。これらは明日からでも利用できます。

　このような自己成長力を高める雰囲気は何もカウンセリングだけにあるものでなく，通常の人間関係でも生じていることは日常的に経験しています。ロジャーズは，「治療者と来談者の間で真実であるものは，結婚生活，家庭，学校，

管理機構，異文化間，国際関係に於ても真実であるという認識を包摂しているといえます。」(『人間尊重の心理学』p.2) とのべています。

要は，カウンセラーのあり方は，カウンセラーがクライアントの心の鏡になることを意味します。クライアントは自分の内面のありさまをカウンセラーという鏡に映して自己の内面の姿を知るのです。だから，カウンセラーはこの鏡を曇らせないようにしておかなければクライアントの心は映りません。この鏡を磨くということが自らの人間性を磨くということです。逆にいえば，鏡が曇っているということは，カウンセラーが自分の価値判断や基準枠でクライアントに対処しようとしていることを意味しています。鏡を磨くということは，自己の基準枠から相手の基準枠に思考の支点を移して，相手の内面を映し出すことです。鏡の出来，不出来はそのカウンセラーの資質や訓練，自己研磨によります。資質とは鏡の素材が石なのか，銅なのか，鉄なのか，ガラスなのかであり，そのカウンセラーの適性を意味しています。その素材を磨いて映りやすくするには自己を知るための自己研磨を行なわなくてはなりません。自己を知ることとは，同時に相手を知ることにつながります。

私は，自らをより深く理解するように努力することで，結果的にケア対象者の心を支えることになると思うのです。

(2) 個人的体験からの理解

私個人が受容されたという感覚を味わったエピソードを紹介します。

あるカウンセリングセミナーに参加したときに，フォーカシング*を受ける機会がありました。以下の内容はそのときの情景です。

フォーカシングを促進する人（ある大学の教授）が対面に座り，私はリラックスした姿勢（あぐらをかき）で，目を瞑る。促進者が「身体の中心部分に感じを集中してください」「だんだん身体が温かく感じられます」という。少し経つと，だんだん，身体の中に沈んでいく感じがあり，目の前に真っ青な空に荒涼とした砂漠が現れ，朽ちた大木が横たわり，その傍に底なしの蟻地獄のような穴に足を取られて沈んでいく自分がいました。悲しくないのに涙が出てきました。促進者は「そうそう，泣くだけ泣きなさい」と言ってくれたことが温かく伝わってきました。この言葉が非常に温かく感じられ，大粒の涙が止めどもなく出てきました。自分の感情が大きく受けとめられたことを感じました。終わった後は爽快感が残りました。この情景はなにか，当時はなんだかわからなかったのですが，今は，次のように考えられます。朽ちた大木は父親で，底なしの蟻地獄は母親の象徴であったかもしれないと。母親に取り込まれていく自分にとって父親は何の役にも立たないことを象徴していたと。私はマザーコンプレックスがあることをはっきりと自覚しました。そして，涙の意味は母親への思いだけでなく，そのような母の重さをフォーカシングの促進者に「受容された暖かさ」によるものであると悟ったのです。

次に，作家の三浦綾子さんの『愛すること信ずること』（講談社刊）に書か

*フォーカシング　カール・ロジャーズの実践を体験過程という概念で理論化した元シカゴ大学のE. T. ジェンドリンが開発した心理療法と自己理解のための技法。日頃，私たちが何となくからだや気持ちのどこかではんやりと感じていながら，もうひとつはっきりしない問題に焦点づけ（フォーカシング），その問題が発するメッセージをつかみ，新しい発見や癒し，問題解決へと導こうとする技法。

れたことを借用します。その中の「たとえ泥棒の夫でも」という章で、次のようにのべています。

　ある会合で夫婦喧嘩ばかりしている妻から夫婦円満の秘訣を聞かれたときに、三浦さんは質問した人に答えて「どの夫婦にも適用できる夫婦円満法など、果たしてあるかどうか、わたしはしらない。だが、その座談会で質問した人に、わたしは思いあまって、こう答えた。『あのね、牧師であり医師である相見三郎とおっしゃる先生が、こう説いておられます。聖書には、夫には主（神）に仕えるように仕えなさい、と書いてある。だから、どんな夫でも、主に仕えるように仕えなさい。あんな悪い夫には、主のように仕えられないなどといってはならない。いい夫にだけ仕えなさいとは、書いていない。それで、もし自分の夫が泥棒で、そこに見張りをしておれと言ったら、黙って見張りをしなさい。それを賢そうに、泥棒など悪いことだからやめなさい、などと言うと、それは主に仕えるように仕えていないことになる。（中略）ずいぶんひどいことをおっしゃると思うかもしれません。でも、この先生のお話を聞いて、そのように心がけた奥さん方が、みんな夫婦関係がよくなったという体験をぞくぞくと発表しています』これは聖書の中の基本的人間観なのである。このことを聖書には、『裁いてはいけない』という言葉で書いてある。裁くとは、つまり他の人を悪い奴だと思うことである。『人を悪いと思うそのことが悪いのだ』相見先生はそうおっしゃっている。身近な者のアラはすぐ目につく。すると、すぐにそれを言い立てる。このことが実はけっしていい結果とはならない。なかなかむずかしいことだが、夫や姑には、『主のごとく仕える』という一手よりないのではないだろうか。主のごとく仕えるとは、まず相手を尊敬することである。人間関係は、鏡に自分の姿を映すようなものだから、『バカヤロウ』と目をむけば、鏡の中の像もまた、『バカヤロウ』と目をむくのではないだろうか。反対に尊敬をこめたまなざしで、うやうやしくお辞儀をすると、相手もまたそのようにするのではないだろうか。その講演から帰って、何通かの便りをいただいた。その中に次のような便りがあった。『わたしは、結婚二十年を超えた主婦です。夫とはこのままもう別れるより仕方がないところまで、お互いの気持ちが冷えていました。あなたのお話を聞いて、わたしは感ずるところがありました。たとえ、泥棒の夫であっても、見張りをしろといわれれば、そのようにしなさい、という言葉を実行しました。するとどうでしょう。夫は次第に元の夫に返り、わたしたちの危機を乗り越えることができました』この手紙に、わたしは驚いてしまった。あんな夫、こんな夫と不足に思う前に、なすべきことがあるのだということを、わたしはあらためて思い知らされたのである。」

　引用が少し長くなりましたが、この言葉の中には、ロジャーズのいう「無条件の受容」という三条件の基本が含まれていますし、ロジャーズと同じ人間観がのべられています。そして、カウンセリングの本質を「人間関係は自己の鏡である」と的確に言い当てています。

　ケア職の人たちは、不満や要求や同じことを繰り返し話す高齢者に、自分は話し相手の鏡になるんだと自分に言い聞かせながら話を聴いていくと相手の話

が容易に聞けるものではないでしょうか。

③ 対象者アプローチの基礎

(1) ケアモデルとカウンセリングモデルの比較

　ケアの仕事は「対象者」理解に始まり，「対象者」理解に終るといいます。ここでは，対象者理解について考えてみましょう。つまり，ケア対象者を理解するためのアプローチの仕方です。ケアにおける対象者理解とはどういうことか考える場合，ケアモデルとカウンセリングモデルとの比較で考えてみるとわかりやすいようです。

　ケアモデルとカウンセリングモデルの違いの第１は，カウンセリングモデルは心という部分に焦点づけするものであり，これに対してケアモデルは一義的には身体面からアプローチして，その人の生活全般に関わります。そして，生活面を通じて心身の両面を包括的に総合的にアプローチするものと考えられます。第２には，カウンセリングではクライアントは自分の問題を意識して（悩んで）来談しますが，ケアではケア対象者から心の悩みは表現されますが，積極的な解決の行動を起こすことは少ないです。ケア対象者は最初に問題行動を起こします。ケア対象者が問題認識をしている場合は少ないです。ケアを行なう上ではこの二点の違いが重要です。すなわち，ケアは身体的援助からアプローチしながら，問題状況があれば対象者の内面世界に入っていきます。ケア対象者は身体的な障害だけではなく，自分の苦しみや悲しみ，寂しさを問題行動という形で表現します。その場合には話を聴くというカウンセリングの手法ではなく，生活面の援助を通じて総合的にアプローチすることが大切になります。いわゆるケア困難者には言葉だけのカウンセリングでは太刀打ちできません。ここに，ケアの総合的なアプローチの強みがあります。

図表4.1　ケアモデルとカウンセリングモデルの比較

基準項目	〈ケア〉	〈カウンセリング〉
基本理念	生活モデル	コミュニケーションモデル
目的	生活の援助（主体的生活）	心の成長促進
ケアの視点	残存能力＝良い所に注目する	内面世界に焦点づけ
サービスの性質	包括的・心身両面	部分的・こころ＝受容と共感
サービスの手段	生活および身体支援	言語（非言語含む）
期間	基本的には終身期間	限定された期間
場所	生活空間（自宅，施設）	カウンセラー室
人間の対象像	心身を含む全体的	感情を重視し部分的
対象者の意識	・問題を自覚していない ・自覚がないため問題解決の意識がない	・自覚している ・自らが問題を解決したいと思っている
環境	生活環境＝オープン環境	非日常空間・閉鎖された二者関係＝クローズ環境
目標	生活全般・安らかな生活	心の安定・成長
スタッフ	資格制度はあるが，資格が無くてもできるアマ集団	有資格者・高度な技能をもった人＝臨床心理士
人間関係	家族 ケア職員	カウンセラー 相談員
家族のあり方	精神部分では非支援的	支援的
利用料金	保険＋一部負担金	自費

(2) 対象者の理解＝外側からの理解と内側からの理解

　対象者を理解するにはどうすれば良いのでしょうか。どのようにして対象者に接近し，対象者を理解するのでしょうか。

　通常，人は他人を認知するときに外見から知ることになります。たとえば，初対面の場合には顔つき，態度，言葉つき，体型，服装などからこの人はこのような人ではないか，あのような人ではないか，あるいは，自分と合うか，否かなどを無意識に判断しています。

　つまり，第一印象です。あるアメリカの心理学者は第一印象は0.7秒で決定しているとのべています。その第一印象が悪い場合や自分とはあまりにも違う場合，違和感を感ずる場合には，距離を置くことになります。それが，名刺交換や会話をとおして，その人の経歴やその人の社会的ポジションなどを知ることによって，少しずつ相手を理解することが進みます。それは居住地，出生地，趣味，年齢，職業，学歴，役職，家族とその構成などのような外側の情報です。外側の情報は比較的把握しやすいものです。初めての会話でも聞くことのできる範囲です。もう少し親しくなると生育歴，夫婦関係，親子関係などやその人がよりどころとしている生活信条のようなものになります。さらに，すすめばその人格やその内面に入り込むわけで，それにはその人の性格，人生観，価値観，欲求・願望などがあります。

　人間関係は外側からの理解から，親しくなるにつれて，内側の理解に移っていきます。たとえば，友達では，その人の属性の大部分は理解しており，親しさの程度によってはその人の性格や価値観という内側の一部を理解していることもあります。夫婦ではこの関係は最も深く広範囲にわたるから，生活を共におくることができるのでしょう。つまり，人間の理解は最も深く広いのが夫婦で，逆が赤の他人です。その間に，さまざまな人間関係の濃さ，薄さが存在します。カウンセリングやケア関係とは，当初は赤の他人ですが，場合によっては，配偶者や本人にもわからない内面世界を知るという非常に特殊な関係になります。ケア職において対象者を理解するということは，まず，生活面の外側からアプローチし，生活の支援を通してコミュニケーションをするプロセスの中で，その人の内面の情報を収集しつつその人全体を理解していくことなのです。このコミュニケーションにおいてカウンセリング技法が必要になってきます。

(3) 対象者理解のプロセス＝同化と調整

　他者の内面を理解するにはまず，自分の判断基準（カウンセリングではこれを基準枠という）から理解していくことになります。したがって，人を理解するということは，その判断者の基準枠に縛られたり，限定されたりします。

　他者を支援する意味で相手を理解するということは，相手の準拠枠を理解し，相手の悩みや苦しみが相手と同じように感じ，考えるようになるということで

す。非常に難しい作業です。だから，一挙には進めません。「この人は何でこんなことを言っているのだろう」「なんて考えをするのだろう。」「なんでこうなるのか」という思いが生じてきます。否定的感情です。最初は自分の準拠枠でその葛藤の原因を推測したり判断します。さらに，相手のいうことを傾聴していくと，「ああ，そうか」「そうゆうことか」と理解が深まり，そこから徐々に相手の準拠枠に近づいていくのです。相手とのコミュニケーションの中で，相手の葛藤を理解するために，自分の準拠枠からその理由や原因を推測したり想定したりしながら徐々に相手の基準枠に近づいていくことを「同化」といいます。さらに，すすんで，相手の話を聴きながら，自分の推測や想定を変更したり，修正したりすることを「調整」といいます。「フィードバック」や「明確化」の技術を用いて，この同化と調整を繰り返しながら相手の準拠枠に近づき，感情移入して相手の理解を深めることがカウンセリングのプロセスです。このプロセスが相手を理解していくために重要であり，同時に対象者を「ケアする」ことだと考えます。

　カウンセリングの中でロジャーズのいう三条件を作り出す努力をするわけですが，それはいわば「点」であってそれをつないで「線」にするのが同化と調整のプロセスです。他者を理解することの最も重要な技術が同化と調整であると考えます。カウンセリングにおける「同化」と「調整」はケアにおける対象者の「人物像の想定」や，医療における「診断」と同じ意味合いをもっています。ケアサービスのPlan-Do-See-Feedbackと同じプロセスです。クライアントの問題状況や悩みに対して，カウンセラーが「この人（クライアント）はこのように感じている（あるいは考えている）のだろうか」と考え（Plan），→それをクライアントにフィードバックしたり，要約したりして，クライアントに返していく（Do）。→その問いかけにクライアントが答える，あるいは態度で示す（See）ことによって，→カウンセラーは自分の考え（あるいは感じ方）を修正（Feedback）し，→新たな考えを作り出す（Plan）という過程を繰り返すことによって，クライアントをより深く理解していくのです。

　そのありようをイメージ図にすると図表4.2のようになります。

　この図を説明しますと，クライアント側としては，最初は否定的態度，環境的なこと，一般的な話，他者をたとえにした話，過去の話が中心になりますが，カウンセリングが深まるにつれて，肯定的態度，自己のこと，現在のことに言及するようになります。その変化の過程が自分で自分の心の内を理解する過程です。他方，カウンセラー側は最初の面談では，クライアントの人となりを理解しようとし，外側からの理解，自分の基準枠からアプローチします。カウンセリングがすすむ過程で，カウンセラーの態度は，自分の基準枠から相手の基準枠へ，外的理解から内的理解へ，そして，積極的関心から共感的理解へ，さらに，純粋性，真実性，一致性を伴いはじめます。そのようなプロセスにおいてカウンセラーは同化と調整を繰り返しながら対象者の理解を深化していきます。また，それはクライアントとカウンセラーの信頼関係が深まっていく過程でもあります。そして，三条件が成立した雰囲気になった時，クライアントが

図表 4.2　対象者理解のプロセス概念図

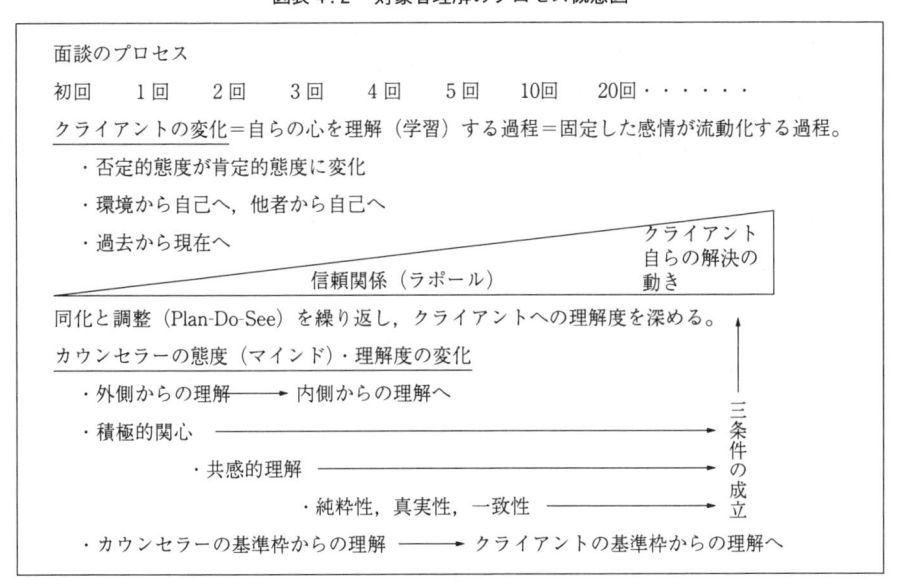

```
面談のプロセス
初回　1回　2回　3回　4回　5回　10回　　20回・・・・・・
クライアントの変化＝自らの心を理解（学習）する過程＝固定した感情が流動化する過程。
　・否定的態度が肯定的態度に変化
　・環境から自己へ，他者から自己へ
　・過去から現在へ　　　　　　　　　　　　　　　　クライアント
　　　　　　　　　　　　　　　　　　　　　　　　　自らの解決の
　　　　　　　　　　　信頼関係（ラポール）　　　　動き

同化と調整（Plan-Do-See）を繰り返し，クライアントへの理解度を深める。
カウンセラーの態度（マインド）・理解度の変化
　・外側からの理解──→内側からの理解へ　　　　　　　　　三
　・積極的関心　　　　　　　　　　　　　　　　　　　　　条
　　　　・共感的理解　　　　　　　　　　　　　　　　　　件
　　　　　　　・純粋性，真実性，一致性　　　　　　　　　の
　　　　　　　　　　　　　　　　　　　　　　　　　　　　成
　　　　　　　　　　　　　　　　　　　　　　　　　　　　立
　・カウンセラーの基準枠からの理解──→クライアントの基準枠からの理解へ
```

自分で自分の問題を解決する行動をとり始めることになります。

　ケアスタッフはカウンセリングの専門家ではありませんから，言葉を通してではなく，高齢者との日常的な関わりを通して，身体的援助を通して，ケア対象者を理解するための努力を行ない，「ありのまま」「その人に寄り添う」「共感的理解」という感じを少しでも実践できたらよいのではないでしょうか。そのことが結果的に，信頼関係の構築に役立ち，高齢者の心を支えるというケアの本質に近づくことになります。

(4) 対象者の心理的変化過程

　ロジャーズは「セラピストが純粋であり，感情移入的に理解しており，無条件の肯定的配慮をもっているとクライアントによって知覚されることが深ければ深いほど，クライアントの建設的なパースナリティ変化の度合いは，それだけ大きいものになる。」（『サイコセラピーの過程』p.255）とのべ，クライアントのパースナリティの変化の過程を7段階に分けて，心の状態を次のように表現しています。

　そして，ロジャーズはこの過程概念はセラピーだけでなく，教師・生徒関係，親子関係，経営相談，および，地域社会の発達へも適用される可能性があるとのべています。すなわち，ケアの分野でもケア対象者が心を開く過程は同じと考えられます。

第1段階（自ら進んでセラピーにはこない段階）
　・自分のことについては話したくない気持ち。
　・話は単に外的なことに限定。親密なコミュニケーションを危険と感じている。

・問題を認識していないし,知覚もしていない。
　（心の問題に関しては,多くのケア対象者の最初の態度はこの段階です。）

第2段階（自発的に助力を求める段階,通常,クライアントとしてカウンセリングにくる人はこの段階）
・話が自分ではないことに集中する。
・問題を自分の外部にあると知覚する。
・感情は示されるが自分のものと認めていない。

第3段階（カウンセリングが少し進んだ段階）
・自分を表現するのに他者をつかう。
・個人的意味づけや表現,説明が多くなる。感情の受容はわずかである。
・体験のし方は過去にあったものとして,自分から離れたものとしてのべられる。
・経験の中に矛盾を認める。

第4段階（カウンセリングが中程度進んだ段階。感情が流動化し始める段階）
・感情のより流動化がおこる。感情が現在のものとして表現される。
・感情を現在ある客体としてのべる。体験のし方が過去に縛られることが少なくなる。
・自己と経験の間の矛盾と不一致を実感するようになる。

第5段階（カウンセリングが高度に進んだ段階。より感情が流動化する段階）
・感情が現在のものとして表現される。
・感情があわだってきたり,にじみでてくる。今ここでの感情が嫌悪と恐怖を伴って表れる。
・経験の中の矛盾と不一致がはっきりする。
・直面している問題に対して自分の責任を受け容れる。

第6段階（カウンセリングの最高の段階）
・現在の感情が瞬時性と豊かさをもって直接に体験される。
・体験のし方が真に過程という性質をもつ。
・生理的開放（目がうるむ,涙を流す,ため息をつく,筋肉の弛緩がある）が始まる。
・内部,外部という問題は消滅して問題はない。(注)

注：1から6の段階の内容は『サイコセラピィの過程』pp.150～174から抜粋して引用した。ロジャーズは第7段階に到達するクライアントはほとんどいないとのべているので,ここでは第6段階までを記述した。

　このような対象者の心理的変化を把握していることは,ケアを行なう上で対象者やその家族との関係性がどの位置まで進んでいるのかを測る重要な指標になります。いつまでも第1段階や第2段階でとどまっている場合には,ケア対象者の理解やアプローチに重大な錯誤がありかもしれません。自分の態度を再考する必要があります。

4 カウンセリング技術の利用

　高齢者の心の問題を扱う点では，カウンセリングの分野では非常に立ち遅れています。カウンセリングのケーススタディでは，校内暴力・登校拒否などのようにほとんどが青少年の問題が多く，成人分野では，結婚前後のマリッジカウンセリング，あるいは，子育ての親業カウンセリングなどが対象になっている程度です。最近は，中年の自殺が増加していることにより，中年期の危機が叫ばれ，中年層が対象になりつつありますが，その研究事例は少数です。ましてや，高齢者問題の事例研究はほとんどみあたりません。

　ケアスタッフはケア現場において高齢者の心を支えるために手探り状態で努力していますが，ケア従事者は自分にあったカウンセリング技術を利用すべきと考えます。私は，ロジャーズによっていますが，自分にあったものであれば何でも利用したらよいと思います。問題をもつケア対象者がすべてロジャーズのカウンセリングに適しているかというとそうともいえません。『マイクロカウンセリング』*の著者であるアレン・E・アイビィは，ロジャーズのカウンセリングの効果が上がる対象者はある程度知的レベルが高く，病的疾患（分裂病など）ではない，普通の人がよいといっています。また，カウンセリングは一般にはごく普通の人が，ごく普通の問題や転機に対処するのを援助することですが，サイコセラピー（精神療法）は，深く根ざした性格障害や行動障害にはたらきかけることであり，もっと深い過程であるという意味のことをのべています。

　私が考えるには，ロジャーズのカウンセリングはクライアントの気持ちを変え，その人の成長を促すという点で，時間がかかります。面談回数が30回，50回と長く，1年以上かかることは普通です。結論を早く求める風潮の現代では，はたして，このような長い面談にクライアントが耐えられるでしょうか。有料である場合にはなおさらです。最近は，システムズアプローチに基づく短期療法*（ブリーフセラピー）が注目されており，これらは比較的短期間に治療が終了します。それは時代の要請でもありましょう。

　しかし，私はロジャーズのカウンセリングの時間的長さが高齢者へのケアサービスには適合していると思っています。なぜならば，ケアサービスはケア対象者が死を迎えるまでの長い生活を支えることになるからです。ケアサービスのプロセス状況と，ロジャーズのカウンセリングの姿勢が一致しているのです。高齢者の悩みとつきあっていると時間ほど良薬はないとつくづく思います。ですから，結果を急がずにその人の悩みに付き合う姿勢が大切です。その意味で，ロジャーズのカウンセリング姿勢が良いと思うのです。

　心理学を学ぶときに注意することは，精神分析療法，行動療法，交流分析などからケア対象者を理解する技術や，ケアするためのアイデアをもらうのはよいのですが，ケアサービスを行なっていると，ケア対象者の心の不思議さに戸惑い，ケア対象者の心を覗こうとして精神分析などの深層心理にのめり込む傾

*カウンセリングの訓練を行なうために，アレン・E・アイビィが開発したプログラム。その特徴は，カウンセリングをいくつかの技法に分類し階層化したことである。「開かれた質問」「閉じられた質問」で有名。

*短期療法（ブリーフセラピー）
1960年代にアメリカのMRI (Mental Research Institute) が始めた短期間で治療する方法。システムズアプローチを基本に，悪循環，パラドクス（逆説）をキーワードに治療を行なう。代表的研究者として，ワツラウィック，ウィークランド等。

向があります。あまりにも深入りして迷路に入り込んでしまい，自分自身を見失わないようにすべきです。

　人の心はいかようにも解釈できるわけで，解釈ができたからといって問題が解決できるものではありません。ケアという仕事は，第一義的には具体的な生活の支援であることを肝に命じなければなりません。ケアモデルとカウンセリングモデルの比較でのべたように，ケアサービスは身体的介助，生活援助という面からアプローチできるというケアの優位性を認識して，生活支援，身体的アプローチからスタートして，そこに留まらずに，対象者理解をするために努力すべきでしょう。そこに，カウンセリング技術が利用できます。そして，心身のみならず，家族関係も含めて，ホリスティック（全体的）にアプローチするという姿勢を忘れないことが大切です。

5章　高齢者ケア職における感性教育の実践
―自己覚知と感性練磨のトレーニング―

　他者との関係を作るには，自らのパーソナリティの傾向を知ると同時に，感受性を磨くことが必要です。ケアサービスという他者の心身を援助する仕事では，自分の判断基準の傾向（たとえば，楽観的か，悲観的かなど）や自分の感情のあり方（たとえば，冷静か，感情的かなど），あるいは，性格（自分の長所，短所）を知ることによって，相手の感情を理解しやすくするのです。感性教育とは，さまざまな教育研修を通して自分の感情に触れることです。その学びが実生活の中で，自分の感情をあらゆる機会に自覚化されることによって，感受性を豊かにし，その結果，ケア対象者の感情を受け取りやすくなります。

　教育担当者としては，最近は，行政をはじめ民間でも心理学的社会学的な教育研修プログラムが豊富にあり，選択に迷うところではありますが，本章では，私たちが行なった感受性の教育研修方法のいくつかを具体的に紹介します。

1　自己覚知：自分史の試み

　自己分析をする場合の第一歩が自分史の試みです。自分を知る作業の1つに，自分がどのような人生を過ごしてきたかを振りかえって，その時々の状況を再考することによって，改めて，自分のパーソナリティをかたちづくっている根拠を再認識することができます。もちろん，それが自分の人生にとってどのような意味をもっているのかを考えなければなりません。人間はさまざまな悩みや苦しみを味わいます。その悩みや苦しみを乗り越えたり，甘受したりしながら自分なりに処理してきたことが，その人のパーソナリティに大きな影響を与えています。そして，自分の思考傾向や感情の傾向を知ることによって，他者との理解を促進させることになります。

　ここでは，あらためて自分の人生を振り返って考えながら人生の危機や障害そして自分自身の課題を考えてみましょう。

(1) 自分史の事例

　自分史を描く時には，まず，人生のトピックス的項目を考えます。だれの人生にでも考えられるライフステージを設定し，その項目をピックアップします。たとえば，誕生，入園，入学，卒業，就職，恋愛，結婚，独立，出産，子育て，退職，自宅の購入，身体老化等など。これに対して，予期しない出来事を付け加えます。たとえば，病気，死別，離婚，倒産，転勤，転職，事故など。これらを自分の年齢に置き換えて描きます。そして，自己のライフステージを縦軸にして，その人の人間の関係性（両親，きょうだい，恋人，妻，子どもなどとの関係）を横軸にして考えていきます。同時にその時々の感情的状況を思い出

して記入することによって，自分の生きてきた過程とその内面的状況が客観視できます。

以下は，Aさん（63歳・男性）の自分史です。（本事例はフィクションです。）

ライフステージ	出　来　事	その時の感情
誕生	・昭和15年東京で生まれる。 ・3人きょうだいの末子。	
幼児期 （1歳〜5歳）	・父親が長期入院（結核）のため母親が働きにでる。 ・長姉が母代わり。 ・母親が働いているために3歳で保育園に入園。 ・病弱なため保育園を欠席しがち。 ・戦争が始まり，田舎の親戚に疎開。	・寂しさ，棄てられたような感じ。 ・友達ができない辛さ。 ・異空間に戸惑い。 ・親切な保母さんに甘える。母代わり。 ・疎開先の家族＝実際の家族のよう。 ・おばあちゃん＝実母の感じ。安心感。
幼年期 （6歳〜10歳）	・終戦，自宅に戻り小学校入学。 ・父親が退院し，家に戻るが馴染めず。お父さんと呼べない。 ・毎日のように母と父の夫婦喧嘩。 ・病弱のため，毎年のように大腸カタルを患い学校を欠席しがち。 ・おとなしく，目立たない子。	・父親の存在に戸惑う。 ・父に対する憎しみ。 ・家にいる安心感。 ・運動ダメ，かけっこビリ，祭り・文化祭に参加しない。恥ずかしがりや。
少年期 （11歳〜15歳）	・小学校5年生の時，東京から長野に転校，学校でいじめにあう。 ・すぐ上の姉と喧嘩ばかり。 ・赤痢に罹り入院，生死をさまよう。 ・疎開先のおばあちゃんの死。 ・親切な同級生に初恋。片思いふられる。	・2度目の登校拒否。 ・友達からいじめられる辛さ。 ・女性への嫌悪感。 ・看護婦のやさしさにふれる。 ・母の死に匹敵する悲しみ。 ・辛く悲しい。女性不信。
青年期 （16歳〜20歳）	・中学3年で千葉に転校。 ・高校受験で希望の学校に入れず，商業高校にいく。 ・サークルに入り，親友ができる。 ・父の死。 ・大学進学か就職かで悩む。 ・希望の大学に合格。	・またかの感じ。 ・挫折感。 ・友達と本音で話せるうれしさ。 ・枠が取れた感じ。悲しみを感じない。 ・母親は家計を支えるために就職を希望。母親との確執。 ・うれしさ。
成人前期 （21歳〜30歳）	・大学に馴染めず，バイトと図書館通い。 ・北海道で3ヵ月間牧場のバイト。 ・1人で東北地方を1ヵ月旅行。 ・就職試験を受けるが失敗。 ・知り合い店（食堂）に住み込みで働く。 ・なかなか恋人できず。片思いばかり。	 ・達成感。 ・自分への自信。 ・手に職をつけるために就職。初めて他人の家で働く。自信につながる。 ・女性コンプレックスに陥る。
成人後期 （31歳〜40歳）	・希望の会社に入社するが，倒産。 ・母親と別居し，独立する。 ・32歳で，知り合いの紹介で結婚。マンション購入。 ・サービス関係の仕事につく（再就職）。 ・第一子（女子）誕生。 ・第二子（男子）誕生。ぜんそくで悩む。 ・妻が就職する。家事の分担で意見対立。 ・課長に昇進。一戸建購入。 ・母親と同居。	・2度目の挫折感。 ・マザーコンプレックスを自覚し，母と別居する。さびしさあるもさっぱりした気持ち。 ・ようやく一人前になった気持ち。 ・やりがいのある仕事に充実感。 ・人生最大の喜び ・第二子が病弱なため心配多い。 ・幼児体験の寂しさを思い出す。 ・仕事に自信がつく。
中年期 （41歳〜55歳）	・転勤でN県にいく。単身赴任。 ・妻の不倫を疑う。	・家族との別居。さびしさと食事などの家事をするしんどさ。 ・別居による妻の不貞を疑う。猜疑心のかたまり，内心は満たされない。

	・子どもの進学で妻と意見対立。 ・母と妻の確執。母と別居する。 ・子どもの大学卒業，就職。 ・株で大損する。 ・転勤で自宅に戻る。	・妻との喧嘩が多く，意思疎通がなくなる。 ・母親への心配。 ・経済的にピンチになる。 ・妻との和解。安定を得る。
初老期 (56歳〜65歳)	・子どもが結婚し，家をでる。 ・55歳，リストラで退職。 ・再就職。収入が激減。 ・母の死。 ・定年。 ・現在（63歳）。	・子どもを独立させ，安心と同時にさびしさ。 ・イライラ感がつのり，心身症になる。 ・仕事へのやりがいを感じる。 ・母の存在がいかに大きく影響していたか改めて感じる。寂しさや喪失感と同時に解放感を味わう。複雑な心理状態。 ・妻と2人の時間を今後どのように過ごすか悩む。 ・自分の居場所探し。
老年期 (66歳〜)		

Aさんのコメント　　私の人生における問題点とその人間関係は，誕生から一環して母親との関係性が支配しています。逆に，父親の存在の薄さがその特徴です。幼児期では母親が仕事に出ることによる寂しさ，その裏返しとしての母親を求める気持ちが強かったようです。反面，父親は病弱で父親としての存在感がなかったため父親らしい感情を得ることができませんでした。一度も「お父さん」という言葉をかけたことはありませんでした。このため，母親が父親代わりをしたことによる影響で，幼少期は母親に代わってもらえるような人を求めていました。また，成人してからは無意識に女性を母親と比較して考えることによって，女性との付き合い方がうまくいかなかったと思います。30歳の時に，このまま母親と一緒に暮らしていたら自分がダメになると考え，**母親との決別を決意しました**。その後，どうにか結婚はしましたが，結婚後，老齢の母親を1人のままにはできずに同居しました。しかし，妻と母親がうまくいかず，結局，別居しました。妻と母親の間で悩みましたが，妻から指摘されるように，妻との関係では絶えず自分の後ろに母親の存在があったと思います。母親との心理的葛藤の末，母親の死と直面して母親の存在の大きさを自覚しています。今後の課題としては，妻と面と向き合って話ができるよう，妻との関係を改善すること，また，退職後の自分の居場所探し，つまり，自分が生きてきた証拠作り＝死に向かっての準備と考えています。

←ここがAさんのターニングポイントと考えられます。

(2) 自分史における心理・社会的課題の検討

　自分史を考える場合，上記のようなライフステージごとの出来事を振り返ることによって自らの内面を再確認することが必要ですが，また，E. H. エリクソン*の人間の成長段階での修得すべき心理・社会的課題とつき合わせて考えることによって，過去に取り残した課題を見出すことができます。エリクソンは人生の中で積み残してきた課題が老後という人生の集大成の時に解決しなければならない課題として，つきつけられるといいます。そのことをその著書『老年期』でベルイマンの映画「野いちご」の主人公イサク・ボールイの生活

*E. H. エリクソン (1902〜1994) ドイツに生まれ，当初，フロイトの下で精神分析を学び，1933年アメリカに渡り，1956年に「自我同一性の問題」を発表して，精神分析的自我心理学者として有名。彼の論によると，人間の一生は，各年代における課題を解決しながら送るものであるとし，その年代の心理・社会的課題とパーソナリティの発達を分類，明示した。

図表5.1 心理・社会的課題の自己評価表

発達段階	エリクソンの心理・社会的課題		Aさんの自己評価
	心理・社会的課題	基本的強さ	
I 乳児期	基本的信頼対基本的不信	希望	父親が長期入院で,母親が働きに出たため,寂しさ,不安があった。長姉が母の代わりをしたため辛うじて基本的信頼は達成している。評価=△
II 幼児期初期	自律性対恥,疑惑	意志	身体が弱かったこと,世間体を気遣う母親の影響で,恥ずかしがりやであった。活発に自分の意志を表現することが少なかった。評価=△
III 遊戯期	自主性対罪悪感	目的	上記と同じ。評価=△
IV 学童期	勤勉性対劣等感	適格	病気がち,転校,いじめと学校に馴染めず,友達もいなかった。引っ込み思案。評価=×
V 青年期	同一性(アイデンティティー)対同一性の混乱	忠誠	少年期のあとを引き,消極的生き方であったが,友人はできて人生について語り合った。ヘッセ,ニーチェを愛読。評価=○
VI 前成人期	親密対孤立	愛	恋人ができずに悩む。愛し方がわからないので,自分の一方的な思いを伝えるのみ。自分の倫理観から結婚前提でなくては付き合えない。32齢で結婚。評価=×
VII 成人期	生殖対停滞性	世話	子どもは生まれるが,妻との関係がうまく取れない。母親の世話ができない。母親離れできない。母親の死。子どもの独立。評価=△
VIII 老年期	統合対絶望	英知	・退職,再就職,妻との関係修復などをどのようにしていくか課題? 評価=△ ・今までの人生を振り返り,生きた証を作ること。=死への準備。

注)エリクソンの心理・社会的課題はE.H.エリクソン『ライフサイクル,その完結』みすず書房 p.34から抜粋した。

＊エリクソンは「この(老年期)究極の統合は,人生の終わりにある人が意識的な,あるいは無意識的な過程によってもう一度,今度は逆にライフサイクルに形を与えてきた心理・社会的課題の1つひとつを再経験し,再び釣り合いを取ろうとする,そのような過程の全てを包括するものである」(『老年期』p.76)とのべている。

歴をかりて,検証しています。＊

図表5.1は左側半分にエリクソンの心理・社会的課題を配して,右半分に自分史から抽出した自己評価を記し,それを比較して自分の問題点を探るものです。それによって,人生の集大成である高齢期において,今まで置き去りにしてきた課題を認識し,意識的に取り組めます。これは自己分析だけでなく,ケア対象者の問題点を探る場合にも活用できます。前記の自分史とは年代が多少ずれていますが,大まかなところで当てはめて考えると,次のように考えられます。

Aさんにとってのこれからの課題は,自分史でのべているように,マザーコンプレックスの克服と,妻との夫婦関係を再度構築していくことです。その原因と考えられるのが前成人期における愛の授受の不確実性であり,さらに,さかのぼれば,乳児期における母親への喪失感ではないでしょうか。したがって,妻への愛を意識化することによって,妻との関係を再構築することが課題です。

このように心理・社会的課題を自分にあてはめると,自分のことを客観的に知ることができて,他者との関係を意識的に構築することができます。

(3) 家族関係の心理・社会的課題の検討

ケア従事者という他者を支援する人は,まず,自分の身近な人たち—夫婦・親子など—との関係性を自覚することが大事です。このために,個人の課題だけでなく,家族の課題も検討する必要があります。とくに,家族の基本的単位

図表5.2 個人と家族の心理的社会的課題の関係図

ライフステージ	乳児期	幼児期初期	遊戯期	学童期	青年期	前成人期	成人期	中年期	壮年期	老年期	
ライフサイクル	誕生	幼稚園		小学・中学	高校・大学	就職	結婚 出産	育児	子供の巣立ち	退職	死
本人の課題	基本的信頼 対基本的不信	自律性 対恥・疑惑	自主性 対罪悪感	勤勉性 対劣等感	同一性 対同一性混乱	親密 対孤立	生殖性 対停滞			統合 対絶望・嫌悪	
取得すべき資質	希望	意志	目的	適格	忠誠	愛	世話			英知	

夫婦ステージ					婚前期	新婚期	養育期	教育期	排出期	老年期	孤老期
夫婦の性的課題					性衝動	性的成熟	出産計画	避妊	セクシャリティ	介護	思い出
夫婦の心理的課題					愛情表現	親密度	育児協力 絆の強化	親業	夫婦関係 継続の確認	死のみとり	悲しみからの再生

ライフステージ					乳児期	幼児期初期	遊戯期	学童期	青年期	前成人期	成人期
子どもの課題					基本的信頼 対基本的不信 希望	自律性 対恥・疑惑 意志	自主性 対罪悪感 目的	勤勉性 対劣等感 適格	同一性 対同一性混乱 忠誠	親密 対孤立 愛	生殖性 対停滞 世話
親子関係の課題					愛情	自立	しつけ・勉学 社会性の取得支援	心理的 危機の援助	見守り	逆ケア	

出所:個人の課題はE.H.エリクソン『ライフサイクル,その完結』みすず書房,1996年から引用。夫婦の課題は,神原文子『現代の結婚と夫婦関係』培風館,1994年から一部変更して引用。

である夫婦関係は,自己覚知のみならずケア対象者を理解するにも役立ちます。

図表5.2は,エリクソンによる個人の課題に家族(夫婦関係・親子関係)の課題を付け加えて作ったものです。とくに,夫婦の性的関係では,浮気や不倫の有無,性生活の充実度,そして,心理的課題では,愛情表現(プレゼント含む)や養育期に子どもを協力して育てていたか,などが夫婦の親密度の程度と関係します。親子の関係では,とくに,乳児期・幼児期が大切で,乳児期の愛情の与え方や幼児期の自立の程度によって,親子関係の親密度が変化します。家族の課題の達成が老後の夫婦関係や親子関係に影響してきますし,ひいては,高齢期の夫婦・親子ケア関係(たとえば,同居・別居,経済的支援,介護問題など)にも大きな影響を及ぼします。このように,個人のみならず夫婦関係や親子関係の課題を自分史として振り返ることによって,多角的な自己覚知になります。

また,Ⅲに収録した事例1や5のケースのように,ケア対象者の歩んできた人生をこの図表に落とし込んで検証することによって,人物像を想定し,その人の人生において,何が不足していたか,その夫婦や親子において取り残された課題とは何かを把握することができます。そして,問題となっている点のケアの方向性を探ることにも利用できます。

2 グループワークによる自己・他者理解
：エンカウンター（出会い）・グループ

(1) エンカウンター・グループとは

　カール・ロジャーズによって発明されたエンカウンター・グループは，今日，産業・教育・医療・家庭あるいは地域社会が求めている，本当の対話，本当の出会いを実現する１つの方法です。エンカウンターとは人と人との出会いの意味です。エンカウンター・グループは，10人から15人ぐらいの参加者と，ファシリテーター（促進者）と呼ばれる１・２人の進行係とで構成されます。職業・地位・年齢・性別などの違いを超越して，１人ひとりが対等の人間として，心を開いて率直に語り合います。ひとは他者の真実に触れ，自己にめざめ，他者との新たな関係を創造することにより，日常生活におけるよりも，はるかに深く，自己と他者について知ることになります。そして，人間への信頼を深め，豊かな人間関係をつくり，個人や組織に潜在している大きな力を引き出すことになります。

　エンカウンター・グループは，カウンセリングのように１対１という関係によって悩みを解決するものではなく，グループダイナミクスによって個々人の課題の解決方向を模索するものです。テーマは決めないで誰でも何でも自由に言いたいことを発言します。ロジャーズの描いたプロセスにそって描写してみると次のようになります。

プロセス	参加者の動向
a）集合，ミーティング（エンカウンター・グループ過程の前段階）	最初に，参加者全員（その時によって人数は異なるが通常20人～100人程度）が大部屋に集まって，グループ全体の日程や行動を話し合いで決めていきます。たとえば，どのようなグループ分けを行なうか，どのようなスケジュールにするか，どういうプログラムを組むかなど。これを「コミュニティ・ミーティング」といいます。それが決まるとグループに別れてそれぞれに決まった部屋に入ります。ファシリテーターが「このグループは規則やテーマや『ねばならない』ということは全くありません。個人は全く自由であり，セッションの内容はグループ全員で決めます」と宣言してからミーティングがスタートします。
b）模索・個人的表現または探求に対する抵抗	最初は，全員知らない人同士ですから何を言っていいかわからず沈黙が支配します。5分，10分と続き，それに耐えられなくなったメンバーのひとりが「自己紹介でもしましょうか」と発言します。それに対して大多数の人は「ホッ」とします。ただ，それに反発する人，無言の人もいます。
c）過去感情の述懐	次第に自分がなぜここに参加したかの理由をのべる人がでてきます。そして，その発言に対して参加者からいろいろな意見や感想がのべられます。
d）否定感情の表現	過去の自分の悩みや問題が表現されてきます。過去の自分に対する苦しみ，嫌悪感などの否定的感情が表されます。
e）個人的に意味のある事柄の表明と探求	１日，２日と経るごとにグループの雰囲気が変化して，グループの主な参加者の多くが自分の生の感情を表出してきます。
f）グループ内における瞬時的対人感情の表明	その感情の表出に他のメンバーからの肯定的，否定的な気持ちの表明があります。
g）グループ内の治癒力の発展	その中でも，大きな悩みをもっている人に対して参加者の多くのメンバーから援助的，受容的態度がみられます。

h）自己受容と変化の芽生え	他の参加者は発言者の悩みや苦しみを自分に置き換えて聞いていきます。自らの内省する時です。
i）仮面の剥奪	最初は建前で発言したり答えていたりしていた人が本音を語りはじめます。
j）フィードバック	その感情を他の参加者やファシリテーターがフィードバックします。
k）対決	その人自らが自分の感情と対決しはじめます。
l）援助的関係の出現	その時に苦しみや悲しみのために泣く人もいます。それを他の参加者が暖かく見守ったり，言葉で励ましたり，場合によってはその人の傍にいって抱擁したりします。
m）基本的出会い	それによって，自分の本当の感情に触れることができます。
n）肯定的感情と親密さの表現	その感情を最後に，言葉として表現します。
o）グループ内での行動の変化	このように受容された人が何人もでてくることによって，グループ全体が成長促進的雰囲気になります。

　悩みや苦しみをもった人が自ら心の内を正直に表現し，その感情を他のメンバーが確認したり，慰めたりしてその感情を深めていくと同時にメンバーがその感情を共有することになります。ファシリテーターは，メンバーが深く傷つかないように注意を払いながら，発言者の心の中の感情を自由に表現させる雰囲気をつくっていきます。通常，合宿形式で行ない，期間は3日程度から長くて一週間程度です。

(2) エンカウンター・グループ参加者の評価と感想

① エンカウンター・グループ参加者の評価

　エンカウンター・グループではベーシックエンカウンターといわれるオーソドックスなものから，参加者を特定したもの（たとえば，看護師，保健師などの医療従事者や教員，あるいは親子，夫婦）や屋外での遊びを主体にしたもの，お寺廻りを主体にしたものなど，その内容は多彩です。私たちの施設で行なった10年間の参加した職員の評価は次のとおりです。

参加者数	42名	100%
・参加してよかった	30名	71%
・どちらでもない（良い面と悪い面両方ある）	7名	17%
・参加して悪かった	5名	12%

1998（平成10）年11月30日調査

　以下，エンカウンターへの参加がケアスタッフにどのような影響を与えたかを体験談とその感想によって紹介します。

② エンカウンター・グループ参加者の感想

〈肯定的感想〉

＊A職員（女性・39歳・看護婦*）　平成8年：話したくなったら話せば良いとの前置きがあり，しばらくの沈黙。始めの沈黙は何を話せばいいのかわからず，相当苦痛であったが，セッションが進むにつれて，この沈黙もさほど苦痛に感じなくなっていった。話をすると，いろいろな考え方，見方があるのだと，感心させられた。たとえば，ある知的障害者施設の職員は，退所する患者に職

＊看護職の名称は2002（平成14）年3月より，「看護師」となったが，本事例はそれ以前のものであるため，「看護婦」を使用している。

(食堂のウエイトレス)を紹介したところ,何ヵ月もしないうちに辞めて帰ってきた。なぜ,辞めさせられたか聞くと,客に出すエビフライが美味しそうだったので,2尾のうち,1尾を食べてしまったとのこと。なぜ,見つかったのか聞くとエビフライの尾が口からはみ出ていたためという。本来であれば,その話し手は,患者にそれは悪いことだと教えるところを,食べたいものは食べたいのだから,それなら見つからないように食べる方法を教えたとのことである。見方の視点を変えると,これほどまでにおもしろい発想ができるのかと感心し,良い,悪いという道徳的判断しかできない自分は,まだまだ心に余裕がなかったのだと反省させられた。また,他の人の話を聞いて,その人の背景(家族関係,幼児体験など)が現在に及ぼす影響はいかに大きいか,1人の人間をみるときに,その人の背景を考えないでは,その人をトータルにみたとはいえないことが話し合いの中でよくわかった。

＊B職員(女性・45歳・ケアヘルパー)　平成10年:秩父という山深い里の札所を巡礼しながらのエンカウンターは,一言でいって楽しいものであった。金昌寺では,慈母観音像を前に,講師の方が「慈悲のこころ」について話された。通称「子育て観音」とよばれているとのことで,子どもの躾に対しても「恐れのあるところには届かない。」「物をあげても愛は届かない。」根源的な許しがあり,心が子どもと一緒でなければ子どもの心は得られないと言われた。子どもに限らず夫婦,親子,友人,皆同じだと思う。ケア対象者にも同じ思いを感じる。子育て観音像のそばにも1つ小さな像がある。怖い顔をして手に赤ん坊を絞め殺すための手ぬぐいをもっている産婆の像だが,講師の方は,「よく見ると悲しい顔をしている」と言われ,見る人の心で恐ろしくも悲しくも見えるのだと感じた。その昔,秩父の暮らしは貧しくて,生まれてきた赤ん坊をやむなく,殺すという「間引き」のためには,そのような産婆さんは必要な人だったわけだ。観音さまは,この産婆にも慈悲を込めて「恐れなくて生きていいのだ。」と言っているとのこと。「観音さまは,『宇宙と生命』と大きな単位で考え,善も悪も包み込む。」「宇宙の陰を引き受けている人が居て陽が生まれる」とも話された。そうしてみると,不必要な人などこの宇宙にはいないのだと思え,根源的な許しの意味の重さがわかるように思う。

　夜のミーティングで,講師の方が非行少女の母親の話をされた。その母親は,子どもの面倒をよくみてきたつもりであったが,たとえば,子どもを病院に連れていくのに,電車の中でいつも自分の好きな本を読んでいたとのこと。表面的にはちゃんとやっても,こころが一緒でなければ子どもに寂しい思いをさせてしまうことになると言われて,そのことに母親が気づくと,子どもと接するときの「まなざし」「声」「こころ」が変わって,娘の非行がなくなったという。我々がしている仕事でも同じだとつくづく思う。こんなに面倒みているのに「なぜ」と思うことがあるが,そんな時,そのひとのための「心から」が足りないからだろう。また,逆に,「心から」その人のことを考えて,対応していたら必ずわかってもらえると思う。講師の方は,長年,カウンセラーをしてきたが,カウンセリングのテクニックを使って接していた頃は,相手のこころを

深く傷つけていたのではないかと思われると言われた。心からがあればテクニックなど使わなくても、クライアント自らが変わって良い方向にいくと言われた。私自身，今までの仕事を通して同じ感じをもった。ケア対象者のためにできることを精一杯「心から」やれば，自ずと，自分で答えを見つけて，おさまるところにおさまるのではないだろうか。理念とか規則とかをつきつけて仕事をしているときは，自分がまだ未熟で高齢者の方を深く傷つけていることになってしまうと思う。「テクニックなど使わなくても」といえるのは，沢山の経験とその中から得られた自信の裏づけがあってのことと思う。「心から」ということに取り組めた自分，そして，自分を了解できた実感をつかんだときに自信につながっていくと思う。

＊C職員（女性・37歳・看護婦）　平成9年：1日，2日は部屋の中での話し合いであった。子どもを置き去りにした教育制度についていけずに仕事を辞めたいと思って休職中の教師，中学校2年から登校拒否で大学受験資格をとって大学に入った男性，大学受験中に父親が病気になりやむなく高卒で卒業し今の仕事に悩んでいる女性，離婚して母親と同居しているがうまくいってない女性，精神病の弟をもっている男性など多彩な人間模様が吐露され，自殺を考えていた，あるいはしたことがある人が4名もいた。人が死を思いつめるほどの気持ちとはどんなものだろう。自分の人生では起こらないことが語られ，メンバーの話を聞きながらじっくり考えてみると，結局，自分自身を大切に思うことが，一番大切なのではという思いが強まった。3日，4日は周辺をハイキングした。ほとんど，家と仕事場との往復で周りをまったく見ていない自分に気づいた。道を歩いて，名も無い木々や草花に接して感動ばかりしていた。最後に滝にたどり着いたときに，歩いてきた3時間の苦労も吹っ飛び，雄大な自然に出会った。雄大な自然と対峙したとき，人の悩みなどはほんのちっぽけなものでしかないような気がしてならない。今回のワークショップは，ある種の人間観察の場であり，多くの人の人生に触れて，考えたり，悩んだりと人生勉強の場であった。私自身，心の旅とでもいうか，じっくり自分自身を見直す良い機会であった。

＊D職員（女性・41歳・ケアヘルパー）　平成2年：人の心理を追求するのは嫌いであったので，最初は参加するのがイヤでイヤでしかたがなかった。しかし，何日か重ねるうちに皆が集まる部屋に早くいきたいと思う気持ちが湧いてきて「これはなんだろう」と，自分で，自分の気持ちが不思議で信じがたかった。ファシリテーターはほとんど自分の考えや意見を言うことなく，非常に暖かく真剣に相手を受け止め，悩みを言いやすく導く。それによって，クライアントは自らの悩みを吐き出し，それを批判し，不満をぶつけ，最後には，自らが結果をだすことができる，というものだった。自分に引き換えて考えていた。私のようにある程度人生経験がある者は，「この方法が良い」と一方的に押しつけたり，相手が良いと思っていないのに実行してしまったりする。サービス精神からか，こちらから答えを出してしまい，時間をかけて相手の答えのでるのを待つ気持ちを怠ってしまう。相手が本当に納得したのではなく，シブシブや

ることでは結局元にもどってしまう。ファシリテーターのように相手の気持ちを尊重し，暖かく，真剣に受け止め，どうしたら一番良いか自分で考えてもらい自分で答えを出してもらえば，そう簡単には，ひっくりかえらないと思う。人の心理を考えて仕事をしていくということは，今まで以上に仕事がおもしろくなってきそうな気がする。嫌な話にもすぐに腹がたたずに，じっくり深く考え，話が聴けそうな気がする。

＊E職員（女性・29歳・ケアヘルパー）　平成7年：自分の過去の出来事を1人ひとり語った。他の人の話が非常に良く耳に入ってくることに気がついて驚いた。もしかしたら，自分が心を開いて話したからだろうかと思った。私はありのまま話そうと思い，そうしたつもりだったが，自分にできるかどうか自信がなかったのだ。それは，日頃，偽ったことを話していたからということではなく，今回ほど，率直に話すことを意識して話したことがなかったからである。率直に話すとはどのようなことか，どうしたらできるか，わからなかったが，結局，自然でいればいいのかなと思った。ところで，私自身についての一番の問題は，現在の仕事のことであった。何の経験も無くこの仕事についたが，私はこの仕事がとても好きである。高齢者の方々と話をするのは楽しいし，ケアの仕事も大変な時もあるが，やはり好きである。しかし，好きにもかかわらず時々煩わしいとか，楽しくないと思ってしまう。その思いが欲求不満やら，愚痴になってしまう。そこで，他の参加者に聞いてみた。他のメンバーからいろいろな話がでたが，自分の気持ちが固まっていないから，これだという決め手がつかめず，今もって全然わからない。ただ，話の中で「あなたは，他の職員やケア対象者に何を伝えたいのか」と言われた時，何だかハッと胸をつかれた思いがして，それまで言いたいと思っていたことがさっと消えうせてしまい，改めて，私は何が伝えたいのだろうという問題がさらに加わった。情けないほど堂々めぐりをしているだけである。自分の不甲斐なさに腹が立ってくる。何より，自分自身がしっかりしたものをもっていないことが問題なんだろう。全体の感想として，エンカウンターグループとは，結局なんなのだろうと思う。頭でわかろうとするから無理なのかもしれない。何とも言えない不思議な時を過ごしたと思う。

＊F職員（男性・25歳・ケアヘルパー）　平成7年：自分は決してみだれることはない，それは己を律することにかけては自信があり，他人から何を言われても，その欠点はすでに自己で認めているものだし，他人から自分自身がどのように映っているのか，それを言葉で言われてもスーっと通す自信があった。そして，セッションが始まると，いろいろな考えが頭を交差する。他の人から「Fさんの言葉は文章になっていて，起承転結がはっきりしている。」「Fさんは自己完結にしてしまうが，どうして素直に納得してしまうのか」と言われた。つまり，「他人にもフォローするが，自分のこともフォローしてしまう」ということらしい。そう考えると，私は，傍観者の立場で皆のことを考えていたように思えてきた。私は人間に興味があると考えてきたが，これさえも傍観者の視点，冷酷な視点で捉えていたのではないかとさえ思えてくる。他人をも自分

をもフォローするということが，実は，自分の防衛になっていることに気づいた。この防衛の荷を下ろすこと，それがすなわち，エンカウンターに参加している意味の地点に降り立つような感じがした。そうすると，参加者が傷のなめあいをしているものではなさそうだと思えてきたのである。Mさんが，他の人を批判ばかりしているので，NさんがMさんに対して「人には良いところもあり，悪いところもある。あなたは，その悪い部分に非常に重みをつけ見下しているが，あなた自身，見下されたらどのように思うか」と訊いたら，Mさんは「怒ります」と言われた。そして，さらに，Nさんが「悪い部分，自分より劣っていると思える人を攻撃して，優越感にひたっているあなた自身がよほど劣ってはいませんか」と言うと，Mさんは，しばし，黙り込んで，「そう言ってくれる人が周りにいないのです」と言われた。他人が他人にやさしさを示す際に，本当のやさしさというのは，氷山のようなもので，海面に現れている10％のものがやさしさで，90％の水面下のものは厳しさと言える気がした。また，40歳代の男性は，父親が嫌いで早くから家を出て自活したという。その人が「親を好きになると，人間も好きになってくる。」と言われたことが印象に残っている。本当は好きなんだけど，嫌な部分が先行して抑圧状態が長く続くと，人間関係も歪んで，正視し難くなってゆくのではないか。自己を高めるとは，一体どうゆうことなのか，答えは難しい。自分自身，このエンカウンターで自己が高まったとはまったく思えない。むしろ，等身大の自分自身に戻ったようになっただけである。でも，悪い気はしない。私自身は，日常の中で，エンカウンターでしゃべったようなことを言っている。また，言える友達がいる幸せを感じる。等身大のままで，年齢相応に生きていくしかないと感じた。

＊G職員（**女性・43歳・看護婦**）　平成6年：何時でも，私は相手の存在が大きく偉大に見えてしまい，劣等感のみが先に出てしまうという傾向がある。言いたいことをどのように切り出してよいか不安と緊張で一杯でした。こんなことを話して笑われないかしら，自問自答を繰り返し，ついに，勇気をもって私の口から言葉がでました。始めは下を向いてぽつり，ぽつり。そして，皆さんの顔をやっとみることができました。とても真剣にうなずいたり，話に耳を傾けてくださった，その感激。心からの意見や感想を言ってくださる，その嬉しさ。時間がたつにつれて自分がそのグループの中に溶け込み，頭だけでなく，身体全体で感じることができるようになってきました。一語一句，聞き逃したくない，一緒に喜びたい，泣きたい，そんな気持ちになりました。身内にも話しても解らないだろうと思っていた仕事上の悩みなど，まるで何の屈託もなく心から，「聞いて，聞いて，私はいまこうなんだけどこれからどうしたらいいと思う。」という具合に心が開けていきました。人の心の暖かさ，尊さを，今後の私の仕事に，私生活に是非生かしていこうと，熱い感情を胸一杯に抱えて帰途につきました。

＊H職員（**女性・41歳・ケアヘルパー**）　平成6年：小グループの話し合いでは，参加者は職業がさまざまで，年齢も19歳から64歳までという年齢差がありました。1人ひとりの息遣いが解るほどの沈黙にふとため息をもらしたくなる私で

した。1人の人が口を開いた。自分の悩みを初めて口にされた。それからは各自の考え方，見方といろいろでる。まったく声を出さない人がいる。自分の現在の業務に押しつぶされそうな中で，このワークを通して，いつか仮面や防衛的な態度でミエを張っていた自分を反省する。この場で他人の心を知り，信頼につながり，また，それを強くし，素直な気持ちで心の中に受け入れられました。課題別では，S先生の「東洋思想と仏教」に参加し，いままでのカウンセリングを通して親鸞の華厳経の心の教えが生活の場に大きく影響していることを聞き，言いようのないやすらぎのある話が響きとなって心を捉えました。このエンカウンターに参加して，自分の中に何ともいえないようなやすらぎのある心よいものになるのは，一体なんなんだろう。話す，聞く，時に沈黙し，他人の涙をみつめ，それに誘われもする。嫌な気分ではないのです。とても心が安らぐというのが本音です。改めて，人それぞれ，意見の違いもあるのは当たり前であり，考えてみると，職場において，職員もケア対象者も自分と意見が同じであること，感じ方が似ているということは，案外まれです。ケアの仕事でも固定観念にとらわれずに，いろいろな角度からみたら，よりよいものになっていくのではないかと考え，努力したいと思います。

〈否定的感想〉

＊I職員（女性・25歳・ケアヘルパー）　平成9年：エンカウンターはどのようなものか興味半分で参加した。他の参加者は，1人ひとり苦しみをもって，それを素直に語っていたが，正直なところ「ここは苦しみがなくては参加できないのか」という疑問が生じた。反面，そういう苦しみをもっていない自分に十分幸せを感じた。参加者が自分の苦しみを理解し，共感して欲しいという名目で，言い方は悪いが「傷のなめあい」のような部分も感じられて，共感できないことが多かった。その気持ちを伝えると，1人ひとりの考えの違いを大切にしないと，見えるものも，見たいものも見えてこないのではないか，まず，ありのままの姿を受け入れるところからスタートすべきとファシリテーターの方からアドバイスをもらった。スタート時点に立つまでにこれからまだ時間がかかりそうです。

＊J職員（男性・30歳・ケアヘルパー）　平成8年：長い沈黙のあとに，自己紹介が始まったが，何と，皆それぞれが重いものをもっていることか。一室に集まってやることはメンバーで自由にきめるとのことであるが，とくに話す議題があるわけでなく，じっとしているのが嫌いな私としては地獄のような日々であった。あのような特殊な環境に置かれて発見される自己とは一体なんなのであろうか。私にはあまりしっくりこない。どうも負け犬が集まって，傷をなめあっているような感じがぬぐえない。現実から逃避して自分をみつめることにどれほどの意味があるのだろうか。エンカウンターを終了して，広島の観光をしたが，原爆ドーム，色のあせた千羽鶴，ここを訪れた人が残した数々のメッセージが，エンカウンター以上に私にとって意味があった。

3 ファミリーグループによる自己・他者理解 ：構成的グループ・エンカウンター（SGE）

　職場で日常的につきあう職員同士でのエンカウンターグループではその人の心底を吐露したり，本音を表現しにくいため，成果が出にくいものです。職員同士のトレーニングではもうすこしソフトにアプローチしたものになります。そのようなものに「構成的グループ・エンカウンター（ＳＧＥ）*」があります。構成的グループ・エンカウンターは，リーダーが用意したエクササイズ（課題）を刺激剤にして，心と心のふれあいを促進する新しい形態です。ふれあい体験を通して，自己発見と他者理解を学習するのがねらいです。本書では，「ジョ・ハリの窓」を利用して，参加した職員の思考・考え方をとおして自己開示および自己を理解する方法を紹介します。

（1）プログラムと内容

　以下は，ケア職員に対する誘いのメッセージです。

> 〈おさそい〉
> 目的：さまざまな体験学習をとおして，自分自身の気持ちや感情に触れ，他者との深い出会いを目指す。
> 日程／1泊2日注1。
> 場所／A湖のそばのホテル。周辺には森林公園がある注2。
> 参加者／ケアスタッフ12名，男女同数。講師1名（ファシリテーター兼務），トレーニングコーディネーター1名（参加者に含む）注3。
> その他／参加者は研修後感想文を提出する注4。
> 研修内容　以下の通り。
> 1日目　15:00～18:30　第1セッション　①対人関係の中での自己・他者理解
> 2日目　 9:00～12:00　第2セッション　②ブラインド・ウォーク*
> 　　　 13:00～17:00　第3セッション　③出会いの試み*

　構成的グループ・エンカウンターは学校や職場などで行なう場合に意図的に内容を構成するものです。以下のように行ないます。
　アメリカの心理学者ジョゼフ・ルフト（Joseph Luft）とハリー・インガム（Harry Ingham）とが開発した「心の4つの窓」を利用した構成的グループ・エンカウンターです。
　「心の4つの窓」とは，
　　　1つめは「開かれた窓」で，自分も知っているし，他人も知っている領域（A）。
　　　2つめは「盲目の窓」で，他人からは見られて，知られているが，自分は知らない領域（B）。
　　　3つめは「隠された窓」で，自分は知っているが，他人には，意識的に隠

---

*非構成的と構成的の違い　非構成的は参加者の自由な発言・行動を基本に参加者の交流を通して，自己・他者理解を行なうが，構成的は，エクササイズという課題を設定して参加者の交流を通して，「ふれあい」と「自己発見」を促進するもの。日常的に関わりをもつ人たち＝ファミリーグループ（学校・職場など）に適応される。また，「非構成的」は治療的効果が，「構成的」は教育的効果が目的といわれる。

*グループ・エンカウンターとエンカウンター・グループの違い
「『グループ・エンカウンター』とは，グループのメンバー同士がエンカウンターしあう（ホンネとホンネの交流）という意味である。『エンカウンター・グループ』とは，エンカウンターしあうために契約して作られたグループという意味である。つまり，前者は活動そのものであり，後者は活動する場である。」（國分康孝編『構成的グループ・エンカウンター』の「まえがき」より）

注1　ケア業務という365日休みのない仕事をこなしながら日常業務に支障がないようにするには，1泊2日が限度です。ただし，参加者全員が宿泊することを条件とします。

注2　場所はできるだけ，自然の美しいところを選びます。

注3　1回の参加者は，小人数にして，数回に分けて行ないます。

注4　感想文の提出と研修の効果測定のために後日にアンケート調査を行ないます。

*ブラインドウォーク　具体的内容はp.126の⑤感受性訓練を参照ください。

*出会いの試み　具体的内容はp.124の④のコミュニケーションによる自己・他者理解を参照ください。

している領域（C）。

4つめは「暗黙の窓」で、自分も知らないし、他人にも知られてない領域（D）。

構成的グループ・エンカウンターは「小なるA（自他共にオープンな領域）を大なるA」に拡げていく効果があります。つまり、B（自己盲点の領域）の領域をAに組み込むにはフィードバックで相手に気づかせてもらうことであり、C（隠している領域）の領域をAに組み込むには自己開示して相手に自分を知ってもらうことでAの窓が拡がっていきます。

以下、具体的に紹介します。

次のように1枚の紙を4等分に分けて線を引き、その中心に自分の名前を書きます。下記の要領で質問に対する答えを書き、皆で順に発表し合います。

4　順位づけ	1　好きなこと
・よく見る夢＝子どもの頃は、崖から飛び降りること。＝失業して仕事を探しているところ。 ・一番帰りたい場所＝なし	・好きな曲＝五輪真弓の「恋人よ」 ・手でやってみたいこと＝やきもの（陶芸） ・1年間有休があったらしてみたいこと＝パリに行って、貴族の暮らしをすること。
3　人名	2　場所
・自分に最大の影響を与えた人物＝ヘルマン・ヘッセ ・一番跳ね除けたい人物、一番反抗したい人物＝母親 ・一番闘争したい人物＝母親 ・その人から認められたい人物＝上司	・死に近づいた場所＝知床の山小屋。 ・ふるえるような喜びの場所＝ある病院の新生児室（我が子の誕生）

（中央に「氏　名」）

① 右上を1、として、そこには「好きなこと」を記入します。その中の質問項目は、
・今、自分が好きな曲。
・手を使ってする自分がしたいこと。
・1年間の有休があったら何をするか。

② 次に、右下を2、として、「場所」を記入します。質問項目は、
・自分自身が一番死に近づいた場所。
・すごく震えるような感動した場所。

③ 左下を3、として、「人名」を記入します。質問項目は、
・自分に最大の影響を与えた人物（家族以外）。
・一番はね除きたい、反抗したい、闘争したい人物。
・その人から評価して欲しい、認められたい人物。

④ 左上を4、として、「順位づけ」を記入します。質問項目は、
・よく見る夢（色でも、情景でも何でも良いし、子どもの頃でも、現在でもよい）。
・一番帰りたい場所。

個人の「開放した領域」の拡大と個人の成長は密接に関係します。それと同じように、グループメンバーの「開放された領域」の拡大が、グループ全体の成長につながります。したがって、このような発表を通して、個人の「開放された領域が」多くなり、グループ内のコミュニケーションが活発化すれば、スタッフ同士が自由に話し合い、相互の信頼を増すという効果が得られるのです。

これらの質問は、より個人的なものになればなるほど、開放領域は拡がっていきます。上記のような質問以外にも、たとえば、「順位づけ」のコーナーでは、ａ．子どもの頃の良い思い出・悪い思い出、ｂ．両親やきょうだいとの一

番良い思い出・悪い思い出，c．今までで一番嫌であったこと・一番良かったこと，d．職場での一番信頼できる人・できない人，などを質問項目に入れれば，自己開示範囲は拡大し，その効果は深化されるでしょう。ただし，プライバシーに関わる質問は本音がでるか疑問です。ファシリテーターは参加者が心的外傷にあわないように十分注意する必要があります。

(2) 構成的グループ・エンカウンターの研修効果とその感想

① 構成的グループ・エンカウンターの研修効果

教育研修は，その効果測定が重要ですが，経過時間後の測定も必要です。効果測定のアンケート結果は以下のとおりです。

研修の結果について（終了直後）	回答数36名
①非常によかった	18名
②まあまあよかった	7名
③どちらともいえない	6名
④どちらかというと，よくなかった	3名
⑤よくなかった	2名

（1996（平成8）年11月）

研修の効果について（終了3ヵ月後）	回答数25名
①効果があり，今も続いている	10名
②効果はあったと思うが，今は感じない	9名
③その時だけに終わった	3名
④最初から効果はなかった	3名

（1997（平成9）年2月）

② 構成的グループ・エンカウンターの感想

感想の中では，「職員同士のコミュニケーションが高まった」という感想が最も多く，「一緒に仕事していたが，意外な面を知った」，「普段仕事上では表さない面を見た」という意見が多くありました。反面，「自分の内面をさらけだすのに抵抗があった」，単純に「辛かった」という意見もありました。参加者が研修で感じたこと，考えたことは以下のとおりです。

＊A職員（男性・28歳・ケアヘルパー）　自分の行動や感情，動機について，理解を深めるのによい機会となった。また，同じ職場の人たちから，普段聞くことができない個人的な話を聞くことができ，共感したり，驚いたりした。

＊B職員（女性・32歳・ケアヘルパー）　皆の前で，プライベートなことを話すというのは，かなり勇気のいることで，私は自分自身を出すつもりで隠さず秘密にせず，オープンに話した。このことが自己理解にどのようにつながったのか実感できないが，他の人の話を聞いていると，その人の生き方や考え方がわかるような気がした。

＊C職員（男性・35歳・ケアヘルパー）　仕事仲間の内面に触れるのは，長所は"わかりあえる"のingの加速度が増すことで，短所は，馴れ合い的関係が仕事でも発生してくることです。他人の感覚，感性を味わうことは，1つの果物の香りに触れるときに，これが百何十種類もの芳香の結集からできているという驚きと喜びに似ている。自己の発見として，自分では結構開放的，言葉を変えると"居直り"の部分が強くて，他にはあまりないと思っていただけに，いろいろ再認識できて非常に面白かった。

＊D職員（女性・45歳・看護婦）　一般的な事柄からだんだん個人的な事柄に移っていくと，話せなくなる人が出てきたが，ありのままをこのような場所で話せる自分がおもしろく，少しホッとした。

＊E職員（女性・49歳・ケアヘルパー）　現場で暗中模索，試行錯誤しながら仕事をしてきた過程で，自分たちが求めているものの意味が少しでもつかめたという自分自身の納得と，安心感がわいてきました。高齢者（人間）の理解とは，その全体的な生活を通して理解していく，トータルなものであることが再確認できました。また，職員は，ミーティングの場で話し合いを重ねながら，実践に移していくという過程が人間関係と同じように関係を求め続け「統合」へ向かう過程であることを確認できました。

4 コミュニケーションによる自己・他者理解：出会いの試み

　「出会いの試み」のプログラムを行なって，コミュニケーションを通して相手と自己を理解する訓練です。

(1) 具体的内容

　これは，2人1組になって，相対で向かい合って座り，紙に書かれている項目に添って，自分の気持ちや感じたことを交互に答えていくものです。パートナーを替えて，2回行ないます。その際のルールは，
- ここで話し合われた内容は，秘密を厳守する。
- 番号順番をとばさない。
- 1つの項目について交互に話す。
- 相手の質問に答えたくないときは，断ることができる。
- どちらから不快になったら中止する。

話し合う項目は
a) 私の名前は…
b) 私の出身地は…
c) 私の今の気持ちは…
d) 私が一番幸福だと思うことは…
e) 私が心配なのは…
f) 私が夢中になる時は…
g) 私が反抗的になるのは…
h) 私にとってコントロールが難しい感情は…

　―できるだけ相手の目を見ながら，今，やっている「こころみ」について，3，4分話し合ってください。

・相手の話をよく聴けましたか。
・オープンに，正直に話せましたか。
・話し合いを続けたいと思いますか。
・今までの話し合いで，お互いの間に深まりが感じられたでしょうか。
―終わったら，次に進んでください―

話し合う項目は
ｉ）私がしばしば空想することは…
ｊ）私の最大の欠点は…
ｋ）私が愛するのは…
ｌ）私がねたましく思うのは…
ｍ）あなたに対して，私が感じていることは…
ｎ）私は，一人でいる時はいつも…
ｏ）私が信じるのは…
ｐ）私が最も恥ずかしいのは…
ｑ）今，一番，話すのがつらいことは…
ｒ）あなたについて，私が一番好きなところは…

・相手の話をよく聴けましたか。
・オープンに，正直に話せましたか。
・話し合いを続けたいと思いますか。
・今までの話し合いで，お互いの間に深まりが感じられたでしょうか。
―すべて終ったら感想をのべあってください―

　以上を，1回で約1時間程度を使って話しあいます。

(2) 参加者の感想

　以下，参加者が研修中に感じたこと，研修に対する意見やケアの業務を行なううえでどのような感じをもったかを紹介しておきます。
＊Ａ職員（女性・25歳・ケアヘルパー）　パートナーを替えて2回行なった。最初のパートナーは年上で人生経験も多く，若い私の考えに対してよく意見してくれ，自分の新しい発見に役立った。2回目は，歳も近く，お互い悩んでいる部分で共感が多かった。お互いの知らない部分に触れることができ，他のセクションの職員であったので，偏見が入らず率直にできた。
＊Ｂ職員（男性・27歳・ケアヘルパー）　馴染みのない人とのこのような時間は非常に新鮮だったし，知った人とはそれなりに楽しい気分になれた。質問は同じだが，相手によって自分の回答が違うのは，不思議な気がした。
＊Ｃ職員（女性・30歳・ケアヘルパー）　"出会いの試み"をやってみて，日頃自分が思っていた事を再認識できました。私の場合は，母親と意見が合わず，喧嘩ばかりで，そのことから逃げていたように思います。相当，母親にコンプレックスがあったんだとわかりました。家に帰って，母親に電話しました。母

親と"出会いの試み"をやってみようと思います。

＊D職員（女性・42歳・看護婦）　毎日のように職場で顔をあわせる人と，1対1でこのような機会はなかったので，いつも見ている職員を違った角度から見られました。普段会っていても気づかない部分や見えない部分が思った以上にあるのだと実感しました。

5　感受性訓練：ブラインド・ウォーク

ノンバーバルコミュニケーション*の1つとして、「ブラインド・ウォーク」（視覚を使わずに他の感覚器官で世界（外界）や他者を感じる方法）を紹介します。

(1) 具体的内容

これは，森林の中などを2人でペアを組んで歩き，自然を中心として，自分の周りのもの（人物も含めて）を視覚以外の感覚器官を使って感じることと，同時に，引率するパートナーと言葉以外の方法でコミュニケーションをはかり，他者の信頼感（温かみ）を実感しようとするものです。

まず，2人がペアを組んで，ひとりは目をつぶり，もうひとり（誘導者）はその目をつぶっている人を森の中（場所はどこでも良いが，できるだけ野外で自然の豊富なところがよい）を案内します。実施時間は15～20分程度にします。その際に，言葉は一切使わずに，手や腕で，相手に信号を与えて誘導します。たとえば，段差のあるところは足の膝に合図したり，右に曲がるときは，腕を引いたりします。また，目をつぶっている人はアイマスクを使用してもよいですが，目隠しをしないと，陽の光を感じて，感受性が高まります。誘導者は，安全を確保するために，目をつぶっている人の手を握り，他方の手で腰を支えます。このようにして，森の中を一周するのですが，誘導者は，途中で，木の肌をさわらせたり，落ち葉をさわらせたり，池があれば湖面をさわらせたり，生き物がいればそれらもさわらせたりします。また，落ち葉の上に座って（晩秋時）休憩して，風を感じたり，音を聞いたり，匂いを嗅ぐなど視覚以外の感覚を研ぎ澄まし，身体全体で大地を感じるのです。普段では，意識しない聴覚，触覚，臭覚など，視覚以外の感覚を働かすのです。一周したら，こんどは役割を交替して目をつぶっていた人が誘導者になり，案内します。このような訓練が日常のケアにおいては，ケア対象者を頭だけで理解するのではなく身体全体で理解すること，感じること（感受性の促進），また，援助される人の気持ちの理解につながります。

(2) 参加者の感想・意見

参加者の多くが日常で忘れている感覚を思いだし，新しい感動を得たこと。

＊ノンバーバルコミュニケーション（non-verbal communication）非言語的コミュニケーションのこと。人間の意志の伝達は，一説では85％が非言語的手段で伝えられているといわれる。手段としては，ボディランゲージ（身体が発する言葉），身振り，アイコンタクト（目線による表現），対人距離（人と人の距離で，親密度や関係性が表わされる），沈黙（黙っていることのメッセージ），接触（スキンシップなどの接触によるコミュニケーション）などがある。

誘導者の心づかいや気持の交流についての感想がのべられています。
　以下，参加者が研修中に感じたこと，考えたことを紹介します。
＊A職員（男性・52歳・ケアヘルパー）　今，私は，目を閉じ，パートナーに誘導され，森の中をゆっくりと歩いている。ふと辺りが薄暗くなった。パートナーの手を心なしかしっかりと握る。落ち葉でふかふかの道をゆっくりと進む。風が頬を通り過ぎていく。落ち葉を踏みしめる音がカサカサと聞こえる。絨毯の上を歩いているように心地よい。遠くからかすかに風に乗って都会のざわめきが聞こえる。木々が冬に備えて自らの葉を散らす，その瞬間の匂いを嗅ぐ。無臭だが心地よい空気が肺に染み渡っていく。スーと目の前が明るくなった。木立の間から晩秋の木漏れ日が顔に降りかかってきた。パートナーが私の手を取って，何かにさわらせてくれる。ゴワゴワした感触が手に伝わる。同じ木でも場所によってこれだけ違う木肌をもっていることを改めて感じた。少々感動を覚える。
　森の中をゆっくりと感覚で探りながらパートナーに誘導されていくと，最初は多少緊張していたが，慣れるにしたがいパートナーに身を委ね，ゆったりと自分の肉体の感覚で辺りを感じてくる。手を握り，腰を支えてくれるパートナーへの信頼感が醸成してくる。
　眼を閉じていると，喧騒の生活で無意識に閉じ込めている臭覚，触覚が蘇ってくる。陽光を感じ，風質を味わい，触覚で自分の肉体を実感する。頭脳でなく体が研ぎ澄まされる。
　自分が日常でどれだけ視覚に頼っているか……。自分の肉体の1つひとつが研ぎ澄まされるこの新鮮さが驚きだ。眼を閉じた自分の不安を受け止めてゆっくりと私のペースに合わせてくれるパートナーに信頼感がいっそう深まる。この感じがケアの原点と感じた。
＊B職員（女性・30歳・ケアヘルパー）　最初は，私が誘導する側になりました。2人の間でいろいろと約束事を決めて歩き始めてみると，簡単そうに思っていた誘導も目を閉じている人の歩調でゆっくりと階段を下りたり，障害物をまたいだり，坂を降りたり登ったりと，相手に恐怖感を与えずリードするための気配りのむずかしさを痛感しました。次に，私が目を閉じる番になりました。誘導の人にすべてをまかせ，白紙の状態で歩きはじめました。すると，陽光の明るさ，暖かさ，日陰の涼しさ，風の流れなど，目を開いていた時以上に感動があり，また，心がとても豊かになり，幸せを感じました。この事は，リードしてくれる人に対しての信頼感と一体感があって初めて成立するものと思いました。私たちの日常の業務にとっても，この点が最も重要な要素ではないかと感じました。
＊C職員（男性・28歳・ケアヘルパー）　自然のすばらしさが，感覚を研ぎ澄ませることにより，ヒシヒシと体内に充満した。光・空気・温度・音，どれをとってもこんな気持ちになるのは初めてのような気がする。目が見えないということで，自分は怖いものがなくなり，相手にすべてを任せてドンドン進むことができた。子どもの頃の感覚，いや動物本来の本能というべきか，雑念が無い

時の心地よさが言葉では表現できないほどよかった。このようなセッションを，学校，職場，家庭，どこにでももてたら"この世のノーマライゼーションを拒むものは何か"なんて言葉は出ないのではないだろうか。伝達のむずかしさは相手を受け入れる（身を任せる）ことに比例していると思うので，"怖かった"という言葉は，自分自身の問題ではないだろうか。

＊D職員（男性・34歳・ケアヘルパー） 目を閉じることにより，感覚が敏感になり，日頃感じない風（空気），コンクリートの冷たさ・かたさ（不安定感）などを身体一杯に感じられた。自分は，日の光に当たり，目の前が真っ赤になる時，神経が痛くなり，胸がドキドキし，足元がおぼつかなくなり，とても不安を感じた。多くの人は，日の光に安心感を感じたらしいが……。彼女（誘導者）が身体全体で誘導してくれたので，とても心地がよかった。交代して，誘導しているときは，とても時間が長く感じられた。誘導するよりも誘導されたほうが心地が良い。この感じは他の多くの人がもったようだ。

＊E職員（女性・25歳・ケアヘルパー） 組んだ人が仲良しの人だったので，不安感はなかった。目をとじて感じる世界は，目の見える者には，驚きと発見の連続であった。要介護者の中には，視力が低下している人がかなりいるが，頭では理解していても単なる情報にすぎないことを身をもって知った。私はでこぼこした地面よりも平らなコンクリートの上を歩くほうが1歩を踏み出すのに勇気がいるなどと，今まで思ったことすらないことを感じた。また，焚き火の火の熱さも，目で見る距離より，目を閉じている時のほうが，ずっと近くに感じた。仕事の中で要介護者の痛みを理解しようと考えていたが，ブラインド・ウォークをしてみて，その人の痛みを自分はわかりようもないのだから，わかろうとすることが無意味だったと思った。それよりも，「痛いのね，かわいそうに」と思うことより，「私には，あなたの痛みはわからない」と言ってしまってでも，その現状から，その人の生活を作り上げる手伝いをすべきなのではないかと思った。要介護者の生活に対する支援という視点を忘れていたようだ。

＊F職員（女性・42歳・看護婦） これは初めての体験でした。目を閉じれば暗闇とばかり思っていました。目を閉じても光が見え，色が見えました。木漏れ日，明るい所と暗い所の色の違い，暗いところでは色が何回も変わりました。水色～濃いブルー……。鳥の声，風の音，電車の音，何と新鮮に聴こえるものでしょうか。そして，一緒に歩いてくれる人への信頼感。私は幸福なんだと感じました。

6 チームコミュニケーションの促進
：テーマのついたケアマインドトレーニング

チームコミュニケーションの促進策として，テーマを決めてそれについて話し合いながら自己の感情と向きあい，相互理解とコミュニケーションを円滑にする方法があります。以下は，キューブラ・ロスの『死ぬ瞬間』と『死ぬ瞬間

の対話』をテキストに「ターミナル・ケアの関わり」について行なったトレーニングです。目的はターミナル・ケアにおけるケアスタッフと医療スタッフの信頼関係を構築し，意思疎通を促進するためです。

(1) プログラム

> 〈おさそい〉
> 　目の前の高齢者のケアに試行錯誤しながら，私どもの仕事を振り返ってみると，高齢者が本当に満足しているか，職員が仕事を通じて，自分の成長の糧になっているか自問自答する時間が必要です。自分自身との心と向き合うために，そして，心をやわらかくし，自分自身が好きになるために，1日半という同じ時間を一緒に過ごしませんか。
> 日時／1泊2日
> 場所／前記と同じ
> 参加者／ケア従事者8名。医療従事者4名。男性4名，女性8名。講師（男性）1名。
> コーディネーター（男性）1名。
> その他／参加者は感想文を提出すること。
> 研修内容　以下の通り。
> 　1日目　19:00～23:30　第1セッション　①ターミナル・ケアについてのグループ・エンカウンター
> 　2日目　 8:00～12:00　第2セッション　②ブラインド・ウォーク
> 　　　　　13:00～15:00　第3セッション　③ターミナル・ケアについてのグループ・エンカウンター
> ＊注）参加者は，必ず，キューブラ・ロスの『死の瞬間』と『死ぬ瞬間の対話』を読んできてください。

(2) 参加者の感想・意見

　本トレーニングの目的は，ターミナル・ケアをケアスタッフと医療スタッフとが合同チームで行なう際に，その信頼関係を構築し，意思疎通を促進するためのものですが，感想では，親の臨終の体験や自分の内面の感情を表出したものが多くなりました。
　以下，参加者の感想・意見を紹介します。
＊A職員（女性・35歳・ケアヘルパー）　「死ぬ瞬間」て，人間はどのようなことを考えるのだろうか。今までの人生が走馬灯のように頭に浮かび，その1つひとつを懐かしむのだろうか。残される家族のゆく末を心配するのだろうか。それともこれから死にゆく世界を空想し，恐れおののくのだろうか。無宗教の人が多く，死の話をタブー視する日本の社会ではロス博士のような人がいたら，多くの患者は救われるのではないだろうか。私も少しでもロス博士に近づけたらと思った。我々のように高齢者を対象とする仕事に従事する者は，死をタブー視せずに皆で話し合うべきだと思う。
＊B職員（女性・38歳・看護婦）　看護婦として死の瞬間は，いつもあわただしく，医療的処置に追われていました。今回，皆で話して，死を迎えるまで人間として血の通った交流が必要，というか触れ合いということがなくてはいけないと感じました。自分の心を覗いてみて，相手の心にふれる目を見い出す，そ

して，ゆったりと接していきたい。それには，誰との会話にでも耳を傾け，受け入れる姿勢が大切なんだなーと気づきました。また，ガン告知の件では，私事ですが亡くなった両親には告知はしませんでした。それは，家族全員が死の瞬間まで，そばにいて手をとり，足をさすり励ますことができたからです。仕事の中でこれから会う高齢者の方はどうでしょう。家族に囲まれて亡くなる人は少ないでしょう。そこで，職員が力を合わせてその方の最後を心静かに迎えるようにささやかながらお手伝いできればと，今，しみじみと感じています。それには，まず，毎日を大切に美しいものは美しいと素直に感動できる豊かな心をもちたい，人を愛する大きな心をもちたいです。

＊C職員（女性・42歳・ケアヘルパー）　死ぬ瞬間の話し合いの中で，ある高齢者のことが頭から離れませんでした。その人は普段から気丈で，絶対苦しむことなく命の幕を閉じられると信じて疑わなかったのです。死ぬ2日前に家事援助で入ったのですが，筆談もできないような弱り方で，最後の日はもがくように何かを訴えられていたのですが，私も奥さんもわからず，次の職員に仕事を引き継いでしまったのです。翌日，出勤すると亡くなっていました。昨日，言おうとしたことは何だったんだろうと無力感に襲われました。こんなとりとめのないことを話し合いの合間に思い出していました。「死ぬ瞬間」シリーズ＊をもう一度じっくりと読んでみようと思います。

＊D職員（女性・41歳・看護婦）　高齢者は，「もう，十分に生きたから何時死んでもいいわ」「どうせ，希望が無いんだから早くお迎えが来て欲しいわ」「人間死ぬ時は死ぬんだから」と口々におっしゃる。それらの言葉を聞くと何とも複雑な気持ちになる。「どうぞ，ご自由に死んでください」とも言えない。「死」を簡単に口にするわりには，ちょっと身体の変化にもあわてて病院にかけこむ。医者だけでなく看護婦にも身体の変化を一部始終語り，救いと安心を求めてくる。いざ，死ぬとなると思ったら，恐怖と不安でパニックになってしまう。死は誰も避けることができない。だから，できるだけ避けたいという意識があるとロス女史は言う。その人の人生観，生きてきた過程，死を迎えるまでの状態が影響する。ロス女史によれば，死の受容は周囲の人々の協力で容易に行なわれるという。私も数年前に父親の死に出会った。死ぬ直前まで意識がはっきりして，身内の1人ひとりに握手し感謝の表情をみせながらおだやかな死でした。ガンでしたが，告知はしませんでした。しかし，余命がないことは本人が自覚していたので，身辺整理をして亡くなりました。父の死から思うのは，家族関係に恵まれて悔いのない人生を送り，他人をうらやむこともなく真面目に生きてきた人は容易に死を受け入れ，安らかに最後を迎えることができるのだと思う。死ぬ瞬間の話し合いの間中，このようなことを考えていました。

＊E職員（男性・29歳・ケアヘルパー）　自分が死を宣言された場合にどういう気持ちになるかわからないし，身近の人の死を経験したこともないので，理解できないまま話し合いにのぞんで，あまり話し合いの中に入っていけなかった。ただ，他のメンバーが自分の置かれた立場（仕事や家庭）とオーバーラップさせ，いろいろ葛藤していることを感じた。本は年齢的な違いや国の違いなどあ

＊「死ぬ瞬間」シリーズ　『死ぬ瞬間』シリーズは，『死ぬ瞬間』（副題：「そのとき人は何をかんがえるか」），『続・死ぬ瞬間』（心理学・医療のあり方を問い直す），『死ぬ瞬間の対話』（死にゆく人への接し方），『死ぬ瞬間の子供たち』（親子の断絶を超克するために），『新・死ぬ瞬間』（死についての総括編）の5部作（すべて読売新聞社刊）になっている。とくに，『死ぬ瞬間の対話』はQ&A方式で，死にゆく人への接し方が具体的に書かれており，高齢者ケアに関わる人の必読の書。

り，一概には同意できない部分があった。家族が告知できないと言っているのに，わざわざ本人や連れ合いに言う必要があるのか疑問に思った。

＊F職員（女性・48歳・ケアヘルパー）　「死」のテーマの話し合いでは，日頃お世話している人や亡くなった人をケースとして，本音で話し合えたことが収穫だった。ケア対象者のFさんのケースでは，娘さんが「今，癌だと知らせたら，母はショックで食べ物を口にしなくなり，すぐ死ぬだろう。辛くても私のために生きていて欲しいと思う」という話に対して，Fさん本人にとって何が大切かを見失っていると思う。娘さんの自分本位の考えに悲しくなる。また，Oさんの場合は，ケア職員が21:00に行ったときには大丈夫だったのに，0:00には亡くなっていたというケースを考えると，自分の望むように自宅で自然死できたかもしれないが，死期の近いことがわかっていたら，入院している奥さんとしては，別れの言葉の1つも言いたかっただろうし，家族にも一言別れを言いたかったのではないかと，報いが残る。どちらも，死にゆく人への言葉の難しさ，死を送る人の思いをくみとる大事さを思い知らされた気がする。

＊G職員（女性・26歳・ケアヘルパー）　話し合いの中で，動的なケアと静的なケアという言葉が何度となく出てきた。私は，今までケアとは身体的介助をすることと思っていただけにショックであった。これからは，静的ケア（手を握ってやる，足をさすってやる，ただ，黙って傍に居てやる等など）が大事と感じた。経験したことがないので，実際にするとどのような気持ちになるのかわからないが，それがケア対象者にとって気持ちの安らぐことであるなら，やってみようと思う。

7　トレーニング全体の感想と意見

　前節までの感想は個別のテーマでしたが，最後に，トレーニング全体の感想を紹介しておきます。

(1)　肯定的感想

＊A職員（男性・32歳・ケアヘルパー）　日常の業務の中では，どうしても自分の価値観を中心に物事を判断してしまうことが多くなり，惰性に流されがちになる。時に，原点にもどって現状の自分の心を振りかってみることが必要と感じました。

＊B職員（男性・30歳・ケアヘルパー）　このごろ，職場のミーティングでいつも思うことは，発言者が言うことを自分がどのように受けいれているか，逆に，切り捨てているかである。これが自分の価値観といえるのかどうかである。他の人の内面に触れ，自分の心の中をみるときに考えさせられる。

＊C職員（女性・28歳・ケアヘルパー）　ところ変われば，気持ちも変わるものです。いつも顔を合わせている人達とも新鮮な出会いが始まる感じがした。ふ

と，現実に戻って，こんなことを言っては，後で…と初めは思ったが，皆の今まで見えなかった一面を見ると，身近になり，そういう気持ちは少しずつ減っていきました。

＊D職員（男性・31歳・ケアヘルパー）　"自分を知る"という目的では，十分に達成されたとは思えなかった。しかし，"出会いの試み"というセッションでは，普段，同じ職場で働きながらも，同僚がどういう思いで生き，仕事をしているかということがわかりにくく，対立や違和感の遠因となっているように感じていたが，少しでもその人を垣間見ることができたようで，同僚の存在が近づき親近感がもてた。職場に親和感をもたらしたことが最大の成果ではなかったかと思う。

＊E職員（男性・35歳・ケアヘルパー）　ケアという仕事は，医療・カンセリング・家事・リハビリなどいろいろな要素が総合されて成立しているが，どれかひとつが強かったりしてはならない。どれもが程よく中和して存在するそれが普通の生活というものではなかろうか。我々が生活していると同じ事をすること－たとえば，玄関で靴を脱ぐ，寝るときはパジャマに着替えるなど－を維持することがケアの仕事であることを改めて感じた。講師が「今すぐ役に立たなくてもよい，将来に役立てばよいと思っている」との発言に，なにがどのように役立つかわからない。毎日落ち込んだり，いきどおったりして仕事をしているが，要介護者と話をしたり，散歩したりして，その方が「ありがとう」と言ってくれると本当にうれしくなる。ケアの仕事を楽しいと思っている。

＊F職員（女性・40歳・ケアヘルパー）　正直なところ100％話すことはできませんでした。見知っている人達ばかりなので，先入観もあり，今後も職場でつきあっていくことを考えると，心の一番奥にあるものは吐き出すことができずに終わってしまいました。自分では，言うことができなかった心の底のものは，本当は，ああいう場所でおもいきり出したかったのですが，その一歩手前のところまでしか言えなかったのは残念です。今回，何を学んだとか，得たとかはっきりしたものはありませんが，たくさんのことを感じたという思いは強くあります。

＊J職員（男性・45歳・ケアヘルパー）　職場の中で，ともすれば思い込みや予断で，他者を評価しがちな傾向を自分を含めて認めざるをえない現状ですが，このようなトレーニングをひとつの手立てとして自分の内面に触れ，同じ思いを他者にも認めながら相互のコミュニケーションを図ることが大事であるという気がします。心の内側を語るということをケア対象者に求めながら，ケアスタッフ自らの間で求め合うことの難しさと必要性を改めて感じました。

＊H職員（女性・48歳・看護婦）　職場での自分，プライベートな自分，両方そうだが，思っていることや考えていることをそのまま出していくことが難しい場面というのは，相手に理解してもらおうという意識が強くなりすぎて，無駄なエネルギーをそこで使うはめになってしまう。このようなトレーニングによって，1人ひとりが他人を理解しようとしたり，受け入れようとすれば，少しは楽になるのではないだろうか。そして，職場が生き生きしていく，そのことが一番大事ではないだろうか。そう感じた。

(2) 否定的感想

＊Ｉ職員（男性・41歳・ケアヘルパー）　このトレーニングは"自分を無にしてみる"ということらしい。日常，人や自然や自分に対して惰性でどこか流されているということではないか，それをトレーニングで見つめ直してみようということらしい。人生40年近く経験すると，自分の性格や能力，傾向というかカラーがわかってきました。いまさら，改めてトレーニングしてもはじまりません。自分を見直す作業は日常的に，仕事外で，友達と話したり，映画をみたり，日記を書いたり，読書をしたりして行なっています。グループの中で，自分の内面に触れるようなことを発表するのは抵抗がありました。自分も他人も知らない自分の心を知ることは，かえって憂鬱になってしまうようで，幸福に暮らすには必要なことだろうかと疑問さえ抱きました。知らなくてもいいこと，考えなくてもいいことがあると思います。私は"さらっと"生きたい。正直を愛し，精一杯その日その時を使って，単純に，かつおおらかに，生きることに知性を磨き，難しい言葉で考えたり，表現したりしない。だから，私はこうゆうトレーニングは嫌いです。

＊Ｊ職員（男性・39歳・ケアヘルパー）　心理的なトレーニングは嫌いです。まして職場の人とはまっぴらです。だったら参加しなければよいのにと考えると，後悔の渦です。

(3) おわりに

　以上紹介したものは，私たちが行なった研修の一部です。研修とはあくまで疑似体験です。大切なことは，ケア現場で毎日，頭と身体を使って実践することです。研修で得たものを現場にもち帰って，新たな気持ちで仕事にむかう姿勢と研修によって得たものを実践でためすことが大切です。つまり，体験（見たり，したり，感じたりすること）を経験化（人生観や生き方などに内面化させたもの）することです。それによって本当の意味で自己の覚知と感受性の研磨を図ることができるのです。

　感受性教育研修は心理的な面が強いだけ，自分の内面と向き合わなければなりません。職員の中には，トラウマ（心的外傷）になる可能性も否定できません。このために，職員の中には，上記のように否定的な意見も聞かれます。しかし，ケア職を行なう以上，自分の内面と向き合わなければならないことを事前に十分話し合っていくことが教育研修担当者の責任です。また，組織内で行なう場合は，当初は，カウンセラーなどの専門家にインストラクターを依頼したほうがよいと考えます。ある程度の回数を重ねることによって自施設の人材が育ってきます。

　ケア職員としての勇気とは，人ができないことを行なうことではなく，自分の内面と向きあうことであると考えます。教育担当者はその勇気がでるようにし，それを仕事に生かすためのフォローをすることです。

6章　事例研究（ケーススタディ）による現場教育

1　事例研究の目的と手順

（1）事例研究とは何か

　事例研究は，社会や集団の事象や出来事を人びとの生活と関連させながら調査・分析する「社会調査」の一方法です。その方法は，統計的な処理による調査・分析ではなく，1ないし数例を質的に詳細に分析して，その法則性や傾向をみいだすものです。とくに，個人の内面的な欲求，動機，価値志向などの複雑な関連を把握しようとする場合に有効です。

　事例研究のアプローチ手法は3通りあります。1つ目はケア対象者の「症状」あるいは「ニーズ」に限定したものを検討するもので，これを「課題（またはニーズ）研究」といいます。2つ目は現在進行形のケースを検証していこうというものです。通常これを「事例検討」といいます。つまり，ケアプランの進行過程そのものを検討対象として取り出して総合的に検討するものです。3つ目は過去にあった事例を振り返り，モデル化して，将来起こりそうなケースを想定して，業務や教育研究に役立てていくもので，これを「事例研究」といいます。また，事例の研修方法としては，a．ヒストリカルスタディ方式（ハーバード方式）＊，b．インシデントプロセス方式（シカゴ方式）＊，c．経過事例法＊，d．行動事例法＊などがあります。ケアの事例の場合は，ヒストリカルスタディ方式を中心に用いることが多いです。

①　課題（ニーズ）研究

　これはケア対象者における個別の症状や問題点を研究するものです。たとえば，「排泄介助の方法」「安楽な車椅子の使用方法」「食事が食べられない人への対応」など，ケア対象者の症状や個別的ニーズを課題として研究するものです。ケア研究としては，個々人の共通性の高い課題に対するケア技術・知識を研究対象とするものです。一般的には，実習学生の事例研究や教育研修の事例研究の導入として使われています。

②　「事例検討」＝現在進行形の事例の検討

　これは現在進行しているケア対象者を研究対象とするものです。一般的には「事例検討」といわれています。いわゆるケアプランと同じであり，Plan-Do-See-Feedbackの過程のうち，Feedbackの部分を強調するものです。事例の対象者は，課題が複数あってその施設や事業所として最も対応に苦慮している場合やその施設・事業所として最優先に解決しなければならない事例がとりあげられます。通常，ケースカンファレンスで検討を行ないます。その際には異業

＊ヒストリカルスタディ方式（ハーバード方式）　ケースメソッドとしてハーバード大学で開発された方式。事例を長文事例によって，より多角的情報分析・評価でき，自らの体験から問題設定と解決を個人あるいは小集団討議によって合意形式を図る技法。現実に起こった問題を，当事者の立場に立って解決していく過程を通して，分析力，判断力，洞察力，意思決定力などを養成する。

＊インシデントプロセス方式（シカゴ方式）　事例研究の一種で，マサチューセッツ工科大学のピゴーズ教授が創ったことからシカゴ方式と呼ばれている。「発端となる出来事（インシデント）」のみが提示され，受講者はインストラクターに質問することによって，その出来事の背景や，原因となる情報を収集し，それに基づいて問題を分析し，対策を考えていく。情報を収集しながら問題を解明していくプロセスに重点が置かれるのが特徴。

＊経過事例法　時間の経過に応じて事例を分割し，その分割された事例毎に分析・判断しながら，あるべき発想と行動を認識するようにデザインされた方式。

＊行動事例法　短文の事例を基に，ロールプレーイングによって再現し，その後，全体で討議することによって，自らの気づきと，自己変革を促進することを狙ったもの。

種の担当者の参加をもって組織全体で検討することがよいとされています。た
とえば，「問題行動を繰り返す痴呆者について」「孤独から自殺企図した人につ
いて」など，ケアするうえで「課題研究」のように個別性ではなく，複数の問
題をもった個人に焦点をあてて，その個人全体の問題性を検討するもので，
「課題研究」よりも上位概念にあたります。「事例検討」では，問題点を前提に
検討する場合や，記録から問題点を抽出する方法をとる場合があります。

③ 「事例研究」＝過去形の事例の研究

　事例が終了した人（死亡・退去・契約終了など）のうちで，施設や事業所と
して大きな問題をもった事例を選び出して研究するものです。いわゆる事例か
ら，教訓や経験則，法則性を見つけだして今後のケアに役立てるために行ない
ます。ケア事例対象者の内面を含めて包括的総合的なアプローチの方法をとり
ます。実践したケアプランの検証も同時に行なう必要があります。このような
事例の成果を学ぶことによって，ケアサービスの経験を蓄積します。また，事
例を外部に発表することによって，職員のケア研究の幅が広がり，職員の質的
向上や組織のＰＲや体質強化につながってきます。問題点のある事例を検証し
ますので，最初に問題点が優先します。

　以上の形態の相違を各要因別にまとめると次のようになります。

図表6.1　事例研究形態の相違

	課題研究	事例検討	事例研究
目的	課題の明確化，課題解決	問題の明確化，問題解決	法則性・経験則・教訓
成果	問題点の改善	問題解決	ノウハウの蓄積
事象	個別ニーズ	個人の全体的症状	家族・社会環境を包含
時間経過	現在進行形	現在進行形	過去形
研修方法	インシデントプロセス	インシデントプロセスとヒストリカルスタディ	ヒストリカルスタディ
研究過程	ニーズスタディ	ケアプロセス（ケアプラン）	ケーススタディ
対象	現時点のニーズ（課題）	現在進行形のケア対象者	過去のケア対象者
問題意識	課題を事前に設定	問題設定の場合と，過程での問題発見の場合の両方	問題設定が前提
資料	観察・面接・内外の参考資料	記録・面接・観察・集団討議・内外の参考資料	記録・集団討議・外部の参考資料
まとめ方	研究課題としてのまとめ	組織としての問題解決としてのまとめ	組織内蓄積と対外的な発表としてのまとめ
教育レベル	初級クラス	中級クラス	上級クラス
領域	技術的	精神的（内面世界）	家族関係＋社会関係
実施者	学生・初級職員	中堅職員	ベテラン職員
検討会への参加者	ケア職員（勉強会）	ケア職員＋医療関係者＋調理関係者＋事務職他	ケア職員＋医療関係者＋調理関係者＋事務職他
ニーズ	個別	複数	複数
優先順位	低	高	中
緊急性	中	高	低
重要性	中	高	高
法則性	高（共通項は高い）	中	高

本書では，この３つを含めて，広義の「事例研究」とし，過去の事例をモデル化したものを狭義の「事例研究」としています。

(2) 事例研究の目的と効果

事例研究を教育研修で行なう目的は，第１には，毎日の問題状況に追われて対処療法的になっているつまり，受け身になっているケア内容を，ケア職員が問題状況を意識化し，事例研究を行なうことによって問題を先取りして，積極的にケアという仕事をすすめられるようになるということです。現場では，日常的にさまざまな問題が発生しますが，ケア対象者がなぜそのような行動をするのかを探って事例研究にまとめて職員が共有できれば，後始末という仕事ではなく，積極的な姿勢の仕事に転換できます。事例研究は問題状況から指示されて仕事をするのではなく，問題状況に指示するような仕事に転換するために行なうのです。

第２には，チームワークの統一です。事例研究は１人ではできません。チームによって行なわれた事例を検証し，話し合う過程で自らの考えを表現し，相手を理解し，それによって，ケアスタッフの意思統一とチームワークができるのです。とくに，異業種のケースカンファレンスはチームワークの統一に欠かせません。

第３には，ケア職員のケア技術・知識・態度・意識の向上があげられます。事例研究の具体性はケア技術・知識・態度・意識を向上させるために，Off-JTの教育研修には最も有効な方法です。

第４には，具体的なケアサービス内容の教育訓練（シュミレーション）になることです。とくに，事例検討は現在進行形の事例ですから，ケア職員にとっては実践的で教訓的です。

第５には，事例を通しての自己覚知があります。ケースカンファレンスをつうじて，グループダイナミクスの効果によって，自己の考えや感情の傾向を知ることができます。つまり，自己覚知につながります。

(3) 教育研修における事例研究の視点

教育研修における事例研究の視点として，重要なことは，第１には，教育の対象者です。つまり，事例の指導をうける職員への教育という面と，事例研究をまとめる立場の職員に対しての教育であるという，二面性を有しています。それぞれの側面が大事ですが，とくに，事例をまとめる役割は中堅職員の教育研修にはよい機会になりますし，教育を受ける者はその内容や問題点の設定によって，初級者から上級者までの幅広いレベルの職員を対象にできます。

第２に，おさえておかなければならないことは，教育研修では，ケア職員の視点から考察するということです。つまり，職員にとっての有効性を優先に考えること，検討の主軸を職員側におく点が大切です。もちろん，事例を検討す

る場合は，ケア対象者を中心にしますが，検討内容は職員側からの視点になります。たとえば，「問題行動をとる痴呆者」への対応といった場合，だれにとっての問題行動かということです。極論すれば，それはケア職員や世話をする家族にとっての問題であるということです。痴呆であるケア対象者にとっては，現実を理解できないがゆえに，問題行動を意識しているわけではなく，その人にとっては幸せな状態であるかもしれません。つまり，教育研修における事例研究の視点は職員側からどのようにケアをすればよいかに主軸をおき，つぎに，そのケアがケア対象者や家族にとってどうであったかを検討します。ケアプランの検討手順とは逆になります。

　ケア職員とケア対象者（家族も含む）の間で意見の相違や矛盾・乖離が生じた場合には，その点も教育研修の課題にすべきです。ケア職員はただ，ケア対象者の要求するサービスを提供すればよいのではありません。ケア対象者に迎合することではなく，プロとしての主体性をもった，その人にとってより良いサービスを追求することが重要なのです。事例研究とは，たとえていえば，レストランのメニュー研究のようなもので，メニューの豊富さ，美味しさが客を呼び寄せるのと同じように，事例をとおしたケアメニューを研究し，蓄積することがより良いサービスを提供するための基礎になるのです。

(4) 事例研究のまとめ方

① 事例の選定とまとめ役

　事例研究では事例をまとめる職員と事例の対象者の選定が大事になります。
　事例の対象者は，ケア過程でケアが難しい人を対象にします。その場合のケア困難者は身体的障害を有するだけでなく，社会的精神的問題をもっている人です。事例研究は対処療法的なケア技術の提供だけでは対処できないケースになります。
　具体的な対象事例を選ぶ時には，ケース検討会を開催し，教育研修として教訓的な問題設定ができる事例を選定します。事例が決まったらその事例に関わった職員が中心にまとめの作業を行ないます。
　事例をまとめる職員は，個人の場合とチームで行なう場合とがあります。事例対象者を担当した職員，チームがまとめるのが適当ですが，まずは，事例研究のたたき台を担当者が作成し，それをチームによる複数の職員が検討してまとめるのがよいと考えます。

② 事例研究の手順

　事例とまとめ役が決まったら，つぎは事例研究の作成になります。
　事例の記述の仕方は，ケアストーリーを詳細に記述する方式と，援助場面のやり取りを詳細に描写する方式（カウンセリングの相談場面などに用いられます）があります。事例研究はストーリー方式を取るのが一般的です。手順は多少異なりますが，基本的には，事例研究もケアプランの作成と同じ手順で行な

＊ケアプランの詳細は，前著『トータルケア』を参照ください。

うことがよいと考えます＊。

事例研究のプロセスは，第1段階は，事例そのものの作成で，第2段階が事例による教育研修過程です。

事例研究の作成プロセスは次のようになります。

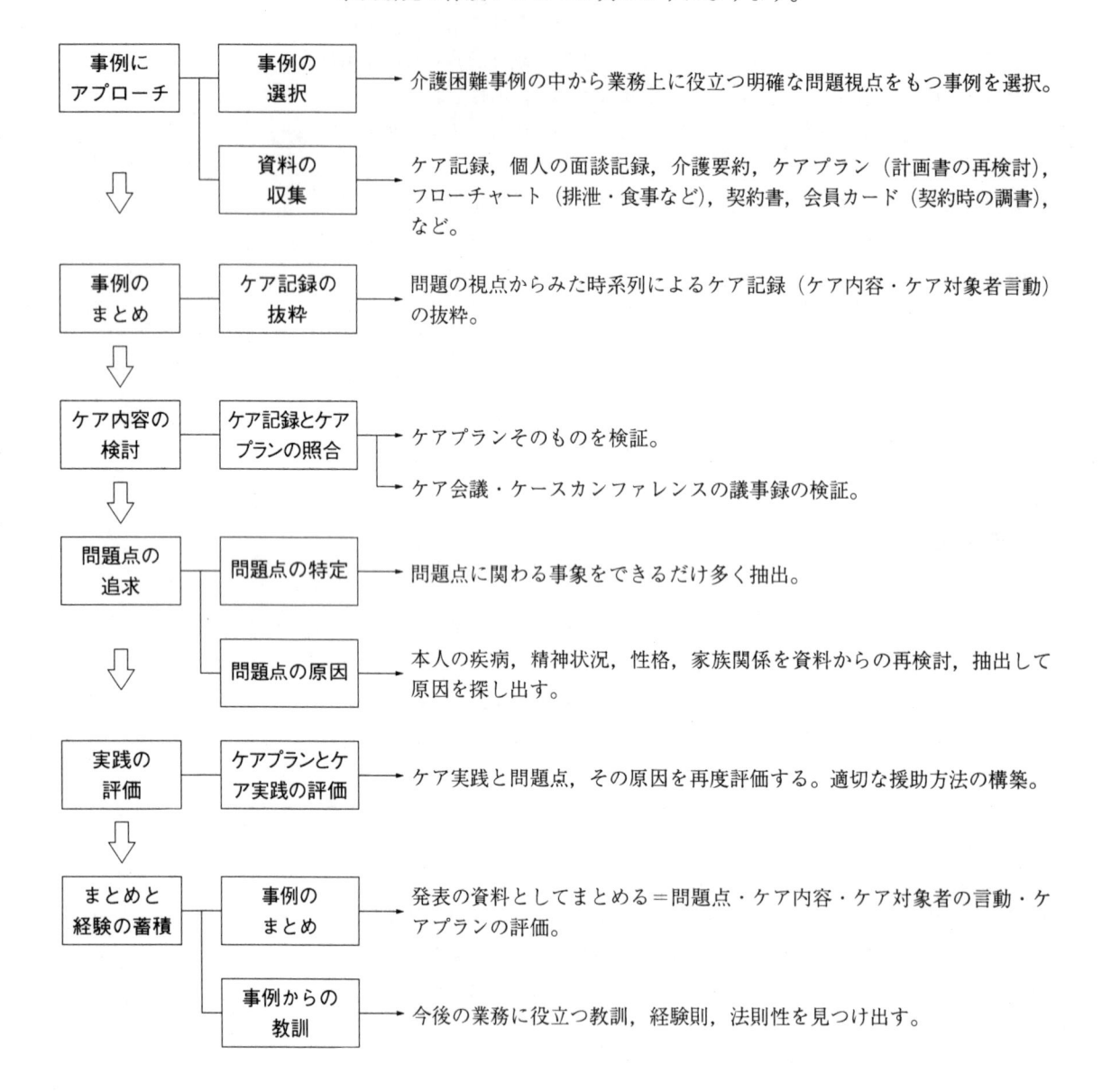

事例にアプローチ	事例の選択	→ 介護困難事例の中から業務上に役立つ明確な問題視点をもつ事例を選択。
	資料の収集	→ ケア記録，個人の面談記録，介護要約，ケアプラン（計画書の再検討），フローチャート（排泄・食事など），契約書，会員カード（契約時の調書），など。
事例のまとめ	ケア記録の抜粋	→ 問題の視点からみた時系列によるケア記録（ケア内容・ケア対象者言動）の抜粋。
ケア内容の検討	ケア記録とケアプランの照合	→ ケアプランそのものを検証。 → ケア会議・ケースカンファレンスの議事録の検証。
問題点の追求	問題点の特定	→ 問題点に関わる事象をできるだけ多く抽出。
	問題点の原因	→ 本人の疾病，精神状況，性格，家族関係を資料からの再検討，抽出して原因を探し出す。
実践の評価	ケアプランとケア実践の評価	→ ケア実践と問題点，その原因を再度評価する。適切な援助方法の構築。
まとめと経験の蓄積	事例のまとめ	→ 発表の資料としてまとめる＝問題点・ケア内容・ケア対象者の言動・ケアプランの評価。
	事例からの教訓	→ 今後の業務に役立つ教訓，経験則，法則性を見つけ出す。

③ 問題点の設定

事例研究の作成手順は，基本的には，ケアプランの作成の過程と同じですが，教育研修の目的のための事例研究は，はじめに「問題ありき」です。まず，問題を設定します。

事例研究は，ケアの過程を実践したことを同じようになぞって吟味しながら

問題状況にアプローチしていくことになります。とくに，その問題の背後に隠されているその人の内面に迫っていく作業が必須です。このため日常のケア記録を細かく検証し，それを基礎に，その時のケアプランを照合しながら検討していきます。

　事例研究を教育研修として行なう場合には，今後の業務に役立つ視点がなければなりません。したがって，多くの事例は難しかった事例や失敗事例です。とくに，失敗したと認識している事例の検討会はかならず行なうべきです。たとえば，Ⅲの事例1「自殺」はケアする側として失敗した事例です。このような事例を研究し，検討することによって，二度と同じ失敗を繰り返さないこと，そして，その事例を教訓として学び，業務に反映させることが大切です。

④　人物像の想定

　問題点を設定したら，つぎに，人物像を想定します。その検討項目は次のとおりです。
　　a．生育歴（生活歴・職歴・学歴），b．その人のパーソナリティ＝性格力，c．生活力＝経済力，d．障害や疾病（特に痛み）＝身体力，e．生きがい・信仰＝精神力，f．家族関係（夫婦関係・親子関係）。これらの項目を総合して，その人となりを統合することが人物像の設定になります。そして，これらの項目を見通したうえで大切なことは，人間の関係性です。人間は人との関わりの中で生活し，癒されたり，孤独に陥ったりします。そのような人間の関係性から問題が生じます。また，人物像を想定すると同時に，その上位システムである家族関係を想定します。夫婦関係，親子関係が問題の鍵を握っている場合が多いです。

　このため人間の関係性では，ケア対象者との係わりをもつキーパーソンの発見が大切です。キーパーソンはa．配偶者，b．子ども及びその配偶者，c．親・きょうだい＝源家族，d．親戚＝いとこ・配偶者の源家族，e．その他＝信頼している人（知人・友人・近隣者・医師・ケアスタッフ・役所の人他）。この順に検討していく必要があります。再婚の場合は前の配偶者の関係も検討項目に入れます。子どもはとくに長男やその嫁との関係を検討します。親・きょうだいは生育歴と関係します。このような人間関係を検討しながら，ケア対象者の履歴を検討し，その人のパーソナリティや精神力，身体力，経済力を加味して問題点の原因との結びつきを探っていきます。

　なお，人物像は，問題点を設定後に事例のプロセスを検索し，さまざまな情報を収集した後に描き出したり，修正したりすることがあります。作成の順序にこだわる必要はありません。

⑤　事例のプロセス

　人物像ができたら，つぎは，事例のケアサービスの提供過程です。これが事例研究の中心になります。このためできるだけ詳細に記述します。記載の方法は，ケア対象者の言動（その家族含む），ケア職員の対応，そして，ケアプラ

ンやケア会議の記録の3つに分けて時系列に記載するとわかりやすいです。とくに，問題点と関係する点は強調する記述が必要です。これらのプロセスは，日常ケア記録や面談記録，個人ファイルのある個人情報から抽出します。業務上の効率のために，日常のケア記録を1ヵ月ごとに要約しておくと便利です。あとで記録を調べる場合や担当が変わった場合の引継ぎなどに利用できますし，ケア対象者のケア期間が長い場合は便利です。また，ケア記録だけでなく，医療機関からの情報や退院時の看護サマリー（要約）などを織り込んでいきます。教育研修の事例研究は，事実そのものの記述体ではなく，まとめ役のケア職員の考えを付け加えた内容にした説明体で記述します。

ケアプロセスは，いつも問題が生じているとはかぎりませんからケア期間の長い事例の場合はケア内容を問題点によってある程度分割して表現するとわかりやすくなります。

⑥ 課題の設定と事例のまとめ

教育研修で事例をあつかうことは，最初からはっきりした教育目的がなければなりません。参加している職員に問題点を考えさせたり，ケアプランを検証させたりして，問題点を深めていくことが大切です。そのためにその問題点に関連する課題を設定します。課題設定は，教育担当者が行ないます。

事例のまとめは最初の問題意識が一貫して表現されているかが大切です。事例研究をまとめることができ，ケースカンファレンスで発表したり，論文にまとめることができたら上級クラスです。

教育研修としての事例研究の場合は，その事例からどのような業務上の教訓を得られたのかの評価が大事です。とくに，まとめの部分は事例ができたら教育担当者がチェックして，教育研修として有効かを評価します。また，事例研究として使用した後には，マニュアル化して業務に役立てることが大切です。

(5) 事例による教育研修過程（ケースカンファレンスの進め方）とその評価

第2段階は，事例による教育研修過程です。作成された事例を教育研修として使用していく場合は，通常，ケースカンファレンスを行なっていきます。

① 事例検討会（ケースカンファレンス）の構成員

教育研修における事例研究は，組織内で行なう場合と，組織外で行なう場合があります。たとえば，組織外では介護支援専門員が中心となって行なう「サービス担当者会議」などが該当します。ここでは，組織内の事例研究の検討会に限定して記述します。

事例研究の構成員としては，a．司会者，b．事例研究の発表者，c．研修を受講する職員，d．助言者（スパーバイザー・教育担当者），e．記録者が必要です。司会役は，会議の進行をすすめる大切な役ですので，ケア部門の役

職者やリーダー役の職員が行ないます。事例の発表者は事例研究をまとめた人あるいはチームが担当します。研修を受講する職員は10～15名程度に限定し，十分なディスカッションができる環境をつくる必要があります。人数が多い場合は，グループ分けをします。このディスカッションがグループダイナミクスを生じさせることになります。助言者は教育担当者がまとめ役として参加します。いない場合は施設長やケア責任者が担当します。記録者も必ず用意します。

また，「難しい事例」は，他の部署（医療部門・食事部門・事務職・設備関係者など）の参加を促して組織全体でケースカンファレンスを行なうことが事例を検討するうえでも，職員の教育研修という視点でも有効です。なぜならば，事例の研究は多方面からのさまざまな見方によって検討されることが重要になるからです。また，組織全体のチームワークにもよい影響がでます。

② ケースカンファレンスの進め方

ケースカンファレンスを教育研修として設定する場合には，1つの事例をじっくり研修する場合と，複数の事例を研修する場合があります。いずれにしろ，研修時間をきめて時間どおりすすめる必要があります。一般的には，1事例で2時間程度が適当でしょう。

モデルプログラムを示すと次のようになります。

ケースカンファレンスのモデルプログラム		〈所要時間 約120分〉	
ステップ	研修の内容及び実施要領	時間	担当者
1	研修目的とスケジュールの説明	10分	司会者
2	事例の説明と理解 （事例の提示とその説明） （事例に対する質疑応答）	30分	事例提供者 グループメンバー
3	課題演習（グループディスカッション） （問題点とケアプランの検証） （課題の検討と解決策の検討）	50～60分	グループメンバー
4	課題のまとめ （課題に対する取り組みの視点） （事例の共有化）	30分	助言者・全員

a．教育研修の目的とスケジュールの説明

司会者は開催を宣言し，研修の目的とスケジュールを説明します。同じ部署の職員だけでない場合は，メンバーの自己紹介を行ないます。できるだけ手短に行ないます。10分程度とします。

b．ケースの説明

ケースをまとめた人が事例を紹介します。配布した資料に基づいて説明します。まず，問題点を提示します。事例対象者のプロフィールをのべます。ケアプランとケア過程をのべます。

c．事例の理解

受講者は，事例の問題点とその対応の仕方を理解します。わからない場合は質疑応答をして理解を深めます。ケースの説明と理解で約30分程度必要です。

d．課題演習＝グループディスカッション

事例の内容や問題点，対応方法について課題を設定し，その課題についてグループディスカッションを行ないます。参加者全員の意見を聞きます。その過程で，他者の意見を聞いたり，自分の気づきを大切にしていきます。司会者は，たえず，問題点と関連づけて発言するように促します。大事な点は参加職員がトラウマ（心的外傷）にあわないように注意します。そして，ディスカッションが抽象的な議論やおしゃべり会にならないようにします。ディスカッションは1時間程度必要です。

e．課題のまとめ＝事例から学ぶこと

課題のまとめでは，問題解決の結論を出すことが大切ではありません。問題へのさまざまな考え方や解決への思考を吟味することや話し合いを行なうことが教育研修の目的です。最後に，助言者が問題点の設定の意図や問題解決への視点を述べます。また，助言者のいうことが正しいということでなく，ひとつの見方であり，さまざまな見方ができることが大切であることを確認させます。事例からの教訓を職員の間で共有化します。まとめで，約30分つかって，事例研究をしめくくります。

③ 事例検討の視点

ケースカンファレンスでは，演習課題の問題の結論を出す必要はありません。話し合いの過程が大事です。しかし，問題解決のためにどのようにアプローチしていくかという視点があれば議論しやすいことには間違いありません。ここでは，問題解決の視点を紹介します。

事例を検討する時のヒントとして，次の8つポイントが考えられます。

a．問題の起こった（起こっている）場所を変える。
b．問題の遂行メンバーを変える。
c．問題の起こっている順番を変える。
d．問題に新しい要素を入れる。
e．問題の展開時間をもっと長くする。
f．問題の起こる回数を多くする。
g．問題の起こる時刻を変える。
h．問題の終了時刻を変える。

この中で，一番使えるヒントは，「a．問題が起こった場所を変える」ことです。たとえば，自宅での介護が行き詰まったときは，一時的にショートステイを利用して，介護の場所を自宅から施設にかえたり，自宅から病院にかえることによって，その人の気持ちが変わることがあります。また，b．のように，チーム制ケアから，担当制ケアにしたり，担当制ケアの場合は，担当者を変更

したりすることも必要です。

　施設では，同部屋の人とうまくいかなければ，部屋をかえることもこの発想です。場所をかえる，人をかえる，順番をかえる，要は，悪循環に陥っている人の気持ちを変えるためのヒントになります。このような事例解決の視点はケースカンファレンスの時の問題にアプローチしていく手法としても使えますので利用してください。

④　事例の実践適用の重要性と教育研修の評価

　教育研修が終った後には，必ず1週間以内に報告書を提出させます。その内容は，a．ケースへの評価，b．ケースカンファレンスで考えたこと，学んだこと，c．研修全体の感想などを盛り込みます。報告書には受講した研修内容の羅列ではなく，受講者の考えや感じを重点的に書いてもらいます。そして，報告書は上司や教育担当者が目をとおして，コメントをつけて本人に戻します。また，大切なのは，事例研究が実際の業務に役立っているかの評価が必要なことです。研修をやりっぱなしにしないで，後日，アンケートや面談調査で実際に役立っているかを検証します。事例研究の大事なことは，似たような事例が発生した場合には，事例研究の成果をそのケースにあてはめてみることです。発生事例と教育研修事例との類似点，相違点を精査しながらケアプランを作成していくことが，事例研究を進化させることになります。

2 事例研究による教育研修の実践例

(1)「介護者側の心理的プロセスと夫婦の分離ケア」の事例概要

　事例研究の目的はそのケースの問題解決の方法を検討し解明することにあります。しかし，本書では，事例研究を教育研修の手段として行なうためには，問題（課題）設定が初めにあり，その問題をどのように考えていくかというプロセスが重要ですので，問題の解決策よりはそのプロセスに重点をおきます。ケア現場にいると，1つの問題が解決してもまた，同じ人が同じ問題をぶり返したり，違う問題を発生させたりすることが多いことを実感させられます。つまり，問題を解決するという視点も重要ですが，それよりも，問題点を把握して，その人をよりよく理解し，生活の視点からどうすればよいかというプロセスに重点をおいた方が教育研修には有効と考えます。

　なお，本事例の舞台設定は，有料老人ホーム（介護型専用ホーム・附属有床診療所が併設）です。また，本事例は，プライバシーに留意して，内容を大幅に作り変えてフィクションにしています。本事例の人は実在しているいかなる人とも関係がないことをお断りしておきます。

① 問題の設定

　本事例の問題設定は，「配偶者である妻が，脳梗塞で半身不随になり，嫉妬妄想で妻を片時も離さない夫に疲れて夫を虐待した夫婦を分離してケアした事例」です。本事例の課題は，第1に，介護する側の心理的過程の法則を考察します。第2に，夫婦の分離ケアを行なう場合の視点を考えます。第3には，過去にさかのぼって夫婦の関係性について考察します。

② 人物像の設定

　事例対象者の「人となり」を紹介します。できるだけ客観的に資料にもとづいて作成します。ケア職員の人間洞察力を養うよい機会になります。基本データは入居時の調査書などから抽出します。人物像，夫婦関係，親子関係などはケア記録だけでなく個人別ファイル（言動記録）やケアプラン作成検討資料*などから拾い出します。したがって，日常的にケア記録だけでなく，人物像につらなる情報は，個人ファイルとして記録しておきます。

＊詳しい書式は前書『トータルケア』p.91を参照ください。

　人物像は本人がのべる自分の性格，生活歴の他に，家族や知人などから聞きとった対象者の情報，そして，ケア職員のみた人間像や関係者（近隣者・友人など）の意見などを聞きとって創造します。問題点の視点から人物像を描くと，マイナスのイメージが強くなりますので，その点を注意してできるだけ客観的に描きます。しかし，人物像は1回まとめたら終わりというものでなく，情報をまとめていく段階で修正したり，場合によってはまとめの一番後で人物像を描く場合もあります。ただし，人物像を描いたケア職員の主観が入っているこ

とを忘れてはいけません。このため，事例研究としてケースカンファレンスの課題の検討上では必ずしも設定した人物像を前提とするのではなく，人物像を含めたディスカッションが大事になります。

③ 本事例のプロフィール

(A) 基本データ

〈夫〉氏名／後賀三郎（仮名）。生年月日・年齢・性別／1916（大正5）年6月17日生まれ，71歳（ホーム入居時）。男性。配偶者／後賀康子（仮名）。子ども／養子＝兄の次男。1971（昭和46）年に兄の子どもと養子縁組。身元保証人／後賀孝雄（養子）。出身地／埼玉県。前住所／埼玉県G市。きょうだい／兄2人と妹2人の5人。学歴は旧制中学校卒。職歴／戦後養鶏業を営み，その後，不動産業。入居動機／寝たきりになった時の介護。資産／預金2,000万円，不動産3億6,000万円（時価評価），有価証券6,000万円。収入／家賃600万円，利子配当・年金100万円。病歴／高血圧症。

〈妻〉氏名／後賀康子（仮名）。生年月日・年齢・性別／1919（大正8）年12月2日生まれ，68歳（ホーム入居時）。女性。出身地／東京都V区。きょうだい／女性3人で，長女として生まれる。結婚／1945（昭和20）年26歳で，後賀氏と結婚。学歴／Q女子師範学校卒。職歴・資産・子ども／上記と同じ。

(B) 人物像

後賀三郎
　体型は肩幅が広く，がっちりしているが，髪が薄く，顔は四角い型で，眼が細い。
　1916（大正5）年，G市の土地もち農家の三男として生まれる。戦争中は軍需工場に勤める。1945年（昭和20年）に29歳で康子氏と結婚。終戦直後，友人と共同で町工場を経営したが，経営に不安があったために，1948（昭和23）年，32歳の時，康子氏が始めた養鶏業に転業。終戦後の食糧難により成功し，自宅周辺の土地を買っては広げていき，不動産業を兼務し，成功する。不動産業は1981（昭和56）年に第三者に譲渡した。本人は，兄の本家に遊びに行くことが多く，ひどいマザコンであった（康子氏）。子どもがいなかったので，1971（昭和46）年，55歳の時に兄の子どもと養子縁組をする。その後養子が結婚した時に，家や土地の所有のことで養子ともめ，養子に老後の介護をしてもらうことをあきらめ，1987（昭和62）年有料老人ホームを契約し入居する。
　性格は，人当たりは良いが，暗くて陰気，正直者でバカをみるタイプ。養子や兄にしてやられても何も言えない（康子氏）。趣味は，将棋と庭づくり。

後賀康子
　女性としては大柄で，髪を長くして後ろに縛り，眼が大きく派手な感じを与える。
　1919（大正8）年，東京V区で3人姉妹の長女として生まれる。小さい頃から勉強がよくでき，両親から教師になるよう薦められて，Q女子師範学校に入学。卒業後教師になるが，26歳の時に花を作りたくて何も考えずに土地持ちの夫と見合い結婚。「男だったら誰でも良かった」（康子氏）。食糧難のため花つくりができず，養鶏の仕事を行なう。その後，夫の不動産業を手伝い，事業は康子氏が中心で切り盛りして成功した。夫と正反対の性格で，社交的で世話好き，明るく楽観的な性格で気が強い。
　夫との間に子どもはいないが，養子を取るときに夫と対立し，その後，性格が正反対のこともあり，マザコン（実家偏重）の夫を次第に煩わしくなる。夫の脳梗塞は養子とのトラブルが遠因と思っている。夫が康子氏の実家と付き合うことを嫌ったため姉妹とはほとんど付き合いがない。

(C) 家族関係図*

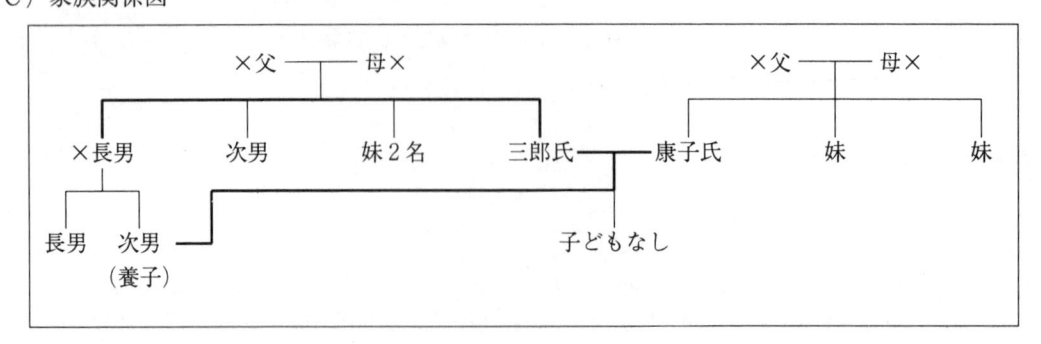

```
        ×父―母×                           ×父―母×
   ┌────┬────┬────┐                   ┌────┬────┐
 ×長男  次男  妹2名  三郎氏――――康子氏   妹    妹
  ┌─┤
 長男 次男              子どもなし
     (養子)
```

*家族関係図には，ケア対象者本人を中心に，配偶者，両親，子ども，きょうだい，孫，甥・姪までを記入する。特別な場合や良好な関係は太線で描く。死亡者は×で表示

（2）事例のプロセス（事例の問題状況とケアサービスの過程）

　事例の対象者へのサービス提供過程は，事例研究のメインです。このためできるだけ詳細に説明します。記載の方法は，時系列で，それぞれの関係者の言動（たとえば，a．ケア対象者の言動（その家族含む），b．ケア職員の考え・対応，c．ケアプランやケア会議の記録）がわかるように区別して記載するとわかりやすい。とくに，問題点とそれに関連する点は強調して記述する必要があります。

1987（昭和62）年

8/8	契約後引っ越し
9月	夫婦一緒に周辺をよく散歩している。三郎氏は酒好きで毎日飲んでいる。三郎氏は高血圧症。康子氏は夫の血圧のために食事に気をつかっている

1988（昭和63）年

4/7	三郎氏が脳梗塞のため，T病院に入院。左半身麻痺，言語障害が生じる。康子氏は毎日病院に行き，一日中付添っている。一週間に1回，職員による見舞いを行なう。
8/14	リハビリ中であったが，本人の強い希望によりホームの附属診療所に転院する。夜間のナースコールが頻回になる。夜勤の看護婦は仮眠が取れない状態。ナース計画をたてる。
9/4	三郎氏が深夜から朝方にかけて大声で騒ぐ。奥さんが自分の親友と不倫しているのではないかと疑っている。職員が康子氏を呼ぶが，病室に入らずそのまま自宅に戻ってしまう。
9/13	三郎氏が自宅に帰りたいというので，退院し，ベッドを購入し，自宅に戻った。在宅支援を開始。ケアプラン／入浴介助週3回（月，水，金）。リハビリ付添い週2回（火，木）。その他の家事全般は康子氏が行なう。
11/20	康子氏から自宅での介護が大変なために何とかしてほしいとの強い要望がある。三郎氏は1週間の予定で，併設されている介護型専用ホームのケアルーム（一時介護室・相部屋）に入所する。

1989（平成1）年

1/8	リハビリの目的でQ温泉病院に入院。職員への相談は一切なし。
1/19	リハビリが辛いので，退院。ケアルームに戻る。
1/22	ケアプラン作成／①日常生活のスケジュール＝6：30起床，朝の身支度。7：30朝食。10：00ケアセンター内で職員介助によるリハビリ。12：00昼食。14：00散歩。15：00入浴（見守り）。17：30夕食。20：00おやすみケア（就寝準備・排泄介助）。入浴見守り，夕食介助，おやすみケアは職員が行なう。それ以外

	は康子氏が行なう。②PTによるリハビリを拒否するためメニューを作ってもらい，ケア職員が行なう。
1/28	康子氏は朝6時半ごろケアルームに来て，夕方17時半ごろ居室に帰るまで夫の身の回りのことや散歩，車椅子・歩行訓練をしている。
6/8	康子氏と話合い／康子氏は「夫の介護に負担を感じている。二人きりの家族なので他に頼る人がいないし，自分のことが全くできないのでつらい。今は主人の世話は自分の義務と思ってやっている」。康子氏の負担を軽減するため朝の着衣交換を職員が担当する。

1990（平成2）年

1/20	三郎氏，軽い脳梗塞再発。T病院入院。
2/16	三郎氏がT病院から退院しケアルームに戻る。この日以来，夜間に「オーイ」という大声での叫びが頻回になる。康子氏は周りの人を気にして精神的にかなり参っている様子。ケアルームの他の入居者からうるさくて眠れないと苦情がでる。職員も「オーイ」という言葉を聞くと耳を塞ぎたくなる感じである。
2/17	ケア会議／問題点：①三郎氏が奥さんを「オーイオーイ」と呼んでうるさく，周りの入居者が迷惑すること。②康子氏は職員が行なう三郎氏への介護内容に一々口を出すため介護がやりにくいこと。③夫婦の関係に職員はどこまで入れるか。④介護の主体性を職員が取りもどし，後追いのケアを修正するにはどうしたらよいか。 ケアプラン／①三郎氏をケアルームの個室に入居してもらい様子をみる。②理由は，康子氏が疲れて，精神的に参っているためと，職員が三郎氏との関係作りのために，夫と奥さんを離す。当分，奥さんにケアルームに来ないようにしてもらう。
3/1	診療所精神科受診／三郎氏の夜間の興奮状態が続くため精神科受診。医師より，奥さんと会わせたほうが良いとアドバイスあり。このことを康子氏に話すと，康子氏は「まるで，蛇ににらまれた蛙のようだ」という。 ケアプラン追加／康子氏のやってきた介助を職員が行ない，康子氏には自由に過ごしてもらう。
3/30	夜間，奥さんがいなくなると「オーイ」の声が頻回になる。康子氏「夫を精神病院に入院させてほしい。他人に迷惑をかけないことを生活の信条にしていたのに，大声で他人に迷惑をかけている今の生活が耐えられない」という。
4/12	診療所精神科受診／他の入居者の迷惑になっている「オーイ」を無くすために，興奮，情動不安を抑える薬が処方される。夜間の声が少なくなる。康子氏は「少し気が楽になった」。職員の関わりは夜間のみに変更。 ケア会議／夫婦関係のとらえ方＝①三郎氏は奥さんのことを信用していない。自分の友人と不倫をしていると疑っている。奥さんの性格と行動から推察して，多分，過去に，奥さんが浮気したと疑われるようなことがあったのではないか。②康子氏は夫婦の義務感と周辺の人への迷惑をかけているという世間体を気遣って世話をしている面がある。夫婦がお互いに思いやる関係にない。 「オーイ」の意味の検討／①「オーイ」と呼ぶのは，奥さんの指示で洗面，排泄をしているので，奥さんを呼ぶための合図ではないか。②職員との信頼関係がないため，ナースコールで呼べば職員が来るのに，奥さんを呼ぶのではないか。③三郎氏はケアルームにいる理由がわかっておらず，奥さんと職員がたくらんで自分を閉込めていると思っているその助けを呼ぶ声である。④奥さんを呼んでいるだけでなく，亡くなった兄さんを呼んでいる場合もあるのではないか。 ケアプラン／①三郎氏に対して身体援助（ＡＤＬ）介助を職員が行ない，奥さんからの精神的自立を図ると同時に介護を通じて職員との関係を作る。②グループワークを通じて，他の入居者との関係（三者関係）を作っていく。③ケアルームに居ることは居室に戻るための訓練であると繰り返し説明する。④康子氏の「夫婦2人だけ」という言葉から，養子に現状を理解してもらって康子氏の精神的援助をお願いする。⑤機会をみて1度，職員がG市の実家につれていく。
4/16	養子来訪／職員から現状を話し，協力を要請する。康子氏は「私たちの土地に住んでいて，税金も払っているのに，養子になることを反対したので，私には冷たい。」という。養子との関係が康子氏の精神的支援にならず，逆にストレスになっている。
5/29	ケアプラン実施／職員と一緒にG市の実家にいく。実家で養子夫婦に大歓迎を受ける。ケアルームで見せる顔とは別人のよう。

1991（平成3）年

5/16	三郎氏が朝に，「G市に帰る」と興奮。この日以降，同じ訴えが続く。康子氏は「どうにかしてください」と職員に泣きついてくる。 ケア会議／今の状態では三郎氏がケアルームに1人でいる意味がない。居室にもどって，夫婦で生活をやり直すのがよいのではないか。三郎氏が自室に帰ることを目標にすることを康子氏に伝える。 康子氏は「一人の生活がよい。夫とは一緒にいたくない」
6/8	診療所精神科受診／三郎氏，器質的脳障害が高度と診断。記憶力，記銘力，認知力の低下が顕著。
6/14	この日から「離婚だ，かみさんを打ち殺してやる」「かみさんに騙された，無理に連れて来られた」「兄貴を呼んでくれ」などと日中にも大声を出すようになる。夫婦同居案は撤回し，ケアルームでの生活を継続する。三郎氏が奥さんから自立し，ケアルームでの生活ができるように，食事・入浴・移動・排泄などのパーソナル・ケアを提供する。
7/3	康子氏から三郎氏の介助方法の引継ぎを行なう。掃除がけやお茶の入れ方まで一々口出ししてくる。職員が作業しにくく，時間がかかる。
7/13	康子氏が，ケアの担当職員に対する不満をケア課長に訴えにくる。 課長から「職員はチームでケアを行なうので，奥さんがやるようにはできない」ことを伝え，了解をしてもらう。康子氏は自分の思うようにならないので，やけくそのようだ。
9/3	ケア会議／6月からのプランの評価＝康子氏の介護時間を減らし，職員が中心に関わる。その間，三郎氏の混乱状態は，薬を使わず，職員を重点的に配置してマンパワーの数で解決しようと，職員の関わりを多くしたが，職員との信頼関係の質的変化は期待したほどでなく，逆に，康子氏が職員の介護に一々口を出して，職員の介護方法に不満を募らせている。しかし，まだ現状ではケアプランの判断は難しく，結論が出せないため1ヵ月後に再検討。
10/5	**ケアプラン／ケアプランが思ったように効果が出ず，康子氏の不満が大きいことから，従来のように日中は康子氏に介護を行なってもらうことに変更。**
12/3	三郎氏がケアルームから這い出し，大声で兄を探し，徘徊する。

1992（平成4）年

1月	三郎氏は昼夜を問わずケアルームから外にでる行動が続く。康子氏や職員が関わっている時は落ち着いている。康子氏は，昼食後，ケアセンターにくる時間が早まってくる。康子氏から「もっと強い薬を飲ませてほしい」と要請がある。
1/31	ケア会議／今までのケアプランの総検討＝①職員は，そばにいて毎日関わっているが，同じ事の繰り返しでその場しのぎの対応になっていないか。②2年間関わっているが職員の考える方向に発展しない。③医療的にきちんと受診して，その結果の対応で，今後の再検討をするべきではないか。④声をだすのは，理由があるからで，脳障害や精神的混乱だけではないのではないか。⑤夕食後に興奮した場合には，一時的に薬を処方したらどうかなどの意見がでるが具体策はなし。
2/16	三郎氏は夕食後，外に出ようとする行動が多い。康子氏は「自宅に帰ろうとしているのであろうが，連れて帰るつもりはない。」
4/12	薬を使って行動を抑制するが，なかなか安定せず，薬に慣れてくると効果がなくなる。三郎氏診療所精神科受診・医師のコメント／理解力，認識力が低下している。
5/10	夕食後から夜間にかけての外出行動が多く，「オーイ」の声は改善されない。自宅に行くと落ち着いている。職員感想／夕方からの「オーイ」という声が出るのは，自宅に帰りたくて迎えにくるように奥さんへ声かけしているのではないか。
7/24	三郎氏，小さな脳梗塞の再発作。大声を出すためT病院に入院継続できず，附属診療所に転院。大きくないが声は続く。康子氏は「私の手には負えないので，このまま眠っているような薬にしてほしい。」職員感想／嫉妬から奥さんに絶えずそばに居て欲しいため，大声は奥さんに対する嫌がらせで，わざと出しているのではないか。
8/10	症状が安定したため診療所を退院しケアルームに戻る。

	8月中旬以降は三郎氏の興奮状態続く。**康子氏は心労のために眼底出血を起こす。**
9/10	ケア会議／分析＝①三郎氏が求めているのは奥さんで，奥さんのいない生活は不自然。②職員は三郎氏にとって意味のある存在にならなかった。③ケアルームに閉じ込められていると思われている。④「オーイ」という言葉の意味がわからない。
	ケアの行き詰まりのために，職員が案を出し合う。第1案は三郎氏が居室に戻って，奥さんと生活してもらう。第2案は，奥さんと完全に分離して三郎氏と職員との関係作りを再度行なう。第3案は一時的にG市の実家に帰る（転地療法）。
	ケアプラン／検討の結果，施設長が康子氏に第1案の自宅での同居のケアプランを話す。ただし，入浴・診療所受診・リハビリなどの援助は従来どおりに職員が行なう。
	康子氏の返事／今回の提案が責任者からの話であったため，職員の総意と考え，選択の余地がなく，提案を受け入れる。「職員の援助はあてにしていない」と捨て台詞をいう。
11/7	三郎氏はケアルームより自宅に移動。奥さんが自宅に連れていき，奥さんが「これからここで生活する」というと，三郎氏は無表情でだまっている。康子氏は「薬の処方は今まで通りにしてほしい。これで，大声で隣近所に迷惑をかけたり，夫婦共倒れになったら，施設側に責任を取ってもらう」という。
	ケアプラン／在宅のサービスに移行する。入浴援助：週3回，診療所付添い：週1回，リハビリ：週3回，その他は本人，康子氏と話をした上で決定。
12/1	ケアプラン／①康子氏のストレス発散を考え，奥さんが外出時には，ケアルームで預かる。②康子氏を探して「オーイ」という場合は，職員から，奥さんは休養のために外出していることを繰り返し言う。③興奮した時は看護婦の判断で預かっている精神安定剤を与薬。
12/16	康子氏が「もう限界である。精神病院に入れてほしい。三郎氏の大声に対して叩いたり，猿ぐつわをしてる」と訴えてくる。
12/24	ケア会議／①早急に三郎氏に対する虐待をやめさせること。②康子氏は三郎氏を病人としてみており，薬による半覚醒状態で，奥さんとの精神的交流がなければ同居の意味がない。③自宅の空間が生活空間でなく，精神病院と同じような収容所になっている。
12/25	ケアプラン／虐待や世話の放棄は康子氏のしんどさからくるものであると考え，共倒れにならないように，昼間だけ，三郎氏をケアルームで預かることにする。期間は2ヵ月間。
12/26	三郎氏の興奮状態続き，夜間に，自宅から「オーイ」の大きな声が聞こえる。近所の入居者から「どうにかしろ」と苦情が出る。苦情をいう入居者に対して，職員が対応し，大声が出たらケアルームに連れていくことを伝える。

1993（平成5）年

1/30	ケア会議／三郎氏は昼間，ケアルームにいる理由を理解しつつある。ある程度の生活パターンができ，多少職員との意思疎通もできるようになってきた。このため，このプランを続けるため，大声を出した時は，夜間でもケアルームに連れてきて，なぜ，ケアルームに来るかを繰り返し伝える。
2/9	康子氏との話し合い／奥さんいわく「声がでると叩いたり，蹴飛ばしてしまう。この部屋で人殺しもありうる。」
2/12	生活部門とケア部門の合同ケア会議／ケアサービス課の担当者は，三郎氏に対する康子氏の情が感じられない。自発的な協力も期待できない。康子氏が夫に対して夫婦関係が破綻していることをはっきり告げ，康子氏が自己決定した時に，康子氏抜きのケアプランを立てる。生活部門担当者は，康子氏は三郎氏に対する情はある。しかし，今のようなケアルームと自宅との行ったり来たりの状態では，限界に近い。したがって，①夫婦主体の生活を継続させるか，②夫婦の生活を終わらせて，夫婦を分離するかどちらかである。夫婦分離は情だけでははかれない。長年の連れ添った間では愛情以外のことが（性格の不一致，過去の夫婦間の葛藤など）影響していると考える。
2/13	**ケアプラン／夫婦両者が納得したうえで，夫婦を完全に分離し，三郎氏は介護専用居室を新規契約し，ケアは職員が行ない，奥さんは今までの自宅で生活してもらうことを提案。**
	ケアプランを康子氏に提案／康子氏は「この生活を終りにしたい。夫婦でこれからの生活を作っていくの

	は無理である。今までに自分の自由な生活なんて持ったことがない。」と同意した。奥さんから三郎氏に夫婦で一緒に生活できないことを話し納得してもらう。
2/14～18	この間，夫婦だけで居室で過ごし，康子氏から三郎氏に一緒に生活できないことを話す。緊急時のみ職員対応。苦情をいった住民には事情を説明し，5日のみ我慢してもらう。
2/20	康子氏「夫と一緒に生活できないことを伝え，ようやく，わかったようだ」。
2/21	三郎氏が家具類や荷物と共に介護専用居室（個室）に移動。職員からの説明は落ち着いて聞く。しかし，「かみさんがいない」「G市に帰る」と外出行動がある。三郎氏はなんとなく奥さんとの別れは自覚している様子がみえる。
2/25	職員が康子氏訪室／康子氏は「部屋の荷物が無くなったら，葬式をしたようで泣けてしかたがなかった。気持ちの上では諦めているが，旦那が何をしているか，困ったことがないかと思うと心配である。」 ケアプラン／職員と康子氏とのコンタクト／週1回は職員が自宅訪問。三郎氏の①入退院の報告，②身体状況の報告，③購入する物の確認，④物の受け渡しは奥さんが事務所にもってくるか，職員が取りにいく。⑤奥さんの1ヵ月ごとのスケジュール表を受け取る。
3/8	養子夫婦来訪／養子は，康子氏が三郎氏を捨てたと不満を話す。養子夫婦が三郎氏と会うが三郎氏は全くしゃべらない。
4月	三郎氏は「オーイ」という声が少なくなり，奥さんのことも口に出さなくなる。
9月	三郎氏は介護専用居室での生活は安定するが，この間，発熱を繰り返し，活気が無くなる。心臓の状態も悪い。

1994（平成6）年

3/11	康子氏宅訪問／康子氏は「夫が大声を出さなかったら何でもなかった。3ヵ月半の一緒の生活は本当に辛かった。50年の夫婦生活には変わりはない。もし，夫と会えるとしたら，大声を出さなくなった時，脳軟化が進んで，自分がわからなくなった時，死ぬ間際の緊急の時と思う」「今は，毎日外出して外でいろいろなことをしている。ホーム内の付き合いはない。口うるさい人はいろいろ言うが，無視している。」という。 職員感想／一抹の寂しさはあるが，介護からの解放感がつよい。今まで，世間体を気にしてきたが，残りの人生を自分なりに生きていきたいという強い気持ちが感じられた。

1995（平成7）年

2/3	養子来訪／三郎氏は，養子のこともわからないようだ。日中居眠りが多く，言葉が減ってくる。この間，診療所の入退院を繰り返す。
3/17	康子氏宅訪問／主人の世話から解放され自分の時間ができた。主人のことは片時も頭から離れず，職員から会わないでくれと言われたから会わないのでもないし，会いたくないから会わないのでもない。今は自分の世界を大事にしたい。自分の人生で今が一番静かである。 職員感想／今の生活の満足感が伝わってくる。夫婦の意味，つまり，死ぬ時は一人であるということと，残り時間の少ない人の毎日の貴重さを改めて考えさせられた。
10/12	三郎氏，診療所入院。全身衰弱が激しい。 診療所とケア担当者合同会議／看護婦＝このまま最後を迎えたのでは，双方にしこりが残る。特に，康子氏に心の傷を負わせることになる。今が奥さんを三郎氏に会わせる良い機会ではないか。ケア担当者＝病状については康子氏に伝えるが，面会は強いて進めない。理由は，康子氏は新しい生活をエンジョイしていること。最後になった時にだけ知らせてほしいと言われていること。康子氏は会いたければ自分で行動を起こせる人である。 ケアプラン／康子氏には，三郎氏の状態を知らせ，会うか会わないかは，康子氏の判断に任せる。
10/13	康子氏宅訪問／職員から康子氏に三郎氏の状態を話し，終末期にあることを伝える。少し時間をくださいとのこと。三郎氏の様態は毎日職員から伝える。
11/1	康子氏が約2年9ヵ月ぶり三郎氏に会いにくる。表情良くわだかまりを感じない。この後，毎日のように面会あり。1日中付き添っている。とくに会話もなく，ニコニコとそばにいることが多い。康子氏「面会に来られるようになってよかった」。

1996（平成8）年

3/12	深夜，三郎氏の容体が急変。康子氏がすぐにきて，そばに付き添う。
3/13	三郎氏午前4時38分永眠。その後，通夜，葬儀を行なう。
3/20	夫の死後ケアプラン／後賀康子宅に職員が3ヵ月間，1週間に1回訪問する。
4/4	康子氏宅訪問／私なら大丈夫との言葉あり。
5/1	納骨に職員も参加する。康子氏の顔は穏やかである。死後ケアの訪問を終了。

(3) 演習課題の設定

　課題の設定は，問題点に関連する視点にしぼって，3～5問程度設定します。あまり多いと教育研修の視点が分散しますし，少ないと時間をもて余します。また，問題点は，参加者の経験年数や力量を勘案して設定します。

　本事例では，入社3～5年目の職員を研修対象にして事例研究を行なっています。

演習課題は，次のとおりです。

①介護する配偶者側の心理過程について考えてください。

　本事例は，介護する側（妻）のさまざまな苦悩による言動が表現されています。その言動や心身の状態から，介護する側の精神的・心理的状態を考察して，ケア過程の段階的心理状況変化を考えてください。

②夫婦の分離ケアのあり方は適切であったでしょうか。

　本事例では，夫婦のプライバシーに介入し，夫婦を分離するケアを行ないましたが，夫婦，親子関係に介入する場合の適切性と注意点について考えてください。

③三郎氏の「オーイ」の意味を考えてください。

　康子氏は，三郎氏が「オーイ」という言葉を発しなければ，自分が世話できたといっています。「オーイ」の意味がわかれば適切な対応も可能であったと思われます。過去の夫婦関係にさかのぼって考察し，その意味を考えてください。

(4) 事例から学ぶこと

　教育研修のための事例研究は解答を求めるだけではなく，課題演習の討議によって，さまざまな意見が出され，そのディスカッションの過程がケア職員の教育研修になると同時に，その話し合いから得られた経験則や教訓が今後のケアに生かされていくことです。その意味で事例研究は直接的でかつ総合的な効果をもつ教育研修の手法です。

　以下は，研修の中でまとめられた内容です。問題への取り組み姿勢は，他の事例でも普遍的に応用できますので，参考にしてください。

①　介護者側の心理過程について（心理・身体的状態の変化過程）

　本事例から介護者側の「ケアにおける法則性」を見出すことができます。夫婦単位のケアを行なううえで，見過ごされがちな点は，世話をする配偶者側の身体的負担や精神的な辛さについてです。本事例の世話をする側の配偶者の身体的，心理的な言動を整理して，世話をする側の精神的・心理的な法則性を考えてみましょう。

● 介護者の心理的な第1段階＝「問題の訴え」の段階→1988（昭和62）～1989（平成1）年

a．ケアの大変さ，辛さなどの苦しみの感情表現がなされます。
b．自分の置かれている苦しさ，惨めさを他人に知ってほしい，評価して欲しいという感情表現がされます。

● 介護者の心理的な第2段階＝「問題の深刻化による介護者のケア要求の強化」の段階→1990（平成2）～1991（平成3）年

　配偶者を他人に押し付けて何とか今の状態から逃れたい，楽になりたいという逃避の姿勢が鮮明になってきます。たとえば，どこかの病院に入院させたいとか，ケアルームで面倒見て欲しいとか，自分は自由な時間が取れないとかなどです。

c．何とかこの状況から抜け出したい。楽になりたい。
d．こんなに頑張っているのに誰も助けてくれない。ケア職員に怒りや不満をぶつけます。
e．この状況から抜け出すための努力が，自分とケア対象者の二者関係（介護者対要介護者の関係）でしか物事が見えない。

　介護者は，しんどくなると余裕がなくなります。視野が狭くなって，そこから逃れようともがきます。他人に当たります。そのような時の適切な対応とは，話をよくきくことです。そして，困っていることを一緒に考えてやることです。

● 介護者の心理的な第3段階＝つらさがピークに達して「身体的変調をきたした段階」→1992（平成4）～1993（平成5）年

　介護からは逃れて自由になりたい，しかし，世間体もあるし，自分の気持ちとしても職員に全面的に任せられない。自分の思いどおりにならないと堂々めぐりになっています。

f．考えが堂々めぐりになり，出口がないという追い込まれた心理状態になります。
g．そして，身体的変調をきたします。

　しんどさがピークになると，身体的症状があらわれます。不眠，食欲不振，めまい，寝汗，ふるえなどの症状です。康子氏は眼底出血でした。介護者側の身体的変調は大切なメルクマール（指標）になります。ケア職員として，見落とさないようにしましょう。この場合には，「がんばれ」とか「しっかりしなさい」とか言わずに，ゆったりした気持ちで介護者の感情を受けとめていくと同時に，身体的負担を軽減する方策をとると，症状が軽減するにつれて心の問

題も解決に向っていきます。つまり，身体的症状が出てきた時は心の問題の過程ではピークになった時，あるいはピークに近いときと考えて支援することが大事です。この時に支援する人の対応が間違ったり，見放したりすると，ケア対象者と共倒れになったり，夫婦で一緒に死を選んだりするので十分注意する必要があります。

● 介護者の心理的な第4段階＝精神的心理的受容の段階→1994（平成6）～1996（平成8）年

本事例では，夫と別れる決意をしたときです。別れることによって精神的安定を得た段階です。世間体にこだわらずに——養子や他の入居者の目に負けずに——自分なりの人生を過ごそうと覚悟を決めた時です。

h．問題状況を解決させるために決断します。そこには，いままで世間体を気にしていた康子氏はいません。他者に感謝の言葉がでてきます。
i．視野が広くなり，三者関係（介護者と要介護者と＋誰か）の関係ができ，心に余裕ができます。康子氏はホーム外の人間関係を求めました。
j．受容の段階です。

この段階でも，介護支援体制，周辺の人の接し方によって感情のゆり戻しはありますが第3段階のように感情の振幅は大きくありません。しかし，この時期も十分，気を使ってやらなければなりません。本事例では，定期的に康子氏宅を職員が訪問して感情の解放をしています。

一方の配偶者が他方の不自由になった配偶者を積極的にケアしてゆこうとする場合は大きな問題は生じません（ただし，この場合でも介護者側の心理的段階は多かれ少なかれ生じます）。本事例は，配偶者の介護を受け入れられない介護者の共通の心理です。この4つの段階がすべての介護者側にあらわれるとは限りません。また，この4つの段階は，重複してあらわれることがあります。第2段階と第3段階が同時に生じることもあります。しかし，段階の順序が変わることはありません。また，それぞれの段階の期間は，ケアスタッフや家族の支援の仕方によって短縮したり，伸びたりします。困っている介護者側の心を支える人が傍にいるか否かによって異なります。このような心理状態は，親子の関係でも生じますので，ケア職員として理解してください。

② 夫婦の分離ケアのあり方（夫婦への介入のケース）

つぎの課題は，夫婦，親子の関係への介入についてです。ケア職員は，原則として夫婦や親子関係への介入はできません。プライバシーを尊重するためです。しかし，いろいろな事例に接していると，家族（夫婦・親子関係）だけでは問題が深刻化していき，破局を迎えることがはっきりしている場合があります。その場合には介入する必要が生じます。本事例では，この点について学ぶべき教材を提供しています。

（A）介入時期

介入時期ですが，これは決定的な時期はありません。ケースバイケースです。一般的にいえば，ケア対象者の家族（配偶者・子ども）から相談という形で支

援の要請がありますので，それが介入のスタートになります。目に見える形で，はっきりいえるのは次のような状況の場合は介入が必要です。
　a．夫婦の場合でも親子の場合でも，お互いが傷つけあい，一緒に居ることがマイナスになると感じたら介入する時期です。
　b．虐待が顕著になった時です。
　c．介護者側の身体的に異常がでてくる場合です。

　本事例では介入した時期は，1990（平成2）年2月に一度分離ケアを試みて失敗していますが，本格的な介入は，1992（平成4）年の8月頃に康子氏が眼底出血をおこし，9月に夫婦での生活を提案し，その後の12月頃，康子氏が三郎氏を虐待していることが判ったときです。命に関わることは緊急を要しますが，ただ，心の問題は，少し時間をとりながら対応する方が良い結果が得られるように経験的に感じています。

（B）介入方法と考慮すべきポイント
　分離ケアはいろいろなレベルがあります。本事例のように夫を介護型居室に入居させて，夫婦を完全分離する場合や，ショートステイを利用して，一時的に分ける方法など段階やレベルを考える必要があります。介入する場合は次の点を考慮するべきです。
　a．決して，ケアのやりやすさから行なってはなりません。この点はケアの過程において絶えず検証しておくことが必要です。ケアは夫婦や親子のセットでケアするより，分離して個別に行なった方が何倍も容易です。
　b．一般的には，夫婦関係や親子関係が崩壊していると感じたときは，介入しても良いと思いますが，表面的な言動だけでなく，その言動をよく吟味して慎重にしなければなりません。「一緒に居たくない」「顔も見たくない」「死んでほしい」「いなくなってほしい」などの言葉の裏に隠されている思い（夫へのアンビバレンツな感情）を推察しなければなりません。ケア職員が判決をくだすように自分の価値基準で判断すべきではありません。
　c．分離ケアをするときには，分離を宣告される側がそれを理解でき納得できる状況にあるか否かで状況は異なりますが，痴呆状態で本人が理解できにくくても説得することに力をいれなければなりません。介護者側にその熱意があるか否かがポイントです。
　d．双方が別々の生活できる空間が確保できるか，また，その経済的余裕があるかも検討する必要があります。
　e．夫婦の場合では，介護者側が世間体や親族などの非難に耐えられるだけの決心の強さ，信念の強さが必要です。

（C）実施方法とそのプロセス
　a．情報の収集と十分な検討
　　できるだけ多くの言動を集め，判断すべき材料の収集を行ない，夫婦の生活歴，夫婦のコミュニケーション，夫婦の感情（愛憎を含めて）などをその言動から推察していくことが大事です。基本点の検証に時間を惜しまないことです。

b．段階的介入と責任

　夫婦の日常生活を観察して，介入を行なうのは，初めから全面的にというのではなく，段階的に少しずつ行なっていくことが肝要です。夫婦親子関係に介入する場合は，介入の判断は責任者が行ない，最後まで責任をもって取り組むべきです。責任がとれない場合は介入すべきではありません。

③夫婦の関係性＝三郎氏が「オーイ」と叫ぶ意味

　３つめの課題は，三郎氏の「オーイ」と叫ぶ意味です。康子氏は「夫が大声を出さなかったら何でもなかった。３ヵ月半の一緒の生活は本当に辛かった。50年の夫婦生活には変わりはない。・・・」(1994/3/11)とのべています。

　康子氏は，夫が「オーイ」と大声を出さなければ，自分が世話することができたといっていますが本当でしょうか。そして，「オーイ」という言葉を発する意味は何であったのでしょうか。職員は，その意味を求めて，何回も話し合っています。たとえば，1990/3/30，1992/5/10，1992/7/24などです。

　三郎氏の「オーイ」の意味を汲み取っていくには，夫婦関係を考察することが必要です。後賀夫婦の危さは，子どもがいないことによる夫婦の共同作業が仕事であったということです。仕事がなくなれば協働することがありません。また，推測になりますが，夫婦の性的関係でも過去に康子氏が浮気をしたか，あるいは，疑われるような行為をしたかもしれません。三郎氏の「自分の親友と不倫しているのではないかと疑っている。」「離婚だ，かみさんを打ち殺してやる」などの言葉から考えられます。夫婦関係では，過去の浮気や不倫などの性的不義は老年期の介護時に表出される場合が多いように感じます。

　また，夫婦像でも語られているように，後賀氏夫妻の場合は，学歴や事業もそうでしたが夫婦関係の主導権は康子氏が握っていました。さらに，当ホームに入居したのも康子氏の意向が強く働いています。なぜなら，康子氏は養子との仲がよくないからです。三郎氏はＧ市の家で老後を過ごしたかったのかもしれません。そのように考えてくると，三郎氏が夫婦関係の破局を意識し，康子氏が三郎氏から遠ざかるのを阻止するための言葉，あるいは，Ｇ市の実家に戻りたかった言葉が三郎氏の「オーイ」の意味ではなかったとも考えられるのです。

　解釈はどうにでもできますが，大切なことは，ケア職は夫婦両方が幸福であるという実感をもつことのために仕事を行なうという視点を忘れないことです。片方の犠牲で他方の良い状態が成り立つのではありません。三郎氏が脳梗塞で言葉が不自由であったという点を割り引いても，記録の中に康子氏の声はあっても三郎氏の声が聞かれません。この点は本事例のまずいところです。両方の意向を根気よく聴いていく姿勢が求められます。

　この問題設定の意味は，「オーイ」という言葉の現象にとらわれるのではなく，その言葉の裏に意味する夫婦の関係を考察し，ケアプランに生かしていくことが大切であるという点です。

④まとめ

本事例から学んだことは，介護する側の配偶者の心理過程と，夫婦問題に介入する場合の課題と，夫婦関係の心理・社会的課題という3点です。この3点は，ケアを進めるうえで検討する場合の目安（羅針盤）になります。このような経験則を教育研修を通して実践に生かしていくことが必要です。

いずれにしろ，本事例は，ケア対象者をケアする時に，ただ，身体的援助をすればよいのではなく，ケア対象者の人間関係，とくに夫婦関係を調整することの重要性と夫婦関係を調整するプロセスでのケアの方法論の確立が求められているということを示しています。

事例研究は演繹的手法によって，経験を法則性に高めて，ケアの質的向上をめざすものであり，それを現場に生かすことによって，ケア職員の実践的資質の向上に寄与するのです。

Ⅲ
教育研修のための事例研究実践例集

　教育研修のための事例研究の実践事例を紹介します。教育研修の材料として利用してください。ここに紹介する事例類は，ケア対象者やその家族の「心」に焦点をあてて描写しています。そして，事例からさまざまな人間像，家族像を学ぶことができます。
　本事例は，ケア付き高齢者マンションとそれに併設されている介護専用型有料老人ホーム（附属有床診療所が併設）に入居している高齢者が対象になっています。マンションの生活者には日常生活の利便が提供され，家事援助を行なう生活部門（生活課）の職員がいること，一時的に要介護状態になった場合は，併設の介護専用型有料老人ホームにある一時介護室（ケアルーム）を自由に使えることになっています。介護専用型有料老人ホームの場合は，終身利用権方式で，入居金に終身介護料が含まれています。ケア付き高齢者マンションからの住み替え契約変更ができる仕組みです。また，附属の有床診療所は内科医が常勤し，精神科医と整形外科医，ＰＴ（理学療法士）が非常勤で勤めています。
　なお，本事例は，プライバシーに留意して，内容を大幅に作り変えてフィクションにしています。本事例の人は実在しているいかなる人とも関係がないことをお断りしておきます。

事例1　「自殺」
　　孤独感と身体不調から死をほのめかし，心の支えであった職員が退職したことによって，心理的に追い詰められ実際に自殺した男性の事例

事例2　「夫婦問題」と「家制度問題」
　　婿養子に入り，遺産分与や「家」制度の人間関係がからんで離婚したが，寂しさからアルコール依存症になり，元妻との関係（腐れ縁）を精算できずに依存せざるをえなかった男性の事例

事例3　「親子問題」
　　配偶者（妻）の死後，ケアの分担問題と相続問題がからんでケアが難しくなった親子関係を調整した男性の事例

事例4　「ターミナルケア」
　　ターミナルケアで，本人へのガン告知や息子の死の告知ができず，事実を隠していたために，ケアが難しくなった女性の事例

事例5　「被害妄想」
　　寂しさから被害妄想にさいなまれ，孤独さと人間関係の弱さを支えた女性の事例

事例1　自殺

1　問題点の概要

　本事例は，高齢の単身男性で，人間関係をつくるのが下手で，一方ではボケのすすんだ入居者に暴力行為を行なうというトラブルを起こし，他方では，孤独感と身体不調から死をほのめかし，心の支えであった職員が退職したことによって，心理的に追い詰められてしまい，実際に自殺した事例です。自殺，入居者同士の喧嘩，ケア職員の引継ぎの問題を提示しています。ケアの事例では，成功事例より失敗事例からのほうが学ぶことが多いです。「ケアの失敗学」とは，失敗から教訓を学んで「失敗しないための試み」をすることです。本事例はその面で大きな教訓を残したケースです。

2　プロフィール（人物像）

(1) 基本データ

氏名／澤木敬二（仮名）
生年月日・年齢・性別／1915（大正4）年2月15日。72歳（入居時）。男性
結婚歴／独身（離婚）
本籍地／東京都
前住所／埼玉県H市
子ども／なし　　きょうだい／6人きょうだいの次男。兄1人，弟1人（死去），
　妹3人
身元保証人／山田すず（仮名・次妹・埼玉県O市在住）
学歴／尋常小学校卒
職歴／D・T電気㈱で工員として30年勤務，1970（昭和45）年55歳で退職
財産／有価証券5,500万円　　収入／年金等230万円
マンション購入資金／自宅売却
病歴／特になし
入居動機／高齢のため
宗教／浄土真宗

(2) 人物像

　面長で白髪を綺麗に分け，口，鼻，耳とも大きい。背が高く痩せ型であるががっちりした体型である。入居当初は，大食堂や大浴場に出ていたが，周りの住民が大学卒ばかりで，自分とは合わないといって利用しなくなる。周囲の人

との比較で自分を判断し，コンプレックスが非常に強い。そのために他者に対して垣根を作って自分の内面には入りこませないので友達がおらず，関係があるのはきょうだいだけである。しかし，孤独に耐えることができるほど精神的には強くない。権力者や地位の高い人には卑屈になるが，自分より弱い人（障害者，痴呆者，文句を言わない人）には強圧的な態度にでたり，いじめてバランスをとっている。ただし，女性は弱い者として庇護しなければならないという意識が強い。趣味は競馬・競輪などのバクチが好きで，車で毎日のように出かけている。また，ピーターパンや宝塚が好きという女性的な面がある。性格的には思い込みが激しく，興奮しやすいが，「アパートを建てた時に，人に取られるのではないかと心配で不眠症になったほど気が弱い」と本人がいっている。

　金銭的な執着は強く，アパート経営をしたこともあり，株の運用を行なっている。劣等感の裏返しとして，金銭で問題を解決しようとする性向がある。たとえば，奥さんと離婚したときは「女房の実家に金を付けて引き取ってもらった」というようにお金で解決している。家庭的な温かみはなく，仕事では職工として他人や上司に合わせるようにして生きてきて，金銭的には恵まれた状態を作っていたが，1人で淡々とした生活はガマンの連続であっただろう。そのために，自分の希望をかなえるために，退職を契機に田舎に引越し，3,000坪ほどの畑を買い，他人に煩わされずに野菜つくりに没頭した。ところが，高齢になり，体が弱くなってくると，将来のことが心配になりひとり身の寂しさから人恋しくなって田舎を離れて都会に戻ってきたのである。「自分の人生はひとりぼっちで悲しみもないかわりに喜びもない」という言葉が本人の心のすべてを語っている。

(3) 生育歴

　1929（大正4）年2月に東京のA区に生れる。尋常小学校を卒業後，近くの町工場に就職したが，10歳代後半～20歳代は戦争のために軍隊生活をおくる。中国の満州に従軍していた。帰国後まもなく，1945（昭和20）年に澤木氏31歳，奥さんが23歳の時に結婚した。見合い結婚で，親戚の人の紹介で，いわれるままに結婚した。妻が結婚後4，5年した時リウマチを発病し，それでも30数年一緒に暮らした。妻が病弱なため子どもはできなかった。10年前に奥さんのリウマチがひどくなり1人で家にいられず，澤木氏1人では世話ができないため，退職金の内から200万円を渡し奥さんの実家に引き取ってもらい，離婚した。奥さんの長兄の長男が大学に入るときには入学金を援助したこと等，奥さんの実家には経済的援助を行なっていた。仕事は，D・T電気工業の職工として30年勤め，55歳で退職した。爪に火をともすようにして貯蓄し東京に家を2軒もった。内1軒はアパートにした。退職後しばらくして2軒とも売却して，その金で埼玉に家を建てて，3,000坪ほどの畑を買って野菜や落花生を作って自給自足の生活をしていた。資産は5,500万円。年金等は年間230万円。身体は丈夫

で過去にこれといった病気をしたことがない。

(4) 家族関係

　父親は近所の町工場の職工で，毎日酒ばかり飲んでいた。きょうだいが多く，貧しかったので食べ物でいつもきょうだい喧嘩していた。母親は内職に忙しく子どもはほったらかしであった。小さい頃から鉄くずなどを拾って小遣いにしたという。

　6人きょうだいで，兄が東京，妹が3人で順に茨城，埼玉，東京にいる。弟は40歳代で亡くなった。兄は85歳になり8階建てのビルのオーナーで尊敬しているが，自分勝手な人である。兄嫁とは仲が悪く，澤木氏としては実家の墓には入りたくないという。兄に対しては尊敬していると同時にドライな生き方に嫌悪感を抱いているが，ある程度の行き来はある。二番目の妹には身元保証人になってもらっているが，特別に親しい関係ではない。他の妹とはまったく付きあいはない。「自分ひとりで生きてきた」（本人）という。

　夫婦関係は，結婚してから4，5年で奥さんがリウマチになり，病弱であったため子どもができずに，「妻とはとくに仲が悪かったわけではないが，会話はほとんどなかった。」というように家庭はあって家族なしという状態であった。それでも離婚しなかったのは「男は女を守らなければならないという考えや夫婦は一生連れ添うという意識が強かったこと，なにより，病気の妻を追い出したら世間から何をいわれるかわからないから」という。しかし，自分の負担になってきた妻を金銭を付けて実家に戻したというドライな面がある。

〈家族関係図〉

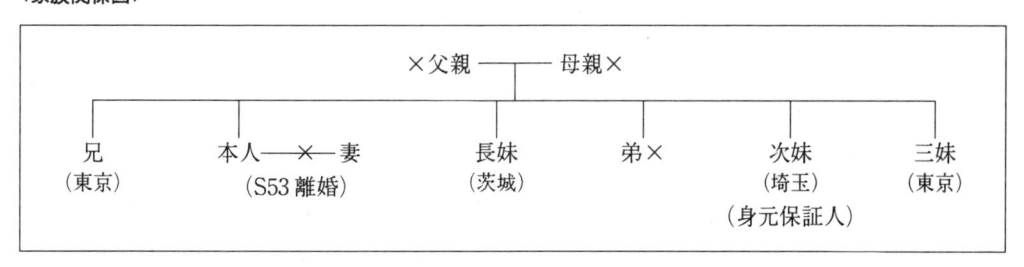

```
              ×父親 ──── 母親×
    ┌─────┬──────┬──────┬──────┬──────┐
    兄    本人──×──妻   長妹    弟×   次妹    三妹
　(東京) (S53 離婚)     (茨城)        (埼玉)   (東京)
                                    (身元保証人)
```

3　事例の問題状況とケアサービスの過程

1987（S 62）

月日	澤木氏の問題状況と言動	ケア職員の対応・意見
11/21	ケア付き高齢者マンション契約。常住開始。	

1988（S 63）

月日	澤木氏の問題状況と言動	ケア職員の対応・意見
4月	自宅訪問／妻は以前に亡くなった。子どもはなし。食堂の食事はあわないので，朝はパン，昼は外食，夕は食べたり食べなかったりしている（他の居住者と会いたくないため）。今まで，埼玉でひとり暮らし。身内がないという。	職員感想／会員カードには奥さんと離婚と書いてあるが，本人は亡くなったと言っていることが気になる。
10月	自宅訪問／きょうだいはいるが，いろいろあって，世話になりたくない。他の入居者は大学出で高尚な話しをしているが，自分は小学校しか出ていない。周りの人とはつきあえない。	毎日，大井，船橋，取手とバクチをしに出かけている。今のところ，波をたてず静かにマンション生活をしようとしている様子。

1995（H 7）

月日	澤木氏の問題状況と言動	ケア職員の対応・意見
4/10	朝食に来ないので訪室。ベッドに横になっており，昨日，オートバイが倒れていたので，おこそうとして，ギックリ腰になった。トイレは這っていっている。	看護婦*が訪室し，診療所受診。レントゲン検査の結果，第三腰椎の圧迫骨折。本人いわく骨粗しょう症，ギックリ腰がいっぺんにきたとのこと。整形受診。コルセット着用。
4/11	ケアプラン／①家事援助（掃除，洗濯）に週1回火曜日に入る。食事は配膳。②担当制ケアを行なう。担当はY職員（40歳代女性）とW職員（20歳代女性）が担当する。Y職員感想／寂しさをもちつつたんたんと生きているようだ。しかし，心の中では暖かいものを求めているようだ。打算的な生き方ではなく，職員とのコミュニケーションをもち，行事に参加して欲しい。	

＊名称変更（2002年3月）以前のため「看護婦」を使用

1998（H 10）

月日	澤木氏の問題状況と言動	ケア職員の対応・意見
9/28	大食堂で，澤木氏が姫島氏（男性・85歳・マンション住民・痴呆症でボケがすすんでいる）の右肩をドツイて，大声で「俺のお膳を持っていった」と怒鳴っている。職員が間に入り，姫島氏のお膳は職員が配膳したので，「澤木氏の間違いだ」といっても聞き入れない。「口で言ってもわからない，何回でも殴ってやる」と興奮状態。「女子職員もグルになってやっているのだろう」という。 ―この日以降，何回か姫島氏を大食堂で怒鳴る行為があった。―	職員に言いたいことがあったらいつでも来てください，というが納得していない。
11/13	トレー（お膳）の取り違えの件でY職員とB職員が訪問／お膳を取り違えた件で話しにいくと，最初はお膳を誰かにもっていかれたことを伝えたかっただけだと話している内に，興奮してきて「自分だけが被害にあっている，そのままにしておくのは職員の怠慢である」と大声を出す。9/28にE生活課長に訴えたら「姫島さんがやっていないというのだからやっていない」という答えであった。やった本人が「やった」というわけがない。これをみても職員がグルになっているのがわかるとしつこく訴える。	Y職員返事／大食堂のあの混雑の中で間違えるのは良くあることで，対策はない。犯人を探すのもこのような高齢者の生活の場では馴染まない。他の人は，キーホルダーや箸の置き方を変えているので，澤木氏も考えてほしいことを伝える。

月日	澤木氏の問題状況と言動	ケア職員の対応・意見
11/20	自宅訪問／なぜ，姫島氏やもう1人の茅野氏（男性・72歳・マンション住民）に対して疑いをかけるのか聞いたところ，何年か前に澤木氏が食堂で食事をしていたら姫島氏から「そこの席は俺の所だドケ」と言われた。茅野氏は「澤木氏が障害者の席に座っている」といいふらされて，それまで座っていた席を変えざるをえなくなった。2人には恨みがあるのだという。	Y職員からは，一度配膳したものを戻したら他の入居者から苦情がくる。職員はグルになって意地悪はしない。普通は間違ってお膳（トレー）を持っていった人がいたら，職員は探すようにしているので，今度無くなったら，職員にはっきりいってほしい。提案として，トレーを間違わないようにキーホルダーなどを置くなどの対策をしてほしいというが，聞く耳もたぬ風。最後には水掛け論になったので切りあげる。 Y職員感想／澤木氏は小学校卒でマンション内に気の合う相手がおらず，寂しさ，劣等感の裏返しとして，今回の行為があったと感じた。「また，近いうちに話しにきてくれ」との言葉もあった。人を求めている様子がうかがえる。
12/20	朝，メールボックス（郵便受箱）の前で，澤木氏が姫島氏をつかまえて「こいつはバカだ，何もわからず，バカをバカといって何が悪い，しょうがない奴なんだ」と肩をドツイて大声をあげていた。他の入居者が間に入るが興奮して耳に入らないようだ。姫島氏は何が起こったかわからず，ボーとした感じ。	職員が駆けつけて離す。
12/23	朝，生活部門のカウンター前のテーブルで，茅野氏と居住者M氏が澤木氏のことを話している。茅野氏が帰りがけに「澤木さんて急に人が変わったみたいだ。なにかあったのか」と職員に尋ね，「先程，アマリリスの花の話をしていたら，澤木さんが突然立ち上がって『そんな話を聞いていられるか，お前は俺のお膳をもっていった姫島の世話をやいている』というようなことをドナリながら殴りかかってきた」とのこと。茅野氏は「澤木さんは姫島さんや私より遅く来るのに，私達が澤木さんのお膳をもっていくことはできない。被害妄想があるのではないか」という。職員からはこんどそのような事があったら，教えて欲しいと頼んだ。	

1999（H11）

月日	澤木氏の問題状況と言動	ケア職員の対応・意見
2/8	朝食後，カウンター前で澤木氏が居住者B氏と話しているところに，姫島氏が来てそばのテーブルに座ったところ，急に澤木氏が姫島氏を突き倒し，姫島氏はイスより尻餅をついた。「お膳の件で謝らないからこずいた」と興奮状態であった。「俺は悪くない」の一点張りで，「あいつが謝るまでドツイてやる」	ケアプラン／①他人に暴力を振るわないようにする。澤木氏は権威に弱いので，E生活課長が話を聞き，納得しない場合は，P管理責任者が対応する。②澤木氏の成育歴を知って，澤木氏の人となりを理解する。
2/10	E生活課長と澤木氏との話し合い（Y職員立会）／澤木氏：「職員にいったのに何にもしてくれなかった。職員もグルである。こんな意地悪をされて黙っていたら，周りの人が意気地のない人とみるだろうから，男のメンツを保つために謝るまで絶対許さない」という。 話の後で，澤木氏／「今，生きがいがない。周りの人との付きあいはマージャンを週に1度するだけであったが，居住者のK氏がインチキするのでやめた。競輪・競馬が楽しい」。	E生活課長／暴力はよくないし，もし，万一姫島氏に怪我でもさせたら大変であること，マンションの規程には他の居住者に危害を与える行為は禁止されていると話をするが，澤木氏は一方的に自分の言いたいことを繰り返す。一度，P管理責任者と話したいというので，P管理責任者との面談の約束をする。

月日	澤木氏の問題状況と言動	ケア職員の対応・意見
2/15	姫島氏の件の話し合いのあと，澤木氏が茅野氏の件はどうなのかというので，P管理責任者は茅野氏は「正常に話ができるだろうから，直接話し合ってほしい」。茅野氏と話し合いがうまくいかなければ，何時でもP管理責任者が仲介することになった。自宅への帰りの途中で，澤木氏はY職員に「これでさっぱりした，1回こうゆう話しをしたかったんだ」。	P管理責任者と澤木氏の話し合い（Y職員立会）／P管理責任者から，ともかく暴力は止めてほしいといったが，澤木氏は納得せず，結局，P管理責任者から，①姫島氏はボケていて状況が理解できないので彼のかわりにP管理責任者が謝る。②姫島氏の配膳は職員が行なうことを提案し澤木氏も了承する。
4/4	自宅訪問／Y職員が退職し，P管理責任者も転勤したことを伝えると，寂しそうな表情がみられた。	
4/5	澤木氏が管理事務所にY職員の住所を教えてほしいとくる。職員に断られた後で，Y職員にお金を貸しているので，連絡先を教えてほしいと再度いってくる。	プライベートなことは教えられないと答える。
4/8	職員から電話で，Y元職員に澤木氏が連絡を取りたがっていることを伝える。Y元職員は「絶対お金を借りたことはない。電話番号を聞くための口実であろう。澤木氏は私の前では子どものようになってしまい，私を母親のようにみているようだ」という。	
4/16	E生活課長訪問／澤木氏は「①Y元職員には親切にしてもらったので，一言お礼を言いたかった。しかし，住所を職員は誰も教えてくれず，逃げ口上ばかりいっている。自分で調べたのでこの件はもうよい。②姫島氏の件は前管理責任者と話し合って解決した。③茅野氏の件は納得していない。職員は止めに入るだけで"暴力はいけない，こんなことをしているとこのマンションにいられない"とおどす言葉しかない。どうしてこのような事をしなければならないか聞こうともしない。④他の居住者は職員がこわいので言いたいことも言えない。居住者は弱い立場にいることをわかってほしい。⑤「他の居住者と上手くやれるように協力して欲しい」といい，「今は，隣のX氏のことも気にならなくなったし，上階の人とも上手くいっている。このマンションには友人としてZ氏がいる。生活課の職員がいうように独りぼっちではない。」「言いたいことを言ったのでスッキリした。」とのこと。	
4/24	Y元職員からTEL／澤木氏からハガキがきて，「会いたい，連絡をください」との内容であった。「澤木氏にTELを入れ，そちらに行く用事があったら必ず会いにいくことを伝えた。穏やかな話し方であった。」という。	
5/11	ケアプラン／①Y職員の代わりにG（若手男性）職員が担当する。早く，澤木氏との信頼関係を再構築する。このため，週2回自宅訪問を行なう。②精神科のF医師と連携をとって寂しさ，不安感，悲壮感を受けとめていく。③きょうだいの援助を受ける。身元保証人の妹と早急に連絡し，澤木氏の現状を伝える。	
5/21	澤木氏がAM5:00，胸が苦しくなったので心配になり看護婦が常駐している介護専用ホーム棟のケアステーションにくる。	看護婦がバイタルチェックをして，落ち着いたため部屋に帰る。
5/25	身元保証人の次妹と連絡をとるが，忙しくてすぐにいけないとの返事。非常に冷淡な感じを受けた。	
6/25	澤木氏から新任のW管理責任者にTELあり／①夜中に澤木さんですかと若い職員から嫌がらせの電話があった。②以前，腰痛で世話になった職員に届け物をしたが，届かず，その職員に逆恨みされ，通帳を隠された。③Y元職員の住所を書いたものがなくなった。という内容であった。	

月日	澤木氏の問題状況と言動	ケア職員の対応・意見
6/27	上記の件で，E生活課長が自宅訪問／W管理責任者にTELしたことを再度聞きにいく。澤木氏は「①若い男の声で嫌がらせの電話があった。②留守中に誰かが部屋に入ってものをいじった形跡があった。職員はマスターキーをもっているので職員が入ったとしか考えられない。③以前に，マスターキーの事を前P管理責任者にいったら厳重に管理していて職員はむやみに使えないといったが信用できない。④このマンションに来てからいろいろなことが起こったが，話しをしても誰も気持ちをわかってくれない。それどころか嫌がらせをされ，ここを出ていきたいが，バブルがはじけてマンションを売ることもできず，八方ふさがりでノイローゼになりそうである。かなりボケてきたのではないかと不安になる。」	E生活課長／ほとんど2時間聞き役であった。①マスターキーについては新W管理責任者になってから管理を厳重にしていることを話す。澤木氏は「それを聞いて安心した。新任のW管理責任者は嘘をいっていないだろう。今までのことを聞いてもらえるかもしれない」とのこと。②Y元職員に会えたこと。③2・3日前に兄の所に行ったら「歩け」と言われたこと。④介護専門ホームに契約替えをしたいと思っていること。⑤競輪・競馬に行っていること。⑥喘息の発作時に職員の世話になったことを話す。 E生活課長の感想／4月の時より穏やかな感じであったが人の名前がなかなか出てこなかった。タバコを吸いながらせき込むのが気になった。
7/1	生活課に来る／訴えは息苦しく気持ちが悪い，腹満感があり，スッキリしない。何もすることがないときは今までしたことに後悔があり，アレコレ考えて気持ちが落ち込み苦しくなる。ニコチン中毒なのにタバコを禁止されていて，イライラするのでそれが原因かもしれないという。	附属診療所の精神科に受診するように誘導する。
7/2	Sケア課職員訪室／澤木氏は「2時頃目が覚めたら眠れなくて5階あたりから飛び降りようと外に出てタバコを一服吸ったら元気になった」という。この後，介護専用ホームのケアステーションに誘導し詳しく話を聞く。「ここ2・3日眠れないこと，生きていても良いことがないこと，この建物の裏の崖から飛び降りれば死ねそうだ」という。介護専用ホームのケアルームに泊まることをすすめるが断られる。	早朝，AM4:30ごろ介護専門ホームのケア課にTELあり S職員対応／「自殺したいと思っているんだけど」とあり，誰だかわからないので，名前を聞いても答えない。「訪室する」というと「じゃあ，話しにくる？澤木です」という。電話の感じは余裕があり，切迫感なし。
	F病院受診付添／医師談「胸苦しさは肺気腫がすすんでいる可能性がある。検査のうえ対応を考えたい」「タバコは吸わないほうがよいが1日に1・2本ならよい」。	5階の待合室で待っている時に，澤木氏が「ここから飛び降りれば死ねるな」といっているが，職員としては半信半疑であった。帰りにファミリーレストランで職員と食事して喜ばれる。
7/3	附属診療所精神科受診／この1ヵ月眠れていない，夜に目が覚めると動悸，息切れがする，天涯孤独である，職員と話していると楽しいとのこと。セルシン（緩和な精神安定剤）2mg処方。	
7/4	AM4:30，介護専門ホームのケアステーションにくる。「眠れないので薬がほしい」とのこと。	バイタルチェックし話をしているうちに落ち着く。帰宅。
	自宅訪室／タバコを止めたら何もする気がなくなり，頭がボーとする，どうしてよいかわからない。精神科の薬は飲んでいない。	
7/8	ケアプラン／①自殺を口にするので真意をさぐるためにW管理責任者が早急に澤木氏と話し合いをもつ。②生きがいをもつために介護専用老人ホームのボランティアをすすめる。障害があっても一生懸命生きている人をみることによって，生きる意欲を取り戻すことができるのではないかと考える。③介護専用ホームへの契約替えを検討する。介護専用ホームの入居者は障害をもっているがゆえに澤木氏は弱者と考えており，自分より弱い人と生活する方がプレシャーがかからず，気楽に生きれるのではないか。	

月日	澤木氏の問題状況と言動	ケア職員の対応・意見
7/11	AM 5:00頃,看護婦が定時巡回から戻ると,澤木氏が介護専門ホームのケアステーションにいる。不眠を訴えており,ストレスを直す病院を教えてほしいとのこと。	看護婦が調べて知らせることを約束すると自宅に戻る。
7/12	茅野氏より職員にＴＥＬ／早朝に澤木氏からＴＥＬがあり,「お前を殺してやる」といってきたとのこと。	
	茅野氏の件と睡眠薬の件で自宅訪問・看護婦同行／澤木氏は夜9:00に睡眠薬を飲んで10:00に寝るがAM 1:00か2:00に目が覚めてしまう様子。F病院の薬と診療所精神科の薬は違うので,F病院の薬を精神科の医師にみてもらうようにする。先日,身元保証人の次妹の所に2日泊まったが,1日はよかったが翌日は眠れなかったという。	茅野氏の件は堂々巡りで要領をえない。ただ,茅野氏への憎しみが伝わってくる。 職員感想／自分の寂しさを人を憎むことによって解消しようとしているようだ。
7/15	自宅訪問／W管理責任者との面談を設定したいというが,澤木氏は気持ちが整理できないのでしばらく待ってくれという。介護専用ホームへの契約替えを考えてもよいという。	
7/16	AM 5:00頃,介護専用ホーム棟の北非常階段で音がするので職員がいくと,澤木氏が歩いている。ケアステーションに誘導し話しを聞く。澤木氏は「今まで崖下に飛び込んで死のうとしたが,人に頼んで殺してもらってもよいと考えるようになった。自分は75歳まで生きればよいと考えていたが,80歳も過ぎてしまった。部屋に居るとムカムカして居てもたってもいられなくなる」という。	精神科受診・澤木氏の訴え／①鍵をなくした。②夜が眠れない。③死にたい時がある。話し相手がほしいようだ。医師／職員の誰でもいいから早急に信頼関係をつくるようにすべきであるとアドバイスがある。
7/21	AM 8:20,介護専用ホーム棟のケアステーションに来る。「昨日は全く眠れず,死ぬことばかりを考えていた。死のうと思ったが,臆病になって死ねなかった。死ぬ勇気はないし,生きているかいはないし,一体どうすれば良いかわからない。」といい,表情険しく時折カウンターに顔を伏してしまう。ケアルームで休む。昨晩よりも"死にたい"を連発していた。10:30頃自宅に帰る。	
	G生活課職員自宅訪問／澤木氏いわく「死のうと思って,このマンションの最上階にのぼったができず,介護専用ホームの裏にある崖下に飛び降りようとしたが恐ろしくてできなかった。」茅野氏の件になると,「茅野は許さない,夜何度か電話で脅してやった。自分が死ぬ時は茅野を道ずれにする」という。「Yさんに会いたい」を連発する。「競馬やマージャンもできない身体になったし,それ以外これといった趣味もない。唯一タバコをすってスッとした気分になりたい」という。	G生活課職員からは,介護専用ホームのケアルームは何時でも利用できることを伝える。元職員のYさんには澤木氏の気持ちを伝えると約束する。
7/22	W管理責任者との面談を催促するがはっきり返事しない。	

月日	澤木氏の問題状況と言動	ケア職員の対応・意見
8/23	AM 6:30，介護専用ホーム棟裏の崖の傍に澤木氏がパジャマ姿で立っていた。	ケア職員が声をかけ一緒に自宅につれていった。表情はおだやかであった。
	AM 9:30，介護専用ホーム棟の入居者よりTELあり。崖のフェンスに男の人が登って，下を覗きこんでいるので，助けてやってほしいとのこと。	職員がいそいでかけつける。澤木氏がフェンスにつかまっていたので，引きおろしケアルームで休ませる。
8/24	F病院受診付添い／待ち合せの時間で行き違いが生じる。病院の帰りの車の中で，付き添いの看護婦に澤木氏が「検査が検痰なので肺ガンと思う」という。	看護婦は検痰だからガンということはないと否定する。
	自宅訪問／「今の調子の悪さは心の問題で今日も死のうと思って崖に行ったが怖くなって帰ってきた。もう何度も行っているけど・・・。テレビも面白くないし，競馬も燃えなくなったし，もう宗教しか頼れるものがないのかな。よい考えがあったら教えてよ」「Yさんの件はどうなったのか」と聞いてくる。	職員は元Y職員からの返事待ちと答える。
8/25	AM 8:05，職員が崖下に倒れている澤木氏を発見し，F病院に救急車で搬送。意識マイナス，脈微弱，頭部挫傷，右前腕骨折。すぐ，身元保証人の妹に連絡する。「すぐ行けないのでよろしく」とのこと。遺書はなかった。	
8/26	意識マイナスのまま死去。	

4 演習課題の設定

本事例の演習問題は次のように設定しました。
① 澤木氏の人物像を考察してください。
　　高齢期は人生の決算期といいます。自殺をしなければならなかった澤木氏の「心」を共感してください。
② 澤木氏の自殺の原因から，今後の自殺予防策について考えてください。
　　澤木氏の自殺の原因はなんであったのか，また，職員に「死にたい」と訴えていました。なぜ，防止できなかったか，また，二度と自殺を起こさないような対処方法も考えてください。
③ 入居者同士の喧嘩やいさかい，トラブルを仲介する場合の注意点を考えてください。
　　澤木氏は，同じ入居者の姫島氏や茅野氏に対して憎しみをいだき，暴力行為を行ないましたが，入居者同士のトラブルをおさめたり，良好な人間関係をつくるにはどのようにしたら良いのでしょうか。
④ 業務の引継ぎの重要性と，担当制ケアの注意点について考えてください。
　　Y職員の退職が澤木氏の孤独感を助長したことは否定できません。とくに，ケアサービスにおいて担当制をしいている場合には，職員と入居者とは親密な関係が生じます。担当制における親密さとその対応方法を考え，

その職員の退職時や担当替えの際の業務の引継ぎをうまく行なうにはどうすればよいかを考えてください。

5 事例から学ぶこと

本例は高齢になり，孤独・寂しさ，資産の目減り，身体の不調などから生きる意欲を失って自殺したケースで，多くの教訓を残した事例です。

(1) 澤木氏の内面世界へのアプローチ

第1に，澤木氏の内面を推察するとつぎのように考えられます。

人は生きていくために必要なプライドと成長するためのコンプレックスをもっています。澤木氏の心の中をみると，アンビバレンツ（矛盾した）な感情が極端に交差しています。それは，出生家族の人間関係の薄さとその反映かもしれない夫婦関係の希薄さがうかがえます。兄が大きなビルを建てて成功していることを自慢に思いながら自分は職工として下積みで生涯をおくったという劣等感，逆に，女性を下にみる感覚，リウマチという病気をもった妻に対する優越感，他の高学歴の住民に対する小学卒という劣等感に対して，痴呆や障害をもつ高齢者に対する優越感，金をもたない人に対して自分はもっているという優越感など。このような優越感と劣等感は表裏一体で，澤木氏はそれでバランスをとっています。

澤木氏の問題は，コンプレックスによって，他人と心を通わすことができずに，孤独で寂しい心があると同時に，孤独には耐えられない弱い心があります。人を求めているのに率直に自分を開くことができずに，攻撃，暴力，贈与（ものを与える），恵むというかたちをとらざるをえません。

E. H. エリクソンは老年期は人生の集大成といっていますが，エリクソンのいう心理・社会的課題が表面化してきたといえましょう。澤木氏の課題は，エリクソンのいう「前成人期」の基本的強さ「愛」*と「成人期」の基本的強さ「世話」*の取得がおろそかになった結果ではないでしょうか。今まで解決されずに隠蔽されていた問題＝他者との関係性をどうとるかという課題と直面し，自らのアイデンティティ（こころの中の劣等感，孤独，寂しさ）と対面せざるをえずに，その問題を解決する手段を探すことを余儀なくされた例です。「愛」はY職員への感情表現であり，「世話」は逆説的にみると，姫島氏や茅野氏に対する攻撃・暴力行為と考えられます。この2点を職員の援助でうまくクリアーできていれば，死なずにすんだのではないでしょうか。愛の対象をY職員に求めましたが退職によって塞がれたことによる心の傷が大きかったといえます。また，澤木氏は自分の寂しさ，孤独感を自分で解消できずに，他の人を憎むことによって，それを解消しようとしたことです。澤木氏の問題点は，人間関係が対立的であったことです。ちょっとしたこと（たとえば，食事のトレー

＊「前成人期」の基本的強さ＝「愛」　エリクソンは前成人期の心理・社会的危機として，「親密対孤立」をあげ，重要な関係の範囲として，「友情，性愛，競争，協力の関係におけるパートナー」をあげ，取得すべき課題として「愛」をあげている。（『ライフサイクル，その完結』p.34）

＊「成人期」の基本的強さ＝「世話」　エリクソンは成人期の心理・社会的危機として「生殖性対停滞性」を，重要な関係の範囲として「（分担する）労働と（共有する）家庭」をあげ，取得する課題として「世話（ケア）」をあげている。（前掲書と同じ）

を取り違えたようなこと，職員がプレゼントを受け取らないこと）で自分のプライドが傷つけられたと受け取り，攻撃することです。自分の要求が通らないと文句を言う→他の人は敬遠する→寂しく孤独になるから人を求める，という悪循環に陥りました。ケア職員は理解できないケア対象者でも，理解への努力を放棄してはいけません。

(2) 自殺の防止について

　まず，自殺の原因を考えると，第1点はケアの引継ぎの失敗があげられます。とくに心に問題を抱えた人は引継ぎに十分な時間が必要です。通常，担当者が仕事をやめる場合や担当替えを行なう場合は後任者をケア対象者に紹介して，業務上の疎漏のないように処理します。本事例の場合，澤木氏が他者を攻撃するという面に職員の眼が向いてしまい，きちっとした引継ぎがなされなかったことが失敗の原因のひとつでしょう。ケア対象者とケア職員の関係が親密であればあるだけケア対象者の喪失感は大きくなることを理解すべきです。また，それまでいろいろ関わってきたP管理責任者の転勤もそのひとつです。気楽に相談する人がいなくなった喪失感は澤木氏のような人間関係をつくるのが下手な人には他の人以上に大きかったと考えられます。

　第2点は，澤木氏は「株運用」を行なっており，バブルがはじけて多額の損失をだしていたはずです。彼はしがないサラリーマンにしては，蓄財に才能を発揮しましたが，バブル崩壊によって経済的にも追い込まれていました。自殺の社会環境要因として，株などで損をした，失業した，などの経済的に行き詰まった人の例が多いようです。自殺の専門家はなまじっか中途半端な金はもたないほうが良いといっています。このようなことは，職員が澤木氏にもっと密着していればわかることです。

　第3点は，澤木氏は，身体的には肺気腫の疑いがあり，唯一の楽しみであったタバコを制限されたことや「検痰」で，勝手にガンだと思い込んだふしもあります。日本の高齢者の自殺の第1原因は身体的疾患によることが統計的に明らかになっています。

　自殺予防は予兆段階で把握して，自殺の起こりそうな原因を排除する努力をすべきです。その条件の中で最も重要なことは「孤独」をいやすためにあらゆる努力をすることです。自殺の専門家は死の願望はそう長く続かないといいます。通常は3ヵ月～半年程度の監視が必要です。自殺の予兆は，不眠，食欲不振，体重減少，抑うつ，イライラ感のほか，具体的には「死にたい」「つらい」「痛い」「苦しい」「もうイヤになった」「どうしていいかわからない」などを訴えます。これらの言動に注意することです。そして，その段階で誰でもいいから，1人でもいいから，信頼関係をつくることができれば自殺を防止できるといいます。死ぬ人は死にたくて死ぬのではなく，生きるのがつらいから死ぬのです。その辛さをわかってくれる人の存在が自殺予防になるのです。このことから考えて，澤木氏は自殺するのに必要十分な要因を抱えていたと考えられま

す。

　自殺をほのめかす場合は，他者（本事例では職員）の目を自分に向けて欲しいという心理状態の場合があるようですが，自殺の専門家は自殺をほのめかす人は自殺を実行する場合が多いといいます。自殺の対策をまとめると次のように考えられます。

① 「死にたい」という言動を軽くみない。自殺の予兆段階で徹底してその人をマークしてケアすることが大事。きっちりしたケアプランをたてて注意深く見守ること。3ヵ月〜半年の期間限定でよい。
② 澤木氏の他者への暴力に眼を奪われて，その攻撃が何を意味しているかを深く考えなかった。寂しさの裏返しであることを理解できなかったこと。
③ 澤木氏のY職員に対する思いを理解できなかった。感情の転移が起こっていることが理解できなかった。二者関係の構築を意識して行なっていなかった。このため結果的に担当者の引継ぎの重要性を理解できなかった。
④ 澤木氏の身体的辛さを職員が実感できなかった。
⑤ バブルが崩壊して澤木氏の経済的基盤がゆらいでいることを理解できなかった。

　以上のことから，澤木氏への具体的方策は，つぎのような対応をする方がよかったと考えます。

a) W管理責任者は澤木氏との面談を彼が「待ってくれ」といっても，もっと早く会って，澤木氏の感情を受けとめ，W責任者自身が直接関わりをもって，信頼関係を構築する努力をすべきであった。
b) プライバシーの問題があって難しい判断だが，介護専用ホームのケアルームを使用して，ある期間，職員の監視下に置いたほうが良かったのではないか。ある程度，生活面に介入して，与薬管理，生活管理まで踏み込んだケアが必要であったと考えられる。
c) ケアの対応策の1つとして考えられる転地療法として，マンションから介護棟への住み替えを早く行なうことが必要であったと考えます。生活環境や人間関係（障害者が多い優しい関係）を変えることによって，心の問題を緩和できる。介護専用ホームへの契約替えを早急に行なうべきだった。
d) Y元職員に依頼して澤木氏の心が落ち着くまで手伝ってもらうことはできなかったのか。

(3) 入居者同士のトラブルについて

　高齢者が生活を共同にする場では，入居者同士のトラブルは，音の問題やつきあい方，噂や誹謗中傷などさまざまな問題が発生します。本事例は，食堂でのトレーを間違えたという不満からのトラブルでした。

　人間は，他人を鏡として自己をみるといいます。澤木氏にとっては，姫島氏は自分の将来の姿をみるようで受け入れられないことであったと考えられます。つまり，自らの衰えを容認できなかったのです。

また，入居者同士のトラブルは，職員の立場からみると，どうしても弱者を優先します。弱い者いじめをする入居者を否定的にみていきます。職員は暴力をふるう澤木氏を悪者として扱い，姫島氏を被害者としてかばってきました。そのことは澤木氏の「職員は自分の言うことに耳を傾けてくれない」という言葉にあらわれています。澤木氏が自分を受け容れてくれない生活課の職員より，介護専用棟の看護婦やケア課職員に接触しようとしたのは当然の結果でした。

　このように考えると，職員側としては，澤木氏の姫島氏に対する暴力行為は，その暴力行為に注目するのではなく，澤木氏の自分に対して職員が関心をもって欲しいというメッセージを理解することが大切なのではなかったでしょうか。そのことから施設管理者が仲介し，澤木氏の言い分を聞いたことは適切であったと考えられますが，茅野氏の件では放置されたきらいがあります。結果的には茅野氏が澤木氏を意識的に避けたために，何事もなかったですが，職員はこのような入居者トラブルにはできるだけ具体的な対応をするべきです。

　対処方法をまとめると，まず，職員が澤木氏を加害者としてみずに，話を十分聞くことが必要であったこと，寂しさを共感することが大事であったことです。そして，トラブル同士を分離する方法を早急にとるべきでした。幸いにして，澤木氏は介護専用棟への契約替えを希望していたわけですから分離ケアは容易であったと思われます。

　一般的には，澤木氏の寂しさのように「心」の問題には，時間をかけて対応することが大切ですが，他の入居者への暴力行為や「殺してやる」などの言動には，職員は敏感に，そして早急に対応すべきです。

(4) ケア担当者との関係と業務の引継ぎ

　澤木氏は人間関係の悪循環におちいったと考えられますが，その悪循環を断ち切る方法としては，澤木氏に信頼できる他者ができるか否かでした。自分以外の人間を信頼し，愛すること（心の交流）ができるかどうかでした。そこにY（中年女性）職員の存在がありました。

　本事例では，Y職員との信頼関係ができましたが，Y職員の退職によってその関係が断ち切られ，Y職員以外の信頼できる人を見い出せないまま死を選んだのです。

　ここで検証したいことは，まず，他者との人間関係を結べない人をいかにして関係を結ぶかという課題です。通常，チーム制ケアを行なっていますが，例外的な場合は，ケア対象者との間に，担当者を決めて1対1の関係を構築するために，担当制ケア*が必要になります。その信頼関係の構築の作業は一般的にいえば，擬似親子関係とか，擬似恋愛関係という関係性に言い表されます。本事例のようなケア対象者が男性で，ケア担当者が女性の場合は，その時によく言われることは，母親と子どもの関係（特養ホームにおける「寮母」という名称はこのような意味を込めているのではないでしょうか。）や恋人のような関係になる（擬似恋愛をする）ことであるといえます。これはまさに麻薬のよ

*担当制ケア　特定の職員が特定の入居者を担当して，継続してケアすること。この制度の利点は，①職員の能力アップが図られる，②入居者にとって，職員の顔が特定され，関係性がつくりやすい，③特定の職員が継続してケアし，観察，検討，修正が行われ，ケアの質が深まる。欠点は，①職員と入居者が個人的な関係におちいりやすい，②関係が壊れたら修復不可能になり，仕事にならない　③職員の精神的負担が大きくなる。逆がチーム制ケア。

うな作用をともないます。Y元職員が「澤木氏は私の前では子どものようになってしまい，私を母親のようにみているようだ」と述べていることでもわかります。

ナースやカウンセラーでも「感情の転移」*現象という同じようなことが生じます。ナースと患者が結婚することは珍しいことではありませんし，カウンセラーがクライアントと愛情関係まで進むことも稀ではありません。関係が深まればそれだけ相手を信じるという信頼を取得できますが，反面，1対1の直接的な愛情関係を求めます。逆に，その関係が破綻したときの心理的ダメージが大きいようです。しかし，近づかなければ関係の構築ができないという業務上のジレンマがあります。このような心の支援はカウンセラーという専門家に任せるべきであるという意見があります。確かに，本事例のような場合はカウンセラーの支援を受けたほうがよかったかもしれません。しかし，だからといってケア職員が心のケアを放棄してよいものではありません。身体的介助をしながら心の支えを含めた援助を行なうことがケアという仕事の本質です。他者と向き合うことは，自分の内面と向き合うことと同じであり，そこにケアスタッフの勇気が必要とされます。

人間関係を考察すると，二者関係→三者関係→社会関係と発展します。人間の心理過程は，乳児と母親の二者関係にはじまり，二者の信頼関係ができたら，そこに父親が登場し，三者関係に移行することになります。つまり，二者関係の信頼関係が呼び水となり，さらに，社会関係へと発展し，親子の親密度が拡散して乳児が母親以外の他者を信頼するという段階をふみます。本事例では澤木氏はY職員との二者関係の段階で，その関係が突然断ち切られ，後の引継ぎもなく，まさに，乳飲み子が捨てられたと同じようになってしまいました。澤木氏とすればどうすればよいのか途方にくれてしまったと考えられます。大切なこととして，二者関係を作るときは意識して絶えずその関係性＝その距離感を測りながらすすめていく必要があります。本事例でもY職員は澤木氏との関係はうまくつくれましたが，その時にさらに意識してつくっていれば，もう1人の職員を介入させ，三者関係をつくる努力がなされたと考えられるのです。3人目は職員でなくても隣近所の人でも親族でもよいのです。

なお，当たり前のことですが，業務の引継ぎは事前にわかっていれば時間をかけて行ない，時間がない場合は，ケア責任者や管理責任者がその役を臨時に引き受けることが必要です。

*感情の転移　フロイトが精神分析療法の過程で，女性患者から恋愛感情を向けられた体験にもとづいて考察した。治療者は患者がこの転移を解釈し，自分の過去の体験を現実化して考えられるようにすることが重要と考えた。感情の転移は患者が治療者に対して恋人のようにプラスの感情を表す場合（陽性転移）と，敵対的な態度のようなマイナスの感情を表す場合（陰性転移）がある。また，治療者の感情が患者に移転することもあり，これを逆転移という。治療者（カウンセラー）は客観的な判断を保つことが大切。

事例2　「夫婦問題」と「家制度問題」

1　問題点の概要

　本事例の対象者の男性は，大地主の家に婿養子にはいったが，後継ぎの子どもができず，実家にそそのかされて養子先の財産を横どりしようとしました。そして，妻とトラブルをおこし離婚せざるをえなくなり，実家にもどったが，だまされて追い出されてしまい，行くところがなく寂しさからアルコール依存症になり，元妻に依存せざるをえなくなってしまった事例です。
　問題は，離婚したにもかかわらず相互に依存しあう夫婦の摩訶不思議さと夫婦関係のケアにおけるプライバシー不介入について考えます。また，日本の「家」制度を学び，現在の民法の家族法との違いを理解します。さらに，高齢者のアルコール依存と日本刀をもつ人の在宅での家事援助の対処方法について考えます。

2　プロフィール（人物像）

(1) 基本データ

氏名／田沼光成（仮名），旧姓黒田光成（仮名）。
生年月日・年齢・性別／1917（大正6）年4月8日。76歳（入居時）。男性
結婚歴／1949（昭和24）年に田沼弓子氏と結婚，1988（昭和63）年4月離婚
子ども／なし　養子＝1980（昭和55）年，弓子氏の実妹の次男と養子縁組
きょうだい／長姉（83歳・群馬県A市），長兄（昭和58年死亡），次兄（78歳・千葉県T市）
出身地／群馬県R市
前住所／茨城県M市
学歴／旧制実業高等学校卒
職歴／地元のスーパーの非常勤監査役（60歳退職）
財産／有価証券，預金など約1億円　　収入／年金・利子200万円（年間）
購入資金調達／有価証券売却
病歴／胃ガン（3年前手術）
入居動機／老後の安心のため
身元保証人／下郷利江（仮名・姪＝長姉の次女）
宗教／キリスト教

(2) 人物像および生育歴

　容貌はうりざね顔で，眼がたれ気味，全体に優しい印象である。体型は細身でスラーと高く神経質そうな感じを与える。

　光成氏は1917（大正6）年4月に群馬県R市に生まれた。父親はキリスト教会の牧師で厳格な人であったという。叔父，従兄弟も牧師でずっとR市に住んでいた。R第一商業学校を卒業後，食品卸売会社に経理担当として勤務。1938（昭和13）年から軍隊に入隊し，北満州に行く。終戦後は2年間シベリア抑留生活，帰国後一時食糧庁に勤務する。1949（昭和24）年に田沼弓子氏と結婚，黒田家から田沼家に養子に入り，弓子氏の両親と同居した。田沼家も代々クリスチャンであったため，牧師の息子であれば間違いなかろうと弓子氏の両親が決めた。田沼家は茨城県M市の旧家で，M市でも有数の資産家であり，M駅近くに1万坪以上の土地，その他に山林，田畑を所有していた。光成氏は，60歳まで有職にいたが，実際は定職をもたず職を転々とした。生活費は弓子氏の親が出していた。光成氏と弓子氏の間には，子どもができなかったため，相続問題が発生し，最初は光成氏が自分の甥（長兄の次男）を養子にしようとしてもめ，結果的に弓子氏の父親が弓子氏の甥（実妹の次男）を養子にした。その後，義父母が亡くなってからは，態度が一変し，弓子氏にきつくあたるようになった。相続，財産の売却問題で再々もめて，1988（昭和63）年4月に，弓子氏と離婚した。その時に財産はすべて売却した。売却額はおよそ7～8億円という。光成氏は離婚後，R市の実家（黒田家）の近くに甥と同居するように家を建てたが，その後，甥（長兄の次男）の会社が倒産し，その保証人になっていたことから，甥の借金のかたに建てた家を取られてしまった。そこに居られなくなり，他に頼る人がいないため弓子氏を頼ったが，同居を拒否され，弓子氏の紹介で当マンションに1993（平成5）年11月に入居した。弓子氏は東京のⅠ区にある妹の家の敷地内に家を建てて住んでいる。

　「妻とはきらいで別れたわけではない」（光成氏）ので，時々，元妻の弓子氏が当マンションに来る。3年前に胃ガンのため全摘出手術している。そのころから，アルコール依存症になった。光成氏の性格は外見はおとなしく，弱々しく見えるが，自分がこうだと思ったら周囲のことを聞かない頑固者で，融通のきかない，道理の判らない人（弓子氏）。資産家のため，経済的苦労はしていない。趣味は骨董集め，とくに日本刀に執着している。

(3) 結婚と離婚の経緯

　弓子氏の両親が，光成氏を牧師の息子ならば，おだやかな人だと考えて田沼家の婿養子とした。弓子氏が結婚して田沼家から籍を抜いてから，夫婦で弓子氏の両親と養子縁組した。光成氏は働かなくても食べていけたため，転職を繰り返し，ある時期から働かなくなった。職歴には，60歳まで仕事をしたようになっているが，勤め先も義父の紹介で名前だけで実際には勤務していなかった。

金が光成氏を堕落させたとのこと（弓子氏）。

　弓子氏の話によると，2人には子どもがいないため「家」の相続問題が発生した。光成氏は自分の実家の黒田家から甥（長兄の次男）を養子にしようとしたが，弓子氏の両親が反対して駄目になった。1979（昭和54）年に弓子氏の母が亡くなった後に，弓子氏の父（義父）の意向で，1980（昭和55）年に弓子氏の実妹の次男を田沼家の養子（光成氏と弓子氏の養子として入籍）とした。その理由は，田沼家の墓を守ってもらうために田沼家の血筋をあてる必要があった。1981（昭和56）年の義父の死後，遺産は遺言により実子の弓子氏と妹が相続し，光成氏にはいかなかった。遺産相続で，財産分与されなかった光成氏は，その後，長兄にそそのかされて，弓子氏に財産の分割を迫ったり，田沼家の金や弓子氏の預金を黒田家にもって行ってしまった。さらに，弓子氏の名義の土地を勝手に名義変更したりしたので，弓子氏は不安がつのり，弁護士をたてて，遺産の一部を光成氏に分割した。

　さらに，光成氏は財産分与が少額であったことにより，1985（昭和60）年ごろより，甥（長兄の次男）が光成氏の面倒をみるからという話にのって，再度，黒田家に戻るために財産の分割を要求して離婚を迫った。その時は，光成氏が暴力的行動にでることが多くなり，家の窓ガラスを全部割ったり，盆栽を壊したり，「殺してやる」などいい，刀を振りまわすことがあり，弓子氏は命の危険を感じ，離婚を決意して，裁判所に調停を申し立てた。光成氏は養子であったが，結局，弓子氏が両親から継いだ財産を2等分した。その時に養子（弓子氏の実妹の次男）にも財産分与をした。

　光成氏は離婚後，甥に家をとられ騙されたことに気づいたが，他に行くところがなく弓子氏のところに転がりこんできた。弓子氏は光成氏に「金はいらないから，最後まで面倒みてくれ」といわれ，光成氏の財産は弓子氏に遺贈されるように公正証書にした。しかし，光成氏とは犬猿の仲である妹の家の敷地内でもあるし，弓子氏自身感情的に一緒に住むことができなかったため，ケア付き高齢者マンションを探して入居させた。光成氏も納得して入居した。身元保証人になってもらった利江氏（長姉の次女）には金銭的な迷惑は掛けないように一筆入れた（以上，弓子氏談）。

(4) 夫婦関係

　光成氏と弓子氏の夫婦関係は，まさに，「家」制度のもとでの結婚生活であった。決して愛情で結ばれていたとは思えない。しかし，40年近い夫婦生活の歴史の重みは愛情を超えた何か（縁）が存在していることも事実である。弓子氏は旧家のお嬢様として何不自由なく育ち，両親が存命の時は，両親の庇護のもと，気ままに生活していた。光成氏にとって，跡取をもうけることもできず，仕事を転々としており，経済的な苦労はないとしても，義理の両親との生活は辛いものではなかっただろうか。それが，隠れたところで弓子氏につらくあたったのであろう。また，クリスチャンということで，心情的には離婚すること

も考えられなかった。ところが，両親の死後に，ようやく自分の天下になったと思ったのに，義父の遺産はすべて弓子氏とその妹が相続し，自分にはこなかった。このため，光成氏が田沼家の当主として弓子氏の上に立ち，財産（＝力）をすべて自分のものにしようという行動をとったのは自然の成りゆきであった。財産争いの結果，離婚にまで発展したわけであるが，その過程で夫婦関係は完全に破綻したと考えられる。しかし，彼にとっては，離婚は財産を手に入れるためのものであったので，実際に弓子氏の関係が絶たれると考えていなかった。他者に依存する生き方しかしてこなかった光成氏は頼っていた長兄が死亡し，その甥に騙され，結果的に，頼れる人は弓子氏しかいなかったのである。このような夫婦歴の中で，光成氏は弓子氏に対して，愛着と憎悪というアンビバレンツな感情を有している。

弓子氏が離婚したのに光成氏に関わっている理由としては，裁判所での離婚経過の時から「何もいらないから別れたい」と思ったほどで，今でもその気持は変わらない。しかし，光成氏は離婚が決まっても，その意味が判っていないようで，訪ねてきたり，困ると泣き付いてきたり，甘えてきたりしている。「光成氏は田沼家にひどいことをした人であるが，婿養子という弱い立場であり，可愛そうだという気持があり，光成氏への行為は回りまわって自分の所に帰ってくる」（弓子氏）と思っているとのこと。また，弓子氏はクリスチャンとして教会のボランティア活動をしていて，いろいろな人をみて，心を清く，行ない正しくしなければ良い死に方ができないと考え，光成氏には未練とか愛情とかはないが世話をしているのだという。ただし，光成氏が亡くなっても田沼家の墓には絶対入れないとのべている。

弓子氏にとっては，光成氏は長年連れ添った夫であるが，「愛情も未練もない」といっているにもかかわらず，弓子氏を頼ったときに，財産を渡すという条件が付いていたとしても，弓子氏が光成氏の世話を受け入れたことは，第三者では理解しがたい「何か」（くされ縁とでもいうようなもの）があると感じさせる。

(5) きょうだい関係

田沼家は娘が2人で，弓子氏が長女で結婚後，実親と養子縁組し，田沼家を継いだ。次女は外に出て結婚し，東京のⅠ区に住んでいる。子どもは男子が2人いる。この実妹の次男が1980（昭和55）年に田沼家と養子縁組している。弓子氏と妹の関係は良いが，光成氏と義妹の関係は犬猿の仲である。

黒田家は，5人きょうだいで，長兄（死亡），長姉，次姉（幼児に死亡），次兄，光成氏の順で，光成氏は末子である。

光成氏にとっては，実家の黒田家は養子先の田沼家より大切で，教会を改築する時に弓子氏が金銭的援助をしなかったことなど，実家をないがしろにすることに我慢ならなかったという。光成氏は長兄との関係が一番親密で，長兄のいうことはなんでも従うという関係であった。長兄が1983（昭和58）年に亡く

なった後は，その子ども（次男）と関係を結び，甥のいうなりになっていたという。光成氏は長姉とは交流がある程度で，次兄とは交流もなく親しくない。

弓子氏は相続や離婚で苦しんでいる時に，長姉が味方してくれたことに感謝しており，とくに，長姉の次女とは親しく，この次女には，光成氏が当該マンションを契約するときの保証人になってもらっている。現在，光成氏は，長兄の子どもや次兄家族との交流関係はなく，弓子氏を通して，長姉の次女家族との関係を維持しているだけである。つまり，頼れる人は，離婚した元妻の弓子氏しかいない状態である。

〈家族関係図〉

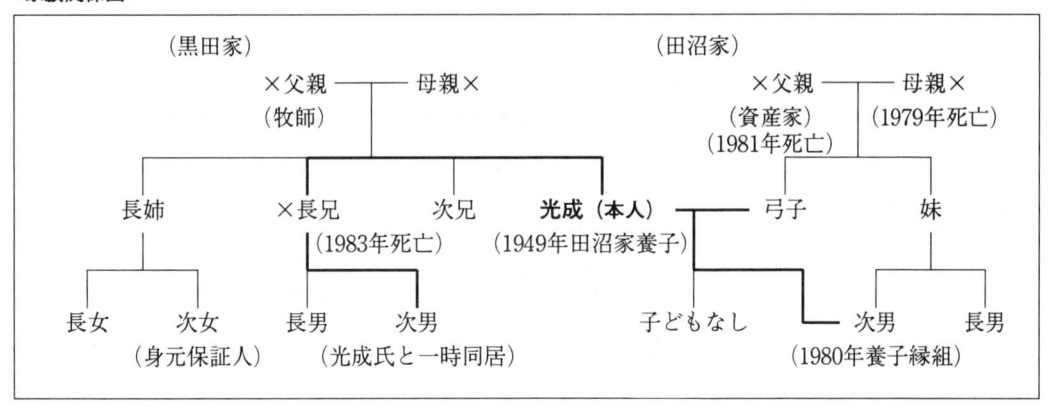

```
        （黒田家）                              （田沼家）
     ×父親 ── 母親×                        ×父親 ── 母親×
     （牧師）                               （資産家）  （1979年死亡）
                                          （1981年死亡）
  ┌────┬─────┬─────┐              ┌────────┬─────┐
 長姉   ×長兄   次兄   光成（本人）─── 弓子      妹
       （1983年死亡）  （1949年田沼家養子）
  ┌──┐  ┌──┐                        ┌────┐
 長女 次女 長男 次男                  子どもなし  次男  長男
     （身元  （光成氏と                           （1980年養子縁組）
      保証人） 一時同居）
```

③ 事例の問題状況とケアサービスの過程

1993（H5）

月日	田沼氏の問題状況と言動	ケア職員の対応・意見
11/4	ケア付き高齢者マンション契約。常住開始。	職員の感想／商家のボンボンのような頼りなさが感じられた。

1997（H9）

月日	田沼氏の問題状況と言動	ケア職員の対応・意見
1/24	アクティビティ活動の「習字」に誘うために訪問すると，昼間から泥酔状態である。そばにあった日本刀をみせてもらう。許可証は持っている。	ケアプランを作成して，対応する必要性を感じる。自宅に訪問されている女性はだれか尋ねると別れた妻だという。
1/28	田沼氏のケアプラン策定／問題点＝①アルコールを昼間から飲んで泥酔状態。②元の奥さん（弓子氏）との関係＝昭和63年4月に離婚しているのに契約書の相続人指定に弓子氏がなっている。③身元保証人の下郷利江氏との関係が悪化している。④隣人のC氏との関係が悪化している。⑤寂しくて気がはれない。具体策／①アルコールは夜だけにする。本人は「お酒はコップ一杯」と言っているが，「いっぱい飲んでいる」状態でウソをいっている。ウソをいって酒を飲むのは良いことではないという認識があるためで，そこを根拠にアルコールをコントロールする。②弓子氏との関係を明らかにして，関係改善をはかる。③家に閉じこもっていないで外に目を向けるようにする。ケアプラン／日常生活をスケジュール化するために，家事援助に入ることを決める。担当はQ職員とB職員（3ヵ月間）。〈日常スケジュール〉 7:15 モーニングコール 8:00 日本酒引き上げ，食事量チェック，与薬

	9:45　ラジオ体操，歌の会，軽いリハビリ　　12:30　食事量チェック，与薬　　13:30　棒体操 月・水・金＝入浴見守り　火・土＝アクティビティ活動　金＝家事援助　木＝散歩　　18:00　食事量チェック，与薬，その後日本酒を届ける　　21:00　就寝確認	
1/31	別れた妻の弓子氏から職員に電話／光成氏から夜中に電話が頻回で困っている。なんとかしてほしい。	
2/10	弓子氏来訪／光成氏とは離婚しているので，保証人は姪の下郷に依頼した。しかし，光成氏から頼まれて週1回程度，家事援助にきている。姪との間では弓子氏も共同の身元保証人になることで約束しているとのこと。光成氏を田沼家の墓に入れたくないので，お寺を紹介してほしいと依頼がある。	
8/28	職員が家事援助で自宅に入ると，ホワイトボードに「弓子に天罰を与え賜え」と書いてある。	職員が話を聞くと「自分が大切にしていたライター，タバコケース，パイプを弓子氏の甥（妹の次男・養子）にやった，それが絶対許せない」という。
10/5	光成氏がいうには，弓子氏が隣居している実妹夫婦と折り合いが悪く，自分としては弓子氏をこのマンションに受け入れる用意があるという。	職員感想／光成氏は奥さんと復縁を望んでいる様子。
11月以降	ケアプラン検討／家事援助，ラジオ体操，歌の会，リハビリ，アクティブ活動に誘導し，日常生活にリズムをもたせるようにした結果，効果がでているため専従担当者を中止し，チームケアにする。	

1998（H 10）

7/9	職員が家事援助に行くと，日本刀をそばにおいて職員の行動を見張っているようなそぶりをする。	職員から保証人の下郷氏に連絡し，万一の場合があるので，日本刀を引き取ってもらえないか依頼する。
7/10	下郷氏が来訪し，職員と同行し，刀の件をきりだすが，光成氏にとって命より大切なものであるとのことで，預かるのは無理であった。また，下郷氏や弓子氏が通帳を盗っていったと猜疑心が強くなっている。	ミーティング／職員が家事援助などで自宅に入るときは2人でいくことに決定。
7/13	弓子氏から電話があり，光成氏が酒を飲みながら夜中に5～6回電話があり，「寂しい」との訴え強い。	
7/20	下郷氏と弓子氏来訪／刀の件は教育委員会に届けてある。書き換えの時に許可しないように教育委員会に依頼した。	光成氏が「死にたい」といっていることに対しては，精神科クリニックで診てもらうことを了解してもらう。
7/21	光成氏が最近，胸部圧迫感があると弓氏に頻繁にTELする。人間ドックの結果，肝機能の低下がある。	
7/23	附属診療所精神科クリニック受診／耳鳴りがして，夜になると寂しいので，つい飲酒するとのこと。デパス（緩和な精神安定剤）を処方される。与薬管理を開始する。	
7/30	精神科クリニック受診／病人扱いされるのが嫌だとのこと。デパスがきかないので，セルシン（精神安定剤）処方される。この頃，酒浸りの状況。	
9/17	K病院受診／CT検査結果を聞く。出血も萎縮もない，しっかりした脳である。 下郷氏，弓子氏来訪／夜間の電話でまいっているとのこと。弓子氏は光成氏が栄養失調ではないかと心配している。	
10/7	ゴミ置き場で倒れていた。昼間から飲酒して，ふらつき，呂律がまわらない状態が毎日続いた。	大浴場での入浴介助を開始する。
10/15	自宅訪室／寂しさから酒を飲んでしまう。場合によっては介護専用ホームに契約替えしても良いとの話がでる。	精神科クリニック受診／エレンタール（成分栄養剤）・ビタメジン（ビタミンB1とB6，B12を補給する薬）処方。
10/22	朝のケア時に飲酒量のチェックすると，1晩で1.5リットル程飲む。	刀の件は，弓子氏が来て掃除をする時に，職員が怖がるからといって，タンスの中にしまってもらうようにした。
11/8	職員が点眼のため訪問すると，「何しに来たんだ」と怒鳴る。その後に，落ち着いてから，なぜ，怒鳴	職員の感想／飲酒による妄想ではないか。裁判所での弓子氏との離婚調停が頭に残っているためか。

事例2 「夫婦問題」と「家制度問題」

	ったのか聞くと「男女のイザコザがあって，取り調べられたので，また，相手が来たのだ」と思ったとのこと。	
11/9	ケアプラン／午前の関わりは今まで通りで，午後の関わりは棒体操に誘導，その後は生活部門の事務所で服薬，点眼，雑談。17:50に食堂誘導。家事援助は火曜日の午前に2名でおこなう。心のケアをメインに，田沼氏の人となりを見つめ直す。	
11/20	弓子氏が事務所に来て，顔色も良いし，足の浮腫もなくなって栄養状態も良いと嬉しそうにいう。	ケア内容変更事項／食事見守りを中止し，食堂誘導のみとする。月，木の午後の入浴声掛けは中止。
	刀は教育委員会に取り消されたことにして，弓子氏に持って帰ってもらうことにした。光成氏が抵抗すると思われたが，すんなりと承諾する。	
12/18	診療所受診／体重42kg，食欲不振，食事をしないで酒のみ飲んでいる。点滴するも限界あり。	

1999（H 11）

1/5	ミーティング／衰弱がいちじるしいが，自覚なく，アルコール依存がかわらないため，入院治療が望ましいことを精神科医師から本人と弓子氏に伝える。	
1/7	精神科クリニック受診／光成氏，弓子氏同席。精神科医より入院するなら総合病院が良いとアドバイスあり，話し合いの結果，以前に胃ガンの手術をしたH総合病院に決まる。本人も入院することを承諾する。	
1/10	H総合病院受診／受診後すぐに内科病棟に入院した。	
1/15	弓子氏の報告／落ち着きなく，「マンションに帰る」といって暴れる状態。弓子氏が病院に泊り込みで対応している。病院側も対応に苦慮しており，明日の検査の結果内科的異常なければ，近日退院の予定。	
1/21	医師よりの話／レントゲン，CTは異常なし，食事がとれないのは精神的なもの。食事が取れれば退院。	職員の病院見舞／入院当初は混乱ひどく，酒の要求も強かったが，今は落ち着いている。
1/30	H総合病院より退院。ケアルーム個室入所。入院前より幾分顔色良く，落ち着いているが，弓子氏が居なくなると，うろうろ落ち着かない。弓子氏が来ると，夫婦でいたころの記憶に戻るようで「何で素直に謝れないんだ」とか「分からないことっていってごまかすな」など怒鳴りちらす。 弓子氏に帰ってもらい光成氏はマンションの自宅に戻る。	職員と弓子氏との話／入院時には，アルコールの禁断症状が出て落ち着かず，ホトホト疲れたとのこと。弓子氏は東京に帰る。光成氏は入院前の生活に戻る。
2/9	ケアプラン決定事項／①介護専用ホームへの契約替えの方向でいくことを決定。アプローチの方法は担当者を決めてから考える。②弓子氏には来訪はなるべく遠慮してもらい，電話も生活課の事務所にしてもらう。③入浴見守りにする。④お酒を渡す時間の変更，22:00に当直者が届ける。（上記の件は光成氏・弓子氏了解。）	
2/14	弓子氏より電話／光成氏より電話あり，「どうして良いかわからない」「生きているのが苦しい」「頭がおかしくなった」とのこと。用事があって行かれないと断ったとの話しがあった。	
2/16	弓子氏来訪／職員の考え方は了解されている。 弓子氏と生活課長と話し合い／生活課長の質問＝①最後まで面倒みるなら弓子氏が身元保証人になってほしい。②酒はいつ頃から病的に飲むようになったか。③自殺を図るようなことはなかったか。 弓子氏の答え＝①についてはなるつもりでいるがもう少し時間がほしい。気持ちの整理ができていない。②については，胃癌の手術の時に禁断症状が出ていたので，離婚のトラブルの頃からではないか。③については自殺を図ったことはない。 生活課長感想＝弓子氏が化粧して着飾って来訪される様子は納得できるものではなく，どこか表面的に取りつくろっている印象がある。	
2/23	夜間のみ，ケアルーム個室入所する。酒がないと眠	ミーティング決定事項／夜はケアルームにてナイト

	れないと大声で叫んだり，壁をドンドンたたいたりしている。その後，終日，ケアルームで過ごす。	ケアを行なう。それにより酒をコントロールする。個室を生活感が出るようにする。精神科クリニックで入院の決定が出たら入院してもらう
3/2	生活課職員とケア課職員との話合い／ケア部門より，昼間寝ていて関わりが持てず，夜は落ち着かない。このような状態では，入院させてアルコール依存を治し日中起きていられる体調の回復が必要との意見がでる。精神科医からZ総合病院を紹介され，入院する。検査の結果，肺にガンがみつかる。	
3/5	Z総合病院よりK病院呼吸器科に転院。	
4〜8月	弓子氏・見舞した職員からの情報／一般状態悪く，酸素吸入を行なっている。	
9/28	10:15　K病院で呼吸不全にて死去。	

4　演習課題の設定

　本事例では，以下のような課題を設定しました。
① 旧民法と新民法の比較をして，その違いについて話し合って理解をふかめてください。
　現在の高齢者は戦前生まれで，戦前の教育や体制で育った人ですので，その社会的・文化的背景を理解しないと，人物像を描けません。本事例と絡めて旧民法における家制度と新法の家族制度の違いを理解してください。
② 離婚した夫婦の関係とプライバシーについて考えてください。
　基本的には，離婚した場合は法的には夫婦ではありません。しかし，本事例をながめると実態は夫婦と同じです。このようなカップルをセットとして，プライバシーを考慮してケアする場合の配慮する点を話し合ってください。
③ 高齢者のアルコール依存症について考えてください。
　アルコールは寂しさを紛らわせる絶好のアイテムです。高齢者のアルコール依存症は「高齢者虐待」の問題とならんで，今後の高齢者の社会問題のひとつになります。その対処方法を検討してください。
④ ケア対象者がもっている危険物への対処方法について考えてください。
　家の中には，さまざまな危険物があります。ケアサービスを安全に提供するためには，本事例のように日本刀をもっているケア対象者から刀を引き上げなければなりません。その対策を考えてください。

5　事例から学ぶこと

　本事例に関して，ケア職員からの課題として検証し，学ぶことは次のことです。

(1) 高齢者の抱える「家」制度

　本事例の根底には「家」制度があります。旧民法の「家」制度の残存が今の

社会で生活する人の意識と相容れずに，親族の欲が絡んで，遺産相続問題から夫婦関係を亀裂させ，結果的に離婚にいたりました。旧家族制度の問題から本事例の問題点を指摘しますと，

① 「家」制度における婿養子縁組の法的問題と婿養子の心理社会的問題。
　とくに，本事例の場合では「家制度における家長意識」について。
② 現在の民法の遺産相続，財産分与，お墓の継承の問題。
③ 「家」と「家」の結婚の場合における夫婦のきずなと，その夫婦の離婚後の関係などの考察。

　本事例では「家制度における家長の役割」を理解しないと，光成氏がなぜ財産を自分のものにし，実家（黒田家）にもっていこうとしたか理解できません。家制度は家長の絶対的権限を保障し，家の相続は長男によるものとなっていました。その結果，その家の財産権・相続権・墓の継承権は家長にあり，その継承は長男にありました。同時に「男尊女卑」の意識も根強くあり，たとえ養子といえども戦前の「家制度」では大きな力を有していました。また，戦前では家を守るためには養子縁組は一般的に行なわれていました。このような時代背景に育った人の考えを理解しないと，光成氏の行動は理解できません。今の高齢者は明治，大正，昭和戦前という天皇の旧国家体制，「家」制度の中で育ってきたのであり，その思想や考えはその人のアイデンティティ（自我同一性）を形づくっています。高齢者をケアするには，その人の育った時代的社会的文化的背景に縛られた考えをもっていることを理解することです。

　光成氏が田沼家に婿養子に入り，彼の人生にどのような影響を与え，どのような気持ちで生活していたかは想像するのにむずかしくありません。義父母が亡くなって財産を自由にしようとしたのは，家長としての権利であり，性格的に弱い光成氏の精一杯の男の自己主張であったのです。

　つまり，彼の生まれ育った時代的背景の「家」制度を知らなければ光成氏が財産を乗っ取る悪者に感じるだけで共感ができません。ケア職員の必要な知識として，遺産相続や遺言，贈与の法的知識があります。ケア職員がケア対象者を理解するには，法的知識が必須になります。

(2) 元妻との関係（くされ縁）

　ケア職員としては，第三者（他人の関係）である弓子氏を除外して，光成氏を単独で世話した方がやりやすかったかもしれません。しかし，あえて光成，弓子氏という夫婦単位でケアしたのは，離婚後も夫婦同様にして愛憎を表現し合う男女関係に，ケアする者として理解しがたい夫婦の絆（あえていえば，くされ縁）を感じ，光成氏の心を支えるのは職員では難しいという感じがあったからです。

　本事例を通して感じることは，夫婦関係の不思議さです。表面的には，弓子氏が光成氏の世話をやくのは，財産と引き換えにして，光成氏から田沼家の財産を取り戻したい，財産を取り戻すことが両親への供養と考えたかもしれませ

ん。しかし，両者の関係を調整していると，それだけで理解できる関係ではありません。弓子氏としては，離婚し，他人になったからこそ光成氏の世話をすることができるようになったともいえるかもしれません。弓子氏は今はボランティアに精を出しているといっていますが，そのようなボランティアとしての客観的立場での関わりです。見方を変えれば，離婚によって弓子氏は，光成氏との絆やくさび，田沼家という「家」から自由になったということでしょうか。弓子氏は今，心理・社会学的にみると，人生の課題の統合をはたすために，過去に遡って子どもを産むことができなかったことによる「世話」を再経験しているかのようです。その再経験がボランティア活動であり，光成氏を世話するのもその一環であると解釈することができます。また，光成氏の甘えの行為が弓子氏という母性の強い性格の人の母性本能の心鈴に触れたのかもしれません。

　いずれにしろ，解釈はいろいろできるにしろ，「夫婦喧嘩は犬でも食わぬ」といいますが，離婚した後で，顔も見たくない相手（弓子氏）に，元夫が元妻に世話を頼み，元妻がこれを了承し，形式的には別居しているが，第三者がみると夫婦同然の関係が成立しているというなんとも奇妙な夫婦です。別れても離れられない，夫は妻にしか依存できず，妻は頼られると気になって世話をやくという関係です。弓子氏が光成氏宅に来るときは，化粧をしてまるで恋人に会うような雰囲気を漂わせているのを職員が感じているところをみると，弓子氏にしてもなぜ光成氏を世話するのか，別れてから気になってしかたがない対象として，自分の感情がはっきりはわかっていなかったのではないでしょうか。

　一般的に，夫婦関係を社会学的に分析すると，その夫婦の性格や関係性の心理的側面と夫婦の役割分担や社会的行動の機能的側面に分けられます。したがって，夫婦関係を社会学的に解き明かしていくには，第1に，社会制度・規範＝その人を拘束している社会的規範や道徳観などを考察することが必要です。第2に，夫婦構造＝性別役割分業，勢力関係，意志決定，コミュニケーションなどがあげられ，それらを基盤にした夫婦の感情的あり方です。そして，第3に，夫婦のパーソナリティの把握。夫（男），妻（女）という人間の内面的考察をし，その人の行動を内から規定している性格や生育歴（とくに幼児期）の把握が必要です。その中でもとくに，高齢期の夫婦関係は，夫婦の基本である男女関係に置き換えてみるとわかりやすいようです。そして，男女関係の基本が性愛関係（セクシュアリティ）と考えると，弓子氏が恋人に会うような雰囲気も理解できます。田沼夫妻の関係は男女の愛情としての「くされ縁」という言葉がぴったりするような感じがします。憎しみもまた愛情表現の裏がえしであることを考えると，40年近く夫婦として一緒にくらした重みがあり，ハタからみると不可解にみえますが無意識のうちにお互いがお互いを支えているのかもしれません。そのように考えると，光成氏のケアは，弓子氏を包含した形でしか成立できません。光成氏の心を支えているのは，弓子氏であって，その夫婦関係を基点にしてケアをすることが必要なのです。

ケアプランでは，ケアの内容を分けて，心の面は弓子氏に支えてもらい，身体的ケアや生活面の具体的作業はケア職員が提供するというものでした。その場合の注意点は，弓子氏との意思疎通をはかり，弓子氏のしんどさに共感し，弓子氏の気持ちを支えていくことが必要になります。また，ケア職員は高齢者であっても性愛関係を肯定的に意識化することが求められます。夫婦のプライバシーは不介入です。自分の価値基準でケア対象者を判断してはいけません。

(3) 高齢者のアルコール問題

　一般にアルコール依存症の90％は男性です。とくに，高齢者で，男性で，妻に先立たれて，子どもがいない（いても交流がない）独居老人では，筆者の経験からいうと，半分以上の高齢者はアルコールで寂しさを紛らわしています。アルコールは寂しさを紛らわす絶好のアイテムです。手軽に手に入ることや日本社会のアルコールに対する寛容度は高齢者を容易にアルコール依存にします。今後，独居老人が増え，女性の飲酒経験がすすめば，高齢者のアルコール依存症は，社会問題としても注目されてくると思われます。

　アルコール依存症になる人の性格は，男性の場合，「小心でおひとよしかつ寂しがりやのタイプ，意志が弱く，あきっぽく根気がないタイプ，劣等感が強く物事を気にしやすい反面，負けず嫌いでみせかけの男らしさを誇示するタイプ」（『精神医学と看護』日本看護協会出版会　p.403）といいます。まさに光成氏にぴったりです。また，アルコール依存は定年などの精神的ショックだけでなく，病気や高齢によるアルコールの許容度が低くなっているのに，今までと同じ量を飲み続けることによって深まります。本事例も，直接的な原因は離婚問題ですが，同時に胃ガンの手術によってアルコールが弱くなったにもかかわらず，同じ量を飲みつづけてアルコール依存が強化された一因と考えられます。

　アルコール依存症は病気ですから治療が優先されますが，アルコール依存者では自分の病識を認めないことが治療を難しくしています。アルコール依存症の治療は家族の協力が最も必要とされるといわれており，その意味で単身者の場合はより難しくなります。ましてや，高齢者の場合はより一層の困難が伴います。本事例では，アルコール依存をやめさせるには，元妻から自立させ，生活の再構築ができなければなりません。しかし，70歳半ばを過ぎた人にそれを求めるのは酷でしょうし，不可能です。通常は，高齢者のアルコール依存は治らないと考えたほうがよいでしょう。そのうえで，治療と並行してその人の生活が成り立つように支援し，事故が起きないように配慮し，他者が迷惑を被るような問題を防止することができればよいのではないでしょうか。

　アルコール依存者のケアは，①孤独にさせないこと（ケア職員が見守っていることを実感させること），②生活を規則正しくおくれるように支援することです。極論すれば，ケアとは，問題行動を受け止めて，その人の生活が成り立つようにすることですので，アルコール依存という一種の自殺行為であっても生き方はその人の自己責任という覚悟にもとづいて行なうという考えもありえ

ましょう。ケアサービスは心の内面をどのような解釈をしようと，最終的にはカタチを正すこと（身体を健康にすること）によって，内面（精神）に影響を及ぼし，心を治すという一種の行動療法の視点が必要です。日常生活をスケジュール化してアルコールを今以上に増やさないようにすることです。また，治療に関しては，アルコール依存の治療より，アルコールから生じる二次的病気（肝障害，高血圧，糖尿病，胃潰瘍など）をチェックして早期治療をすることが大切です。アルコール依存者も薬物依存者と同じように体に良いと思っているわけではなく，やめるに止められないという矛盾した気持ちをどこかでもっていますから，その意識を利用して生活をスケジュール化することが考えられます。

　アルコール依存者は，精神活動が低下し，感情的で不機嫌になること，痴呆に進むことが多いようです。また，アルコールが抜けた場合の禁断症状として，抑うつ，不安，自律神経失調，不眠が現れます。さらには，手指のふるえが顕著になり，幻覚・幻聴，痙攣（ふるえ），せん妄などが生じる場合は入院が必要です。その場合も二次的病気を入院理由にしたほうが本人の納得が取りやすいでしょう。

(4) 男の象徴としての「刀」

　ボケが進んでいる人や妄想が顕著な人が日本刀などの危険物を有している場合，職員が自宅に入ってケアをする時に身の危険を感じることがあります。その注意点は，できるだけ複数（2人以上）でケア業務を行なうことです。費用が掛かるときはケア対象者やその家族に納得してもらいましょう。身の回りには刃物や危険物をおかずに回収し，身辺を安全にしておいたほうがよいでしょう。抑うつ状態の人の場合には自殺に使うような鋏，包丁や睡眠薬などは発見次第回収すべきです。

　それでは，どのようにして対処すればよいのでしょうか。本事例では，結果的には教育委員会の許可を取り消してもらうことにして処理しましたが，本事例のように，刀を男の象徴としている場合は，強制的に取りあげてはいけません。それを取り上げられることは自らの存在を脅かされると感じたり，自分の内面の弱さを指摘されたような感じをもち，激怒し問題がこじれます。対応が難しい場合は，警察や教育委員会に介入してもらうことも必要です。大切なことはそのような危険物をもたなければいられないその人の内面を洞察することです。そのような持ち物もケア対象者の人物像をつくりあげる重要な要素になります。

　本事例では，古い「家」制度を背負いながら一度はバラバラになった夫婦が夫の亡くなるまで縁を結びえたことは，ケア職員の支援があったからです。光成氏の心情としては世の中で一番憎い，そして一番愛しい元の奥さんに最後を看取ってもらったことは良しとせねばなりません。多くの場合，ケアとは縁の下の力持ちに徹することが求められます。

事例3　親子問題

1　問題点の概要

　本事例は，一家を取り仕切っていた妻（キーパーソン）が亡くなり，残されたケア対象者（夫）の相続問題と子どもによるケア分担問題が絡んで，次男がケアに介入し対処が難しくなったために親子関係を調整した事例です。
　一般的に，親の扶養は子どもの義務ですが，財産がある場合は，老親の世話と遺産とがセットになっている場合が多くあります。親は財産を渡すかわりに，子どもに面倒をみて欲しいでしょうし，子どもは親を世話すればその分財産をもらえると考えます。
　しかし，子どもが多い場合や家族関係が悪い場合には，ケア対象者の立場にたってケア職員が介入しなければならない場合が発生します。本事例は，次男が財産を目当てに父親の世話を独占しようとしたためケア対象者の介護が難しくなりました。このような場合に親子関係を調整してケアを行なう場合のポイントについて考えます。

2　プロフィール（人物像）

(1) 基本データ

夫
氏名／高見　武（仮名）
生年月日・年齢・性別／1907（明治40）年4月15日。81歳（入居時）。男性
配偶者／妻（辰子氏）　同居
身元保証人／高見　肇（次男・大阪府K市在住）
前住所／大阪府Y市
子ども／4人（男3人，女1人）。長男は奈良県H市，三男は京都府M市，長女は大阪市S区在住
きょうだい／2名。姉は86歳で三重県T市，妹は74歳で名古屋市A区在住。
職業／大阪府Y市で鳥肉卸商
学歴／三重県T市の高等小学校卒
購入資金調達／不動産売却
資産／預貯金3,000万円，土地36,000万円，有価証券3,000万円，金利・地代500万円（年収）

妻
氏名／高見辰子（仮名）
生年月日・年齢・性別／1915（大正4）年10月5日。73歳。女性
出身地／京都府
きょうだい／弟が1名
結婚／1935（昭和10）年　20歳で高見氏と結婚
学歴／旧制中学校卒
疾病／心筋梗塞，狭心症
職歴・資産・子ども／左記と同じ

疾病／5年前に大腸ガンの手術，変形性膝関節症，難聴
入居動機／子どもに老後の面倒をみてもらえそうもないから。

(2) 人物像

　武氏は三重県に生まれ，高等小学校を卒業後，大阪で肉屋の丁稚奉公をし，その後，鳥肉卸商を経営し，一代で財を成し，大阪府Y市に5階建てのビルを所有した。「時代が良かった」「お母さんの才覚で今日まできた」と子どもがいうように，本人は優柔不断で人や時によって発言が変わり，とぼけたところがあり，真意がつかめないところがある。しかし，職人肌で，几帳面な性格や身体が頑強で体を動かす事を厭わないことで，信用を獲得し，事業を拡大できた。事業は大手に押されて将来性がないことや，子どもが後を継がなかったこともあって，病気を機に75歳の時に番頭格の人に譲って引退した。きょうだいは姉（三重県）と妹（名古屋市）が健在であるが，交流はない。趣味は「仕事」（本人）というようにとくにないがNHKの将棋番組はよくみる。病気は5年前に大腸ガンの手術を行ない，現在，胸部に1円玉大の腫瘍がある。変形性膝関節症で歩行が不安定。また，右耳の難聴。

　辰子氏は京都府に生まれ旧制中学校を卒業後，会社員として勤務していたが，昭和10年に近所の人の紹介で武氏と見合い結婚した。

　「ここまで商売を大きくしたのは母である。」（長女）というように，やり手の反面，面倒見がよく，よく気のつく人で従業員には慕われていたという。男まさりの性格で，家族の中心であった。辰子氏は，20年前に腎炎を患い蛋白がでる。また，1年前の昭和62年7月に心筋梗塞を生じ，大学病院で手術をして助かった。現在は，高血圧症で，狭心症のためにニトロが離せない。医者からはいつどうにかなっても不思議はないといわれている。

(3) 夫婦関係

　武氏は「子どもにはひもじい思いをさせたくなかった」趣味は「仕事」というように，本人は仕事一筋の生活であった。辰子氏は旧制の中学校卒で，やり手であったため家庭内でも事業でも主導権（リーダーシップ）を握っていたと思われる。とくに，事業の経理面や蓄財の面では奥さんの能力によるところが大きい。仕事でのパートナーと私生活での夫婦関係をみると，仕事でのパートナーいう面が色濃くでている。武氏は奥さんに対しては学歴が下であること，事業や家庭面で奥さんに依存していたことから多少劣等感があるが，反面，「女房の好きなようにさせておけば上手くいく」（本人）という言葉も出て，奥さんを全面的に信頼している。当マンションの入居も辰子氏の提案であった。その理由は，「子どもに老後の世話をさせるのはかわいそうであり，自分のこ

とは自分で始末したい」(契約時の会員カード) という。

しかし，辰子氏は「部屋に2人で居ると気が変になりそう。(旦那がいない)独身者は自由に生活できて羨ましい」というように，旦那の世話で疲れており，夫が思うほど奥さんは夫を思っていないようだ。実態はわからないが，外見的には婦唱夫随の夫婦である。夫婦共に不眠症で睡眠薬を服用している。医療や医者への不信感が強い。

(4) 親子関係

子どもは4人おり，長男(52歳)会社員，長女(50歳)主婦，次男(46歳)寿司職人，三男(42歳)会社員。子どもは父親の事業を誰も継いでいない。このことは，子どもの自主性を尊重したのか，子どもが両親の働く様をみて嫌になったのかわからないが，「将来性がなかったので，子どもには継がせなかった」(辰子氏)「土日もなく，働く両親をみて，子どもにもう少しかまって欲しかった」(長女)「自分はサラリーマンになりたかった」(長男)といっているところをみると，子どもは両親の仕事を理解できなかったのかもしれない。子ども4人には家を買い与えたというが，両親と子どもの関係は，長男とは関係が良くない。武氏は「長男が商売を継いでくれたらよかった」というように長男が商売を継がずにサラリーマンになったことにこだわっている。次男家族との関係が一番良く，日常的に交流がある。次男は辰子氏の相談役，スポークスマンの役割をはたしている。サラリーマンでなく寿司職人であるという面で相性があっているのかもしれない。次男には店の資金を出している。三男は，クールな第三者という位置で，日常的には関わらないが，問題が生じた場合は，仲介役としての役割を演じている。長女は外に嫁に行ったということで，部外者的存在である。

〈家族関係図〉

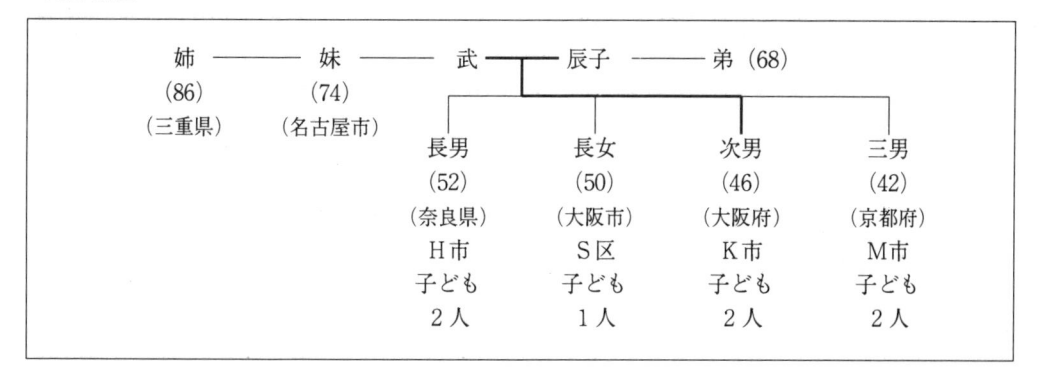

```
姉 ──── 妹 ──── 武 ─┬─ 辰子 ──── 弟 (68)
(86)     (74)          │
(三重県) (名古屋市)      │
          ┌──────┬──┴───┬──────┐
          長男    長女    次男    三男
         (52)    (50)    (46)    (42)
        (奈良県)(大阪市)(大阪府)(京都府)
         H市     S区     K市     M市
         子ども  子ども  子ども  子ども
         2人    1人     2人    2人
```

3　事例の問題状況とケアサービスの過程

1988（S 63）

月日	高見家の問題状況と言動	ケア職員の対応・意見
7/4	ケア付き高齢者マンション契約。常住開始。	
7/10	オリエンテーションのために自宅訪問／妻の辰子氏は心臓が悪く、近くのKS病院に定期受診している。夫の武氏は5年前に大腸ガンで手術をしている。また、両親は脳卒中で亡くなっている。	

1991（H 3）

月日	高見家の問題状況と言動	ケア職員の対応・意見
4/25	武氏、診療所の医師、PTと相談の上、リハビリを開始。しかし、相談もなく、今まで通院していた大阪のY病院に変更。	ケアプラン／次男が仕事で付添うことができないので、病院付添いの要望がある。10年近く膝の治療を大阪のY病院で受診していることを考慮し、職員が週1回受診付添いを行なう。

1992（H 4）

月日	高見家の問題状況と言動	ケア職員の対応・意見
2/14	辰子氏　KS病院に心臓病で入院。	
	武氏の在宅ケアプラン／①3食配膳、②週2回家事援助（掃除、洗濯、入浴見守り）、③午前中、散歩（週2回）、④午後、リハビリ（ホットパック、牽引）誘導、歩行器訓練、茶話会。⑤7:00と20:00に様子見電話、与薬確認	
3/20	辰子氏退院。家事援助、リハビリ継続。	
9/4	辰子氏からの話／夫が夜間2～3回トイレに起きるので眠れない。辰子氏の不眠の訴え強く、夫をケアルームに預かってくれないかとのこと。 武氏の状態／昼間1～2時間おきにトイレに行く。20:30安定剤を飲んで寝る。1時ごろトイレに行く。その後2～3回トイレに行く。残尿感マイナス。 武氏は自宅に居たいという。	ケアプラン／P便（ポータブル便器）の設置をすすめ、部屋の中にテスリを付けるために、業者、辰子氏、次男とで相談して設置する。
9/24	KS病院泌尿器科受診／前立腺肥大の検査、腎臓の検査をする。排尿を遅らせる薬を処方。	
10/2	武氏が変形性膝関節症のため、関節機能改善剤を注射し、サポーターを使用する。	ケアプラン／毎日9:30に居室でサポーターセットの介助を行なう。

1993（H 5）

月日	高見家の問題状況と言動	ケア職員の対応・意見
11/5	自宅訪問／武氏に心配事を聞く＝①一番心配なのは奥さんのこと　②ケアルームに行けというが、自分は自宅が良い。	職員感想／ケアルームのイメージがわかないようだ。また、夜間、トイレに行くとき転倒するのは眠剤がきいてモウロウとしているため。
11/10	次男夫婦来訪／辰子氏の代理として要求、①母親が入院した場合は、父親をケアルームに入れて欲しい。②母親の主治医をKS病院から付属診療所に替えられないか。付き添うのが大変なため。	次男と辰子氏とケア職員とで話合い／自宅に居たいのは武氏の意向であること。自宅での介助は十分対応できることを伝えた。

1994（H6）

1/13	辰子氏　KS病院に再入院。「辰子氏の心臓は一触即発の状態で，予断を許さない。ストレスをためないようにし，心身の安静が第一」（医師）。	
	武氏のケアプラン／H4年2月のケアプランに次の事をプラス。サポーターの取り外し，コタツを消すのは遅番が確認，失禁はサポーターをつける時に確認。	
1/29	付属診療所精神科受診／武氏が次男と一緒に受診。元気ない。奥さんが入院して心配なことと，夜の不眠，歯痛で不安あり。	付属診療所対応／医師の判断で薬の管理は職員が行なう。アビリット（うつ病薬）を処方したため，デパス（緩和な精神安定剤）を抜く。
2/1	次男から，武氏の難聴について相談がある。T病院耳鼻科受診。補聴器は今ので良い。調整を行なう。	ケアプラン／①T病院耳鼻科を受診して検査をしてから補聴器を購入する。②難聴用の電話を購入する。
3/7	付属診療所精神科受診／武氏が薬について不満をいう。薬を飲む時間が早くて眠りたい時間に眠れない。眠剤が半分になったが自分としては1錠がベスト。ハルシオン（睡眠薬）がきくなど。	付属診療所対応／眠剤は本人の意志で半錠に，ドグマチール（精神病・うつ病治療薬）1日3回1錠追加。
3/21	武氏の強い希望で，KS病院に奥さんの見舞い。武氏氏から特別な言葉はないが，辰子氏から武氏の日常生活について詳細に聞いている。	ケアプランに，武氏の月1回見舞い付き添いを追加。
9/16	次男から職員にTEL／武氏から次男にTELがあって，入院したいとのこと。「代理で息子（次男の子ども）が行くのでよろしく」とのこと。孫（次男の子ども）来所。武氏宅に宿泊。武氏は，孫がきたため入院取りやめ。	職員感想／奥さんと同じ病院に入院したいと考えたようだ。
11/26	次男が事務所に来て質問／痴呆の予防にはしゃべることやリハビリが大切といわれるが，どの程度やってくれるのか。	職員答え／職員が毎日訪室しているので，自分の要求を口に出すようになった。リハビリは整形の医師とPTと相談して行なっている。アクティビティ活動に誘導している。
11/29		職員感想／孫が同居しているため，武氏は子どものように依存的になり，あまえがみられる。

1995（H7）

1/10	診療所整形外科受診／足が痛いため，左膝の水を抜く。ボルタレン（消炎・鎮痛剤），セレベックス（痛み止めの薬）がでる。痛いだろうがなるべく歩くように指示あり。	
1/16	孫に武氏の居室における状態を聞く／①夜間，少なくとも1～2時間間隔にトイレに行く。調子が悪いと毎日転倒する。②風呂は孫と一緒に入っている。③ベットが高いので介助している。	職員対応／P便が利用されていることを確認する。
2/7	次男来訪・面談／辰子氏が退院できる状態なので，武氏をケアルームに入れて，辰子氏は自宅で生活したいとの要求。 次男は契約を強調し，要求を通そうとする。	職員答え／辰子氏の状態を考えると，辰子氏がケアルームに入って，武氏は今のままのほうが良いと提案する。
2/9	次男からTEL／武氏と孫が喧嘩し，孫は自分の家に帰ってきたと次男から連絡あり。後はよろしくとのこと。	在宅のケアプラン復活 職員感想／孫がいないほうが本人のためには良いようだ。
3/10	次男が再度の要求／辰子氏が近々退院になるので，武氏を一時的にケアルームで面倒をみてほしいと強	職員答え／検討することを伝える。

	行に要求する。	
3/21	武氏の応答が鈍く眠りがちになっているため，ＫＳ病院に受診し，入院する。尿閉にて導尿，オムツ使用，食事は自己にて行なう。	
3/22	次男よりＴＥＬ／武氏をケアルームに移さず，入院させたことは納得いかない。	職員答え／入院は本人の意志であること。今後も本人の意志を確認しながらすすめていきたい。 職員感想／辰子氏は，自宅でひとりゆっくり静養したいと考えているようで，次男としては辰子氏の代弁をすることに疲れているようだ。職員が直接，辰子氏と話合いをする必要を感じる。
3/25	ＫＳ病院医師／辰子氏の状態が安定しないため退院は未定。	ＫＳ病院医師と職員面談／武氏については，今のままだとボケるので退院を強くすすめられる。
3/28	病院より連絡／辰子氏の様態急変し，危篤状態。朝食後，心臓喘息の発作による心不全を起こした。呼吸停止，マッサージにより回復。気管内挿管され人工呼吸中。意識もうろう状態で，かすかに反応あり。	職員は次男に連絡し，来院を促す。次男から長男，三男に連絡したが連絡取れない。 「兄弟仲が険悪で，長男などは非常時の電話番号も教えてくれない」（次男）とのこと。
	家族（次男，三男）来院後，医師より説明を受ける。「心臓の予備力がないためこのまま死に至る可能性が大きい」とのこと。	職員から子どもの勤務先に連絡する。長男とは連絡がとれない。
3/30	武氏，ＫＳ病院退院。ケアルーム入所。	生活課ミーティング／新しいプランのために毎日ケアルームにいって，状態を把握する。介護型居室に住み替えるか，自宅に重点において，夜間のみケアルームを使うかなどを検討する。
3/31	ＫＳ病院にて心不全のため辰子氏死去。武氏をＫＳ病院に連れて行く。	職員感想／武氏は覚悟していたとみえて比較的落着いているようにみえる。
4/2	**配偶者死後ケアプラン／奥さんとの思い出話を聞き，感情を出させる。担当を決めずに，身体介助時に，何気なく話を聞く（１ヵ月間）。武氏はまだ，実感がないようで，ケアルームにいることによって，気が紛れているようだ。**	
4/6	ケアプランの検討／問題点　①辰子氏の死去後，武氏の生活拠点をどこにするか。＝現状では，自室での夜間の対応ができず，24時間自室での生活は無理。②左膝血行障害からくる歩行不安定＝歩行器使用。①については（Ａ案）当面ケアルーム，その後，日中居室で夜間ケアルーム。（Ｂ案）介護型居室に住み替える。②については，医師とＰＴと相談してすすめる。 **プラン案／当面（Ａ案）を行ない，（Ｂ案）を目標に，介護型居室に住み替えを薦める。ただし，奥さんの49日までは話をすすめない。**	
4/13	武氏いわく／ケアルームは他の人がいて気がまぎれること，職員との話がよくできることで，ケアルームがよいとのこと。	職員感想／ケアルームに慣れてきたようだ。
4/14	次男が来て武氏が遺言を書くので，立ち会ってほしいと職員に希望する。	母親の死と相続の問題で，兄弟間が揉めており感情的におさえられないようだ。
4/20	次男来所，遺言の立ち会いは必要なくなったとのこと。	
5/25	辰子氏の49日が過ぎ，武氏に介護型居室に契約変更を提案し，居室を見学してもらう。武氏が歩行訓練中に突然，介護型居室に住み替えたいとの発言あり。	**ケア会議／ケアプランのＢ案をすすめる。**
6/8	次男とケアサービス課長面談／次男は，父親がケア	ケアサービス課長答え／ケアルームは希望だけ利用

事例3　親子問題　191

	ルームにいるが，先日，事務に聞いたら，いつまでもいてよいとのことであったが，ケア職員から，介護型居室に契約替えしてほしいといわれた。こんな一方的な話はないという。	できるが，ケアする職員としてはケアルームは相部屋でプライバシーがなく，その人らしい生活ができるように援助するには，本人が生活しやすい空間として個室のほうが良いと考えて提案している。自宅に戻るか介護型居室かというのはできるだけ早い時期の問題として考えてほしい。
6/22	三男が来所して，武氏と一緒にコーヒーを飲む。	
7/14	武氏の転倒，尿汚染が多い。 KS病院受診／医師は「全体的なレベル低下がすすんでいる」という。	職員から武氏に介護型居室を再提案する
8/17	長男来所／辰子氏の遺産のことで，兄弟間でもめているとのこと。武氏は，「長男や次男が毎日きて金の話ばかりでうんざりだ」という。	**ケアプラン／介護型居室の体験入居（1週間）を武氏に提案する。**
9/8	次男と介護型居室について話す。介護型居室は狭いので反対であるという。	職員感想／次男は父親をケアルームから自室に戻したい意向。
10/19	本人希望／介護型居室は広さより暖かさ（日当たり）を重点におく。このため，見学した介護型居室はやめて，日当たりのよい部屋が空くまで待つ。	介護型居室に体験入居／武氏に住み心地を聞くと，この部屋は寒く，淋しいとのこと。
10/29	次男が介護型居室の契約の件で詳細を聞きにくる。介護型居室の場合は，長期で家族が一緒には同居できないことをつたえると，次男が怒りだし，介護型居室の契約は白紙になった。	
10/31	次男が要求／武氏をケアルームより，居室に戻して欲しいとのこと。ひとりでの生活は介護が難しいと職員がいうと，子ども（孫）にさせるという。	本人の意向と違うので，武氏，次男，職員と3者会談し，結局，本人の希望どおりケアルームでの生活を続行。
11/7	武氏に困った事がないか聞くと，①歯が痛くて夜，眠れない。②背中や胸が痛い。③次男が遺言を書けとうるさい。	職員感想／子どもたちが相続で喧嘩していることを嘆いていた。精神的にまいっているようだ。

1996（H 8）

1/12	次男が来訪／ケアルームから自宅へ戻してほしいと強硬な要求があった。 自室に戻して，次男や子ども（孫）が世話して，武氏に遺言を書かせようとしているらしい。	**ミーティング／武氏の意思を尊重して介護を行なう。現状は，ケアルームのケアを続行する。**
3/5	KS病院受診。X-Pしたところあちこちに5年前の大腸ガンの転移がみられ，医師からあと半年程度とのはなしあり。	
3/15	**次男が勝手に，武氏を自宅に連れ戻した。** 職員が訪室して武氏の考えを聞く／次男がすることだから仕方がないとのこと。死ぬなら奥さんとの思い出がある自宅が良いという。	職員対応／次男と孫が来て世話をしている。介護が難しいので職員が支援を行なう。
3/18	**自室でのケアプラン／朝夕の更衣介助，夜間の排泄介助，与薬管理，食事の配下膳は次男家族が行なう。職員は家事援助（掃除，洗濯）を週2回，入浴介助を週3回，移動介助（リハビリ送迎，受診送迎など）は必要時，アクティビティ（歌の会，さくらの会）誘導，昼間のトイレ誘導（定時）を行なう。**	
3/19	次男／本人にはガンとはいわず，肋間神経痛とつたえているのでよろしくといわれる。	職員は，次男の一方的な言動にあきれる。

3/23	次男の子ども（孫・19歳）に話を聞く／夜間はトイレに連れて行くためにほとんど寝ていないので，昼間は寝ているとのこと。武氏宅には，4，5日おきに自分（孫）と父（次男）が交代できている。父親の商売（寿司屋）の方は開店休業の状態である。自分は，専門学校に入ったが，中退し，家の手伝いをしていたが，「ぶらぶらしているならおじいちゃんの世話でもしろ」と父親のいわれ，来ているとのこと。	
3/29	ケア課長，医師，次男夫婦と面談／現在の状態は胸の痛みは肋骨にガンが転移しているため。坑ガン剤を使うのは手遅れだし，使うと食欲が落ちるので，使わない。寿命は夏頃までであろう。痛みの弱い現在は胃腸薬をだし，痛みが強くなったら，麻薬にする方針。日常生活は好きなようにさせて良い。食べ物は栄養よりも食べたいものを出す（以上医師談）。職員の対応は容体が急変したら，KS病院に連れて行く。入院は食べ物が取れなくなった段階で考える。基本的にターミナル段階に入っている。	
4/19	最近，粥や汁ものがほとんどで固形物は取れない。食事をペースト状態にする。	ケアプラン／毎日，15：00に看護婦によるバイタルチェックを追加。排泄と水分補給を十分注意する。
5/20	ケアプラン定期検討／現在，居室で落着いている。次男との関係も良い。今のままでいく。	
5/29	武氏から職員に相談／次男が弁護士をたてて自分の財産（4億円）をねらっているとのこと。つまり，次男の息子を武氏の養子にして遺産を少しでも多く取ろうとしているとのこと。武氏は子ども均等に相続させたいようだ。次男がつくしてくれているのは遺産のためといい切る。遺産の件は子ども同士で話し合って解決して欲しいが，次男が他の子どもに会わせないようにしている。今日，弁護士がくるのでどうしたら良いか。	職員答え／相続の話しには職員は入れないが，自分の思いをはっきり伝えるべきだとアドバイス。また，遺言の作成は職員が手伝えることもつたえる。武氏は最後に「ガンバル」との言あり。職員しては従来どおりに次男に対応する。
6/18	次男が来所／父親が亡くなった場合には，自室で自分や子どもが父親の世話をした事を証明して欲しいとのこと。そして，箱一杯の有料道路のチケット（自分の家から武氏宅に通った交通費）を取り出して，これがその証拠だという。契約書では，居室での介護を保証しているのに介護型居室に住み替えしろといって，居室での介護をしてくれないのは契約違反であるという。自分のいうことが通らなかったら弁護士をたてて訴訟するとのことであった。	ミーティング／次男の要求は断り，職員としては，従来どおりの方針で具体的な対応はとらない。
6/20	ケアプランの再検討／ターミナルケア段階と認識し，①本人がどのような暮らしをしたいか，どこで生活したいかを，本人の意思を確認して，深い関わりをもつことになった。具体的には，以前希望のあった介護型居室の部屋が空いたので，その話しからアプローチしていく。介護型居室の希望が無い場合は，改めて，ケアプランを作成する。②遺言や遺産のことは職員は関与できないが，子どもとの関係については，次男以外の子どもとの関係をつくること。長男との関係は悪すぎるので，今後は三男とも連絡をとる。		
6/21	上記のことを武氏に伝えると，本人としては，①については，ケアルームが一番呑気で良いとのことで，再度ケアルームでの生活を考える。②については，子どもには平等にお金を渡したい。次男の子ども（孫）を養子にするのは断った。三男とも話し合っているので，心配ない。何かあったら相談するとのこと。	
6/25	次男来所／次のことを要求する。ケアルームでの生活は断ったのに自宅を追い出すようなことをするの	ケア課長／居室で最後を迎える場合，本人・家族の大変さを説明し，次男家族では自宅での看取りは無

	か。最後まで居室で面倒をみてほしい。最後を迎えるにあたり，暖かい気持ちで看とる気持ちはないのか。この部屋は父親が母親と生活したところだから，この部屋から天国に送り出したい。職員はケアルームへの入所は本人の意思だ，契約者の意向を優先するというが，なぜ私のいうことを聞いてくれないのか。ここは第三者のようなケースワーカーをなぜ置かないのか，もう少し聞く耳をもったらどうかと興奮してのべる。	理なこと，本人が一番苦しむことを理解し，本人の意向を尊重することがターミナルケアの基本であることを伝えた。ケアルームへの入所の意思については再度本人立ち会いのうえ確認する。
6/26	武氏，次男，職員／三者立ち会いの上，今後の住まいについての確認をする。武氏はケアルームが良いとのこと。次男は「一生懸命世話しているのに」と不満をいう。 三男に連絡をとり，父親の意向や事情を説明し，次男を説得してくれるように協力をあおぐ。	
6/30	次男来所／父にとって介護型居室が一番良いと思い直したので，契約したいとのこと。「職員が親父をそそのかしている」と八つ当たり気味にいう。	職員感想／次男は自分の思い通りにならない父親に頭にきているようだが，父親の介護にも相当まいっているようだ。
7/1	武氏は改装して入居できるまではとりあえず相部屋のケアルームに入所する。	職員感想／日当たりの良い介護型居室が空いたので，武氏の契約を優先する。
7/3	次男夫婦，三男，ケア職員の話し合い／今後のことを話し合う。当面，ケアルームで生活するが，介護型居室への契約替えは予定どおりすすめる。ただし，状態によっては，個室のケアルームに入るか病院へ入院するかは，職員に任せることを確認。また，次男・三男には武氏が，自分の老いを知人や友人にみせたくないようで，見舞いを断ってほしいと要望があることを伝えた。 三男は痛みが出ずに長生きしてほしいとのこと。 職員からの質問／本人にガンであることを告知する気はないか。 次男の答え／する気はない。本人には肋間神経痛といっている。そのために，定期受診させているとのこと。最終的には，武氏が安らかに一日でも長生きできるように協力し合う点で三者一致した。	
7/10	介護型居室に契約替えをする。ケアルームから介護型居室に移動する。	
7/14	ほとんど閉眼状態。水の摂取もままならない。次男に家族として入院させたいかを確認すると，次男はこのままケアルームで面倒見てほしいとのこと。	ケアプラン／ターミナルケアの体制を取り，診療所医師が午後に回診する。医師のいない夜間や土日の緊急時にはKS病院へ搬送することを確認する。食事は栄養士が本人から食べたいものを聞いて提供する。
7/29	朝ポカリスエット少量，昼食5割，夕食数口。閉眼状態。	職員感想／表情をみるかぎり苦痛無い。仙人のようである
8/27	三男より，本人の希望による入院の依頼あり，KS病院入院。ICUへ。せき込みはあるが，苦しそうなことはない。経管栄養を開始。	
9/13	18:34 呼吸不全にて死去。苦痛もなく，やすらかな死であった。	

4 演習課題の設定

本事例では、以下のように課題を設定しました。

① ケアをする場合に、家族の意向を尊重しなければなりませんが、家族関係が複雑な場合のケアする側の基本的考え方を話し合ってください。

　本事例では、親が多くの財産を有し、子どもがその遺産をめぐって争っています。次男は、遺産相続を有利にしようとして、老親のケアに口出しをしてきて、ケア対象者本人やケア職員の方針とは異なる要求をしてきています。また、本事例では省略されていますが、長男の言動がケアに混乱をまねいています。この場合、親子関係をどのように調整してケアをすすめていくべきでしょうか。

② 本事例のキーパーソンは誰かについて話し合ってください。

　ケアサービスを提供する場合には、家族内の力動関係を推察して、家族のキーパーソンを探すことが大事です。問題の解決の糸口を見出す鍵はキーパーソンが握っています。高見家では、奥さんの辰子氏がキーパーソンでした。辰子氏の死後は身元保証人の次男が中心になります。しかし、その次男が問題の発生の元である場合にはどのように対処すればよいのでしょうか、考えてください。

③ ケアサービスにおける介護契約の重要性について考えてください。

　介護保険は、ケアサービスを措置から契約へと大きく転換させました。そこで、ケアプランをケア対象者やその家族に提示して、その承認を得ることが求められています。本事例のように、身元保証人の次男から、ケア対象者やケア職員の方針と異なったケアのやり方を契約にもとづいて要求された場合にはどうしたらいいのでしょうか、契約書および契約時の説明義務の大切さについて考えてください。

5 事例から学ぶこと

　老親の介護が生じた時に、その家族の親子関係、きょうだい関係が問われます。親子やきょうだい関係が良好であれば協力しあって問題は起こりません。

　本事例は、ケア対象者をケアする時に、親子の関係、とくに、遺産相続に絡んで息子の内のひとりがケアに介入し、非常にケアがしにくくなった例です。ケアプランの中に、家族（配偶者や子ども）の意思をどのように織り込み、同時にケア対象者本人の気持ちや感情、意思をどのようにくみあげてケアを行なっていくかは大切な問題です。

(1) 複雑な要因がからんだケアの視点

　ケア職員は家族問題には不介入を原則とします。しかし，ケア対象者をケアする場合に，家族が口出ししてくることはよくあることです。そうすると複雑にからみあった家族関係を調整してケアをすすめなければならない場合があります。

　親は，子どもが何くれとなく気に掛けてくれることは嬉しいものです。子どもの意向を拒絶して，子どもとの関係が絶たれ，孤独になり，寂しさが募るのを避けたい気持ちがあります。次男が遺産を多くとろうとしていろいろ画策していることは知っていても無下に拒否できない感情があります。遺産相続，ケアを誰が担うか，親の子どもへの感情，子ども間の関係などさまざまな要因が絡んできて，問題はより一層複雑になってきます。

　問題を解決する場合には，人間関係もそうですが，「絡みあった糸」を解くのと同じ感覚が要求されます。強引に無理に解こうと思うと絡みが強くなってほどけなくなります。そうすると最後はハサミで切らなくてはならなくなります。それでは傷つきます。絡みあった糸は，ゆっくりと時間をかけて外側からほどいていくのです。時間がないほどあせらずにゆっくりします。結局はそれが早くほどけるコツです。ケア職員はこのからみあった糸を解く感覚を身につけてください。

　また，複雑な問題解決の視点は，問題を単純化することです。本事例では，本人の意向だけでなく，くちばしを入れる家族（次男）の意向を考慮に入れながらケアを実行するために，自分の考えを通そうとする次男と，自分の気持ちの間でゆれるケア対象者と，最適なケアを提供しようとするケア職員の考えがぶつかって，三すくみ状態でありました。そのような場合には，遺産相続や親子関係，きょうだい関係はひとまず外において，ケア対象者のみに視点をあわせることが大切です。本人の気持ちをくみとってケアにあたることです。たとえ，本人の気持ちが動揺しケアのニーズが変わっても，つきあっていく根気が大切になります。つまり，最後は，ケア対象者がどこで，だれと，どのように生きたいか，を尊重することがケアの原則です。

(2) 家族関係におけるキーパーソン

　家族のケアを行なう上で，一番重要なことは，家族の中でキーパーソンは誰であるかということです。家族関係のダイナミズムを検証するには，家族の親密度（接触回数），お金の動き，居住地・形態（同・別居），コミュニケーション頻度などが判断基準になります。キーパーソンは家族の中で，家族構成員に対して一番影響力を有し，家族内の重要事項の決定権を有している人や家族関係の調整役の人と考えられます。子どもが源家族（生誕した家族）から分離独立した後の家族関係は，微妙に変化しますし，本事例のようにその家族のキーパーソンが死亡や病気などでいなくなった場合，後のキーパーソンに誰がなる

かによって，その家族の力関係は変化します。通常，両親を除いた源家族の力関係は，きょうだいの力関係と比例し，生まれた順（長男，次男というように）ですが，きょうだいが独立している場合（生まれた源家族から分離し，自らが源家族を作っている場合）は，社会的地位，収入，親との親密度，相性などいろいろな要素がからまってきます。本事例では，辰子氏が生存中は家族の中心は辰子氏であって，キーパーソンも同じでした。辰子氏の窓口（スポークスマン）を次男がしていたという図式です。しかし，辰子氏が亡くなった後にケア職員の前に登場してくるキーパーソンは次男でした。なぜなら，武氏の身元保証人であったからです。

　本事例では，武氏と次男という二者関係を少し切り離し，三者関係の構築のために三男との関係強化をはかったのでした。それによって，三男と父親が緊密になり，コミュニケーションを回復し，父親としては，次男だけに依存しなくてもよくなり，自分の意志を自由に表現するようになったのです。その結果，次男としても父親の意向を尊重せざるを得なくなったといえます。ただ，残念ながら，父親と長男の関係を修復する時間は足りませんでした。

　本事例では，きょうだい間の仲直りまでいっていませんが，父親と子どもの関係で，次男だけでなく三男による父親への訪問（精神的支援）が開始されることによって，父親と次男家族の二者関係の親密すぎる関係が正常化されたとみてよいでしょう。次男の要求である孫を養子にすることを断り，自分の意向でケアルームの生活ができるようになりました。

　結論からいえることは，辰子氏の死後の高見家のキーパーソンは三男であったといえます。父親と次男の二者関係から父親，次男，三男という三者関係に拡大できたことが，父親にとって，親子関係の再統合ができ（長男との関係は修復されていませんが），自らの意思で生活できるようになったのです。このように親子や親族などの家族関係では，目の前にあらわれる人物だけでなく，その家族の調整役を探し出すことが必要です。そのためには，できるだけ全員の子どもと面談することが必要です。

(3) 契約時説明と契約書の重要性について

　本事例は，次男が契約書を盾に，自分らの都合の良いようにケアをさせようとして口を出したり，自分の都合の良いときだけ介入したりして，ケアサービスが混乱しました。介護保険が導入され，自己負担分が発生すると，今までのような行政丸抱えの福祉サービスはなくなり，ケア対象者の権利と義務が生じます。とくに，「選択できる福祉サービス」をうたい文句にした介護保険は，高齢者の権利意識を高める宣伝を行なっています。金を出すことによって，ケア対象者およびその家族の要望が権利としてケアに強く反映されます。そのこと事態は従来の受身の福祉から何歩も前進でありますが，同時に，自己選択とは，自己責任もまた生じることを忘れてはなりません。あくまで，ケア対象者が主人公であることを大前提にして，それでも，介護保険が「契約」で成立す

る以上，選択者の自己責任の強化と払われる費用と相対のサービスという限界があることを認識してもらうことが必要です。介護保険の導入に際して高齢者や家族の自己責任の啓蒙が不十分であることが否めません。

　金を払っているからという権利意識で，本事例のように次男に振り回されては職員の主体的なケアができなくなります。とくに，自己本位な家族の場合には，その意向に振り回されることが多いのが現状です。

　それではどのように対処すれば良いかは次のように考えます。

①　契約時の説明責任とケア対象者側の理解

　契約時に，介護保険制度の内容説明とその費用とサービス限界の説明はもちろんのこと，サービス事業者のサービス内容を十分説明し，サービス提供方法もきちっと説明することが第1です。たとえば，ケア職員はチームで行なうために同じ職員が行なうわけにはいかないことやその家の独特なやり方はできないこと，ケアでも優先順位があることなど，ケア業務のやり方を理解してもらいます。そして，契約内容の説明は，信頼関係の構築の第一歩と考え，ケアサービス事業者の責任者が行なうべきです。本人が意思表示できない場合や，家族に任せるという場合には，家族と協議することになりますが，その場合には，ケアプランの内容を家族と吟味し，家族の了解をとることです。できることとできないことを事例などをあげて明確にすべきです。なぜならば，何かトラブルがあった場合は，家族は契約書を盾にサービスの要求やミスの指摘をしてくるからです。

②　家族とのコミュニケーションと信頼関係

　重要なことは，家族とのコミュニケーションの確保とその手段です。在宅サービスのように，家族が仕事で不在の場合は，ケアノートなどを設置して，要介護者の状態や言動を記録し報告することが大切です。日常の情報提供がトラブルが生じた場合に役立ちます。また，家族と共同でケアを行なう場合は，家族のケアの部分とケア業者の部分との分担をケアプランできちっと決めておきます。このような対応によって家族とサービス業者との信頼関係が生まれます。そして，介護技術の提供や痴呆の特徴などの知識を提供するなどの家族に対する教育も必要です。さらに，家族とのコミュニケーションの混乱を防ぐには，家族のキーパーソンを探し，メインとサブの2名を決めてもらい，その人を交渉の窓口にすることです。

③　付け届けやプレゼントは無用であること

　費用の問題は，サービス内容と一体で明確に提示します。ケアプラン以外のサービスやその他の費用はもらわないこと，職員への付け届けやプレゼントは無用であることを契約説明時にはっきりのべます。この説明がないと，ケア対象家族とケア職員の癒着が生じます。

　要は，家族が疑心暗鬼に陥らないようにし，先手先手の対応をすることです。ケアの仕事は誰のために行なっているかという原点に立ち返れば，自ずと，問題解決の視点が見えてきます。

事例4　ターミナルケア

1　問題点の概要

　ターミナルケアは，痴呆介護とならんで高齢者介護では難しい部類に入るケアです。それは人生最後の時を共有するという難しさと，家族をも支える必要があるという点です。そして，ケア職員が自らの死生観をもつことを求められるからです。また，ターミナルケアはケア職だけではできません。看護師などの医療職とのチームワークによって成立します。チームケアであることが難しさを増加させます。

　本事例は，ターミナルケアで，本人へのガン告知や息子の死の告知ができず事実を隠していたために，ケアが難しくなった事例ですが，がん告知の問題のみならず，ターミナルケアをどのように考えるか，医療従事者とのチームワークをつくるためにはどうしたらよいかを考えます。

2　プロフィール（人物像）

(1) 基本データ

氏名／海藤うめ（仮名）
生年月日・年齢・性別／1904（明治37）年3月20日。81歳（入居時）。女性
配偶者／死去
出身地／岐阜県
身元保証人／海藤利一（仮名／次男・東京都S区在住）
前住所／東京都S区（次男と同居）。
子ども／4人（長男は死亡，次男は東京都S区，三男はF県，長女は東京都B区）
学歴／尋常小学校卒
職業／専業主婦
購入資金／子どもが援助
資産／現金410万円，収入／恩給年額155万円。子どもからの仕送り100万円
入居の動機／子どもの薦めによる
病歴／なし
墓地／東京都B区

(2) 人物像および生育歴

　1904（明治37）年に岐阜県に生まれる。実家は機織りをしており、小さい頃から家事の手伝いをしていた。地元の小学校を出て、実家の仕事を手伝っていた。手先は器用であったという。1928（昭和3）年に結婚、結婚後は専業主婦であった。子どもは4人。夫は繊維関係の会社の職工から役員になった人でやり手であった。夫の仕事の関係で、戦前から東京のK区に住み、戦後はB区に引越した。「昔は暮らしが大変で、子どもを大学に入れるために内職をした」という。

　うめ氏は、体格は女性としては骨太でがっちりしており、大柄の方である。白髪で、鼻筋がとおって口を真一文字に結んで、見るからにきっちりした、しっかり者という感じをあたえる。普段の服装もボタンひとつはずさないできちっと着ている。すべてに子どものことを優先に考え、自分のことは自分で処理して子ども達に迷惑をかけないという明治女の典型である。夫は教育熱心で息子はすべて大学を出したという。人づき合いはよく、近所づき合いも多く、マンションに入居してからも以前に住んでいた近所の人との交流がある。過去に大病したことがなく、「私のとりえは健康」（本人）という。

(3) 家族関係

　夫はやり手であったがその分女遊びが激しく浮気を繰り返し、一時は愛人宅に入り浸って家に戻らずお金を家に入れず収入がなく苦労したという。「両親が決めた相手だから、好きだとか嫌いだとか贅沢はいっていられなかった」（本人）。夫は1977（昭和52）年に死去。長男は満州にて戦死し、次男は自分で機械メーカーをつくり現在社長である。S区に在住。三男は仏教系の大学を出て地方の小さなお寺の住職をしている。長女は結婚して、B区に在住。うめ氏は、夫が死後、次男宅に同居するが、嫁との関係がうまくいかずに別居し、一時、長女の近くにアパートを借りて住むが、高齢のためにケア付きマンションを次男に薦められて入居した。資金は次男が出した。S区の家は広いが隣の付き合いもなく寂しかったという。「わたしは下町が好きでね。人情があるよ」（本人）。戦死した長男の妻はアメリカに在住している。その子ども（うめ氏の孫）は娘2人で、ひとりは名古屋、もうひとりはアメリカにいる。アメリカの孫には子ども（うめ氏には曾孫）が1人いる。次男の家族は長男がK大を出て、神戸の病院の外科部長をしている。娘は体調をくずして入院中。三男の家族は息子が1人で関西空港に勤めている。うめ氏にとっては、次男は資金的支援者で、長女は相談相手として精神的支えになっている。三男との交流は少ない。

〈家族関係図〉

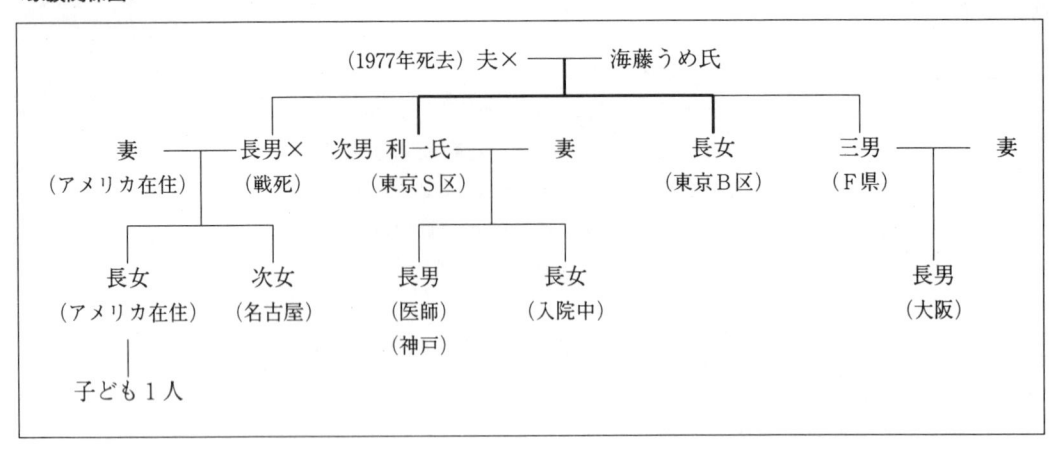

```
                    (1977年死去) 夫× ━━━━ 海藤うめ氏
        ┌──────────────┬──────────┬────────┬──────────┐
    妻 ─ 長男×    次男 利一氏 ─ 妻      長女      三男 ─ 妻
(アメリカ在住)(戦死)  (東京S区)         (東京B区)  (F県)
     ┌────┐        ┌────┐                    │
    長女   次女     長男   長女                 長男
(アメリカ在住)(名古屋)(医師)(入院中)             (大阪)
     │              (神戸)
   子ども1人
```

③ 事例の問題状況とケアサービスの過程

1985（S60）

月日	海藤氏の問題状況と言動	ケア職員の対応・意見
4/30	ケア付き高齢者マンション契約。常住開始。	
5/2	自宅訪問／家の中はキチッと整理され，ゴミひとつ落ちていない。長女が時々来て家の掃除などをするという。	あまり口数は多くないがしっかり者という印象を受ける。

1994（H6）

月日	海藤氏の問題状況と言動	ケア職員の対応・意見
4/1	高齢のため家事援助（週2回）を開始する。	
6/7	腹痛の訴えあり，下痢症状。診療所受診後，様子見のため介護専用ホーム棟のケアルーム（相部屋）に入室。顔色不良にて嘔吐。紙オムツ装着。	様子観察／特に便の状態，水分補給，食事摂取状態をチェック。
6/17	脱水症状強く，Q病院入院。精査の結果，大腸ガンと判明。高齢のためとくに治療はなし。長女より「本人には病名はいってないので，よろしくお願いしたい」とのこと。	
6/27	Q病院退院後，自宅に戻らずケアルーム入室。	ケアプラン／①腹部膨満の場合は，メンタ湿布（ハッカ油を2～3滴熱湯に入れてタオルで湿布する）。②2日排便なければ浣腸。③与薬管理。
8/17	下痢激しく，疲労感訴える。腹痛は軽度。本人が自宅に戻りたいとの希望が強い。 昼間に自宅訪室／夜眠れないと「早くお迎えが来ないか」といろいろなことを考えてしまうという。	ケアプラン／①昼間は居室，夜はケアルームに変更。②不眠を訴えているので早急に対応する。③下痢と寂しさが辛いとのことであるので対策をたてる。
8/18	診療所精神科受診／眠剤投与。良く眠れたとのこと。息子（次男）来訪。普段より笑顔みられる。	職員の定期訪問開始。
8/27	慢性のイレウス（腸閉塞）がみられ，便がたまっている。医師の指示で国立W病院に入院。ICUに入	

	る。人工肛門の手術を行なう。	
10/6	国立W病院退院。病室はイヤだというので診療所に転院せずにケアルーム（相部屋）に入室。食事全粥軟菜。人工肛門着装。病巣は除去していない。今後，転移が考えられる。本人の言動はしっかりしている。	ケアプラン／ラパック（排泄袋）交換，入浴援助，湯タンポ交換。水分補給。その他は自立。様子観察を十分行なう。
10/24	腹部レントゲン／とくに異常なし。	昼間は自宅，夜はケアルームに変更。
11/17	自宅のベッド周辺を片付ける。睡眠薬が多量に出てくる。横シーツ購入。職員に病名について聞いてくる。	ケア会議／①自宅に愛着があるので，介護型専用居室への契約替えはしない。②ガンの告知はしない。病名を聞かれたら「腸の病気と聞いているがそれ以上は知らない」と答えること。さりげないケアを行なうこと。
12/12	ケア会議／病名の告知がないと，ケア職員の仕事がやりづらい。うめ氏であれば告知した方が良い生き方ができるのではないか。家族とガン告知について話し合いをもつこと。看護婦を含めたターミナルケアチームを発足させる。	
12/18	ケアプラン／目標＝ターミナル状態で，本人が毎日気持ちよく生活できるようにする。問題点＝身体面（血便，腹痛，下痢など）は医療の指示で対処する。精神面は，特定の職員が痛みや辛さについて定期的に話を聞いていく。具体策は，①人工肛門の管理は看護婦が担当する。②水分補給は茶話会や寝る前にお茶を出し，脱水を防ぐ。③汚物処理は本人が自分でやる気持ちを大切にし，さりげなく処理する。④清潔面はケアルームのロッカーに放置した汚染衣類を片付ける。着用中の衣類が汚染している場合はそっと教えすぐに着替えさせる。シーツ汚染は定期チェック。⑤家族とのコンタクトは長女が週1回来るが，ガン告知についてこちらからも引きつづき積極的にアプローチする。⑥担当2名を決定，そのうち1名は看護婦とする。	
12/22	ケア課長と次男との話し合い／ケア課長からは，①できたらガンの告知をしてほしい。うめ氏であれば十分耐えられると思う。②ターミナルケアは当方として責任もって行なうが，急変することも考えられるので，緊急連絡場所を教えてほしい。③また，ターミナルになったら家族の協力をお願いしたい。次男からは，①ガンの告知はできない。母は気丈のようでも脆いところがある。②，③は，万一の場合は了解した。家族はできるだけ協力する。できるだけ本人の意思を尊重してほしい。	

1995（H 7）

1/6	三男（F県在住）と嫁，孫が来訪／うめ氏大変喜ぶ。記念撮影する。三男に「何の病気かね」と聞いている。	栄養士訪室／うめ氏は「とくに欲しい物はない。出されたものを食べている」。栄養士としては現状のままでいく。要望があれば何時でも対応する。
2/7	このごろ動かないから食べられないという。「早く天国でも地獄でも行ってしまいたい」との言葉あり。	栄養士訪室／食事量が減ってきたために訪室。2～3日様子見
	ケアプラン／①看護婦がバイタルチェックを朝夕2回行なう。夜は21：00に行ない，記録する。②痛み止めは医師の指示か本人が欲しいというまで使用しない。③夜間緊急時は，診療所当直医に受診させる。④「お迎えが早くこないかなー」という言葉が頻繁にでることから，ガンの告知をしたほうが本人も納得するのではないか。再度，家族と話し合いを行なう。担当医師との話し合いでは，担当医師は家族の了解なしには告知できないという。	
2/15	診療所受診／長女付添い。多少痛みが出ているとのこと。夜間眠れるし大きな変化はない。医師は食事が取れなくなっても，点滴で対応するという。	職員対応／在宅（昼間のみ）でのケアを行ない診療所には入院はしない。家族もすべて職員にまかせるとのこと。
3/20	誕生会（91歳）／長女夫婦，職員で祝う。F県の三男，アメリカにいる孫からプレゼントが届き感激。	色紙に職員全員の一言を書いてプレゼントする。
3/27	呼吸困難になる。診療所緊急入院。	家族に連絡を取る。

	職員と医師面談／①片肺は胸水で機能していない。肺炎が起こっている。②貧血がある。意識はしっかりしている。③危篤状態で，あと1週間程度であろう。④家族と連絡をとってほしい。職員からは，家族の希望として無理な延命はしないように要望した。	
3/29	状態もち直す。医師「すごい生命力だ。内臓が強いのだろう」	
5/5	家族の強い要望により診療所退院。ケアルーム（相部屋）入室。	診療所よりの看護サマリー（要約）／①薬は粥や味噌汁に混ぜて飲ませている。②食事はベッド上で自己摂取。③排泄はオムツと尿器を使用。④背中に発心があったが綺麗になった。⑤痛みの訴え，血便なし。
	ケアプラン／①朝9:00に点滴施行。②薬は食事とは別にする。③排泄を自立できるように支援。その他は，従来どおりのケア続行。	
6/5	点滴500ccから250ccに減量する。	普段は介助浴であるが，本日は自力で入浴できた。
6/22	点滴本日で終了。	
7/5	診療所定期受診／血便多いため検尿の結果，イセパシン（アミノ酸系抗生物質）の注射を毎日行なう。	
8/23	次男・利一氏が交通事故で急死。職員が新聞の死亡欄をみて知る。うめ氏には知らせていない。長女より「兄の死去については家族からいうので，職員からは一切いわないでほしい」と電話あり。	
8/30	アメリカにいる長男（故人）の嫁来日。身元保証人を次男から長女に変更する。腰痛強い。痛み止め座薬処方される。	
10/16	長女来訪／長女に「近頃，利一（次男）が来ない」と不思議がっている。	
11/28	職員から電話で長女に次男の死を言うように伝えた。長女は「とてもそんな勇気がない」「兄は仕事が忙しくて来られないと言ってください」と返事。	診療所医師往診開始／両足の痛みを診る。湿布で様子見。X-P施行，胸水は少なくなっている。

1996（H8）

1/17	輸血を行なう。200cc×5回。発熱時はボルタレン（消炎・鎮痛剤）25mg注入のこと。	
1/22	長女から「母が点滴を嫌がっているのに何でやるのか。輸血までして長生きさせて欲しくない。医者は何を考えているのか。」との感情的な言葉あり。	ケアプラン／ターミナルケアのため相部屋のケアルームから個室のケアルームに移動。自宅よりテレビや家族の写真，使い慣れた小物などをもってくる。
1/23	臨終時の対応を医師と打合わせ／夜間時には，無理に診療所に搬送しないで，当直医師が往診でこのままケアルームにて看取る。死亡時間を確認しておけば，死亡診断書は主治医が後で書く。	
1/24	呼吸困難のため酸素3リットル開始。	ターミナル（終末）の状態であることを家族に報告する。
1/25	苦しいとナースコール。本人希望で国立W病院に連れて行く。ICUに入院。	
1/26	長女とW病院医師との話し合い／左右の肺に水が溜まっていて，癌の再発によるものだろう。2～3日で改善したら退院してよい。	
	ケアミーティング／①家族から延命の治療はしないでほしいという要望があるが，職員は本人の意思を尊重しながら，本人の状況に応じて対処すること。本人が辛ければ入院や痛み止めの注射を行なう。②「息子が来ないかなー」という言葉が良く出るので，事実を知らせた方が良いのではないか。しっかり者のうめ氏であれば告知したほうが安らかな死を迎えることができるのではないか。	
2/6	国立W病院退院。ケアルーム（個室）入所。	
	長女との話し合い／兄の死については「私からはとてもいえない」「兄の家族と相談する」とのこと。	
2/7	褥瘡ができている。背骨にそって2cm，左背部1cm，仙骨部3cm大の発心あり。	イソジン（殺菌消毒剤）消毒ガーゼで患部を保護する。一部壊死みられる。床ずれ防止マットをひく。

2/17	利一氏（次男）の長男家族来訪／うめ氏の食事介助する。長男はうめ氏に対して「父は会社が大変な時で，忙しくて来られないので，僕が来た」といっている。	
	利一氏の長男と話し合い／利一氏の長男は「父の死を祖母にいうのはつらくてできない。職員の人はいろいろ聞かれて大変でしょうが，勘弁してください」という。	
3/7	診療所医師往診／褥瘡処置。侵出液プラスだが，乾燥してきている。褥瘡は体交，イソジンシューガー（イソジンにグラニュー糖をまぜた褥瘡治療薬）の処置続行。食事少なく，間食（あんまん，メロン，クッキー，カロリーメイト，プリン）を多く取る。	
3/22	食事がとれない。うめ氏は「生きているのがつらい」という。	下血続くためアドナ（血管を丈夫にして，出血をおさえる薬）処方。ターミナル状態続く。
6/12		生食100ml＋ホスミシン（細菌を殺菌する抗生物質）＋ラシックス（高血圧症，浮腫の治療薬）点滴開始。体重24kg。
6/27	ケアプラン／人工肛門部処置，腹部温罨法（温かい湿布で患部を温める方法）マッサージ施行，全身清拭，シーツ・寝巻交換，麦茶50ml補給，カロリーメイト200ml，おむつチェック，週2回往診，バイタルチェックなどを続行。	
7月末	状態落ち着く。医師が「こんな人みたことない」とびっくりしている。	
8/10	調子よいため盆踊り参加／屋台のものを食べる。友達P氏，K氏と会って喜ぶ。	ミーティング／尿少ないため要観察。
11/16	「忙しくても電話ぐらいくれても良いのに」と息子からの連絡を待っている。	長女に連絡する。「うめ氏であれば，息子の死を受け止められるので，言ったらどうか。職員もサポートする」と伝えると，考えてみるとの返事あり。
11/22	ケア会議／息子の死を突然告知するより，徐々に知らせたほうがよいのではないか。そのために，うめ氏には息子は病気で入院しているといったらどうかと提案。長女に連絡して提案を話す。「兄の息子と相談してみる」とのこと。	
12/10	長女来訪／娘にむかって「もう何も話すこともない」。面会には嬉しそうだった。長女いわく「やはり，面と向かうととても言えない」とのこと。	
12/14	朝食＝粥8割，温泉卵1個，昼食＝粥5口，のり少々，ヨーグルト7割，夕食＝粥0，味噌汁7割，ふろふき大根1匙。	

1997（H9）

1/1	新年祝賀会参加。知り合いと挨拶している。表情良く，活気あり。
1/31	背部，足の背の浮腫，背部かゆみ，軽度の腹満あり。
3/13	朝から食事をとらず閉眼状態。カロリーメイト少量摂取。
3/18	危篤状態のため，長女に来訪を促す。
3/23	長女，利一氏（次男）の長男来訪，職員と面談／家族としてはこのまま静かに見送りたい。
3/27	医師往診／「注射するか」にうめ氏は強く拒否する。咳強い。肺炎にて，23:00死亡。93歳。
4/3	初七日。長女から「兄の死はいえなかったが，母はうすうす感じていたようだ」「兄が夢の中に出たというようなことをいっていた」「職員の人も大変だったでしょうが，私たちもつらかったです」との話あり。

4 演習課題の設定

本事例の演習課題はつぎのように設定しました。
① がん告知と息子の死の告知を拒否する家族へのアプローチについて考えてください。

最近は，インフォームドコンセントにより，告知が一般的になっていますが，しかし，老親にがんの告知を拒否する家族はまだ多いです。ガンの告知問題について考えてください。

② ケア職員が看護師や医師などとチームを組んで，ターミナルケアにかかわる場合のポイントについて考えてください。

ケアの難しさはケア職だけで行なうのではなく，医療職とチームを組んで仕事を行なうところです。とくに，ターミナルケアはケア職と医療職のプロジェクトチームによるケアが大事です。その場合のポイントについて話し合ってください。

③ ターミナルケアを行なう家族の心理状態について考えてください。

本事例では，母親のガン告知だけでなく，息子の死についての告知問題もありました。このような場合に，どのように家族を支援していけばよいのか考えてください。

④ 在宅ホスピス（疼痛緩和）ケアを行なう場合の問題点を考えてください。

本事例では，最後はケアルームで介護を行なっていますが，うめ氏の自宅への思い入れが強いため，在宅と施設ケアの両方をミックスして行ないました。しかし，今後，ターミナルケアは在宅で行なうことが多くなると予想されます。自宅でホスピスケアを行なう場合の注意点を考えてください。

5 事例から学ぶこと

本事例は，ガン末期患者のターミナルケアの事例です。ホスピスケアやターミナルケアに関するさまざまな問題を提示しています。ここでは，以下の点を検証します。

(1) ガン告知問題

本事例は，ターミナルケアにおいて，ガンの告知の有無，息子の死の告知をめぐってサービスを提供する職員側の難しさを問うケースでした。

日本では昔から「知らぬが仏」という言葉があるように，事実を知らせずにその人の安寧を願うという風潮がありますが，近年は欧米思想の普及によって，個人の意思を尊重するために情報公開が叫ばれ，医療福祉の分野でもインフォームドコンセントが一般的になってきました。また，ガンは不治の病気ではなくなりつつあることも告知問題を容易にしている要因です。そのような傾向によって，ガンの告知問題は，本人に知らせる傾向が増えていますが，高齢者の家族，親族の間では，まだ，躊躇する場合が多いようです。

死が迎えにくるまで，いかにその人らしく生きることを支援できるかが，ターミナルケアの課せられた課題です。したがって，病気の告知がなされないと本人が死へのプロセスをなかなか進めないことがあげられます。患者本人が疑

心暗鬼になっているからです。また，家族やケア職員としては苦しい対応に迫られます。「どんな病気なの」「もうすぐ死ぬのね」「痛くてつらい」などの言葉は，日々接する家族やケアする職員にとってはつらいものがあります。

　本事例では，家族が告知を拒んだケースです。その理由は，高齢であること，患者の性格的な配慮があったこと，家族に勇気がなかったこと（ケア付きマンションに入居させて自分達で親を世話できないという後ろめたさも含めて）です。一般的にいえば，患者本人は自分が「ガン」，あるいは，「死病」であることをほとんどの場合察知しています。最初は，「どういう病気か」聞いてきますが，そのうち聞かなくなります。聞かなくなるのは，家族も苦しんでいるという家族への思いやりである場合が多いようです。

　私たちは，がんの告知を含めて，死に行く人をどのようにケアするかをキューブラ・ロスの『死ぬ瞬間』『死ぬ瞬間の対話』（読売新聞社刊・川口正吉訳）から多くを学びました。

　ロス博士は，がん告知について次のように述べています。「**診断が確実になったら可及的すみやかに重篤の病気であると告げるべきです。そして告げた直後に希望をも与えるべきです。患者にあらゆる治療可能性について話してやるべき**という意味です。それから先はふつう，患者が詳しいことを訊くまで待つことにしています。患者が具体的なことを訊いてきた場合は，わたしは正直な返事をします。しかしわたしは，かれに，死にかかっているとか末期疾患だとかはいいません。わたしはただ，**病気が重いこと，そしてわたしたちはあなたが身体機能ができるよう，人間として可能なかぎり助ける努力をします**，とだけ告げてやります。」（『死ぬ瞬間の対話』，p.11）

　つまり，ガン告知の有無という二者選択ではなく，患者が死を受容できるようにするにはどのような対応と表現が良いかを吟味しなければならないかということです。また，告知は医師の仕事でそれ以外の人はすべきでないといいます。日常的に関わりをもつケア職員や看護師がケアしにくい場合は，患者が病名を知りたがっていることを医師に伝えればよい，とのべています。

　ロス博士はいいます。死に行く過程は，一様ではなく個人個人違うこと，たとえば，人生を怒りの中で生活してきた人は，怒りの段階で死を迎えることが多いこと，抑うつ状態でとどまる人，受容したが逆戻りする人などさまざまであることです。また，死に行く過程をスムーズに通過させるには，他者の援助がいること。それは，その人のニーズを引き出しそれを解決してやること，たとえば，痛みがあれば痛みをとる，さびしければできるだけ傍に居る，家族の関係が悪ければ修復できるように援助する，経済的な問題があれば市役所やソーシャルワーカーに依頼する等々です。

　ターミナルケアをするうえで，なぐさめなどの特別な言葉はいらないといいます。静的ケアこそがこの時の最善の対応方法です。傍に座って話を聞き，患者の気持ちを受け止め，できれば，手を握ったり，痛いところをさすってやること（無言の身体接触），そのためには，ケア職員は「沈黙の時間」を共有するのに耐えることも必要です。そして，何より大切なことは，その人の身にな

って真剣に世話する気持ちをもつことといっています（その気持ちが相手に伝わります）。

　私の経験からいいますと，日本人では，80歳を超えると，ほとんどの人（70～80％）は「何時お迎えが来てもよい」といいます。それが死への受容なのか，諦めなのか不明で，本音のところはわかりませんが，高齢になるとそれなりに死に対する恐怖は薄らぐようです。だから，ロス博士の死ぬ過程の心理状態の発現は高齢に伴って弱くなるのではないでしょうか。とくに，怒りや取引という心理過程は生に対する執着からの心理状態でしょうから，その部分は弱くなると考えられます。もちろん，この世にし残したことがあったり，心配ごとがあれば，生への執着は強くなり，高齢だからといって，必ずしも死ぬ過程の心理状態が弱まるとはいえません。個別性を考慮しなければならないのは当然のことです。うめ氏の場合は仏壇の夫に向かって「早く迎えにこい」というようにある程度死を受容する段階にきていたのではないでしょうか。

　要は，告知問題は，病名を告げることではなく，ケア対象者とその家族の終末をいかに支援するかという問題であると認識すべきです。

(2) チームケアについて

　ケア職と医療職のプロジェクトチームを組んでターミナルケアを行なう場合の注意点を考えます。

　ターミナルケアで一番大切なことは，異なった分野（医療，介護，相談，食事，聖職者など）のスタッフとのチームワークです。チームワークをよくするには，お互いの信頼関係の構築です。それには，日常的な情報交換であり，定期的なミーティングが必要です。以下，そのポイントをあげておきます。

　第1には，プロジェクトチームの責任者を誰にするかです。一般的には，医師がその役割を担うことになりますが，必ず，サブの責任者を任命しておくべきです。それはケア職がよいでしょう。なぜなら，病院以外のケア現場では，医師は医療の時しか関わりませんが，日常的にかかわるのはケア職であり，本人の意向や家族の情報を得やすい立場にいるからです。ターミナルケアでは，生活ケアが中心であり，医療的な処置は苦痛や痛みの緩和になります。

　第2には，ケア職と看護職の領域をはっきりわけて，それぞれの領域における仕事の責任を明確にしておくことです。そして，仕事上では，ケア職と看護職の対等性を強調することです。ケア職が看護職の指示によって仕事をするようなことではチームワークはできません。

　第3には，チームにはケア職・医療職のみならず，栄養士の参加を求めることです。人間が生きるということは，極論すると食べて＋排泄することです。食べられなくなったら終わりが近くなります。食欲がなくなった場合には，栄養士による調理方法（キザミ・トロミ・ペーストなど）や補助食品の提供が必要です。

　第4には，ケア会議は必ず合同で行なうことです。そして，お互いの考えや

感じ方を理解するために，日常的に意思疎通のために教育研修を実施することが大切です。私たちはグループディスカッション*を行ない，ケア職と看護職のチームワーク向上をはかりました。

*くわしくは5章⑥の「チームコミュニケーションの促進」を参照してください。

(3) ターミナルにおける家族への配慮

本事例ではガンの告知については最後まで家族の同意が得られませんでした。告知しなかったことがケアの質を低下させたことはないと考えますが，本事例の反省点は，医療とケアスタッフ，それと家族との話し合いをもっと数多く行ない，うめ氏の気持ちや家族に死にいく患者の心理的過程を理解してもらったらよかったと考えます。その意味では家族へのケアが不足していたといえましょう。

本事例では，ガン告知と本質的には同じ問題で，うめ氏の息子（利一氏）の死を知らせるべきか否かという問題が発生しました。この問題も結局はがん告知と同じ考えでよいと，ロス博士はいいます。「入院中の末期患者（女性）がその夫を喪ったとき，末期患者の入院中に，家に残した子供の死に出会ったときなども同じことがいえます。かれらには事実を告げてやるべきです。末期患者だからという理由だけで，かれらに真実を告知してやらないというのは不当です。援助専門職の誰かがこの人たちのために時間を割き，かれらと悲しい知らせを分けもってやり，このおそろしい喪失のインパクトを徐々に清算していくのをたすけるように引きつづきサービスを待機しておらねばなりません。」(前掲書，p.98) と，ロス博士は知らせるべきであるといっています。そうしないと，せっかく受容の段階に到達した人が逆戻りして，深い悲嘆と憂鬱状態に入ってこころ穏やかに死ねないといいます。ここでも，正直に伝えること*が，ケア（医療も含めて）する職員の最善の処置だといいます。

うめ氏が危篤状態を乗り越えるたびにその生命力に驚きましたが，実際のところは「死ねなかった」のかもしれません。私たちもロス博士の考えに同意し，家族の同意を得られるように努力したができなかった。それは告知にこだわって家族の気持ちを共感できなかったからです。告知問題より，家族との信頼関係を重視すべきでした。

ロス博士は，死に行く心理的過程は，死に行く患者をもった家族（患者よりも時間的に遅れるが）も同じ心理状態になるといいます。死に行く人だけでなく家族を含めてケアの対象とすべきです。それが結果的にケア対象者へ良い影響を与え，しいてはケアがしやすくなるのです。

ただ，ケア現場で仕事をしていると，日米の歴史的文化的背景の違いがあり，高齢者の自立度や思考が異なるため，ロス博士の意見がそのまま当てはまるかどうかわからないことも実感されます。少なくとも，ケアする側が仕事がしにくいからといって家族に告知を強制できるものではありません。うめ氏の死後に長女から「母は兄の死を感知していたようだ」という言葉がでましたが，それは以心伝心という心理作用があったと理解したいと考えます。少なくとも，

*ロジャーズのいう「成長促進的雰囲気を出現させる三つの条件」の内のひとつの条件としてある「見せかけのない事，真実，一致。（または，純粋性，真実性，一致性）」のカウンセラーの心の持ち方と一致しています。

残された家族が母親の気持ちを汲み取っていたならば，後悔も少なく母親の死から立ち直るのは早いのではないでしょうか。

(4) 在宅のターミナルケア

本事例では，自宅と施設（ケアルーム）両方でのケアを行ないましたが，今後増加すると思われる在宅ケアについて考察します。アメリカでは，ホスピスケアは在宅が主流になりつつあります。それは，費用が安く済むだけでなく，自宅で死にたいというケア対象者の希望です。日本も同じ傾向にすすんでいくことが考えられます。

在宅でホスピスケアを行なう場合の注意点は，次のように考えられます。

a）在宅で痛みや苦しみ（たとえば肺がんの呼吸困難など）のコントロールができるか。
b）緊急事態に対応できる受診・入院体制ができているか。
c）ホームドクターがおり，その医師が往診できるか。または，医師と同等の判断ができる看護師が毎日往診することができるか。
d）医療スタッフに栄養士がいて食事のコントロールができるか。
e）家族でもケアスタッフでもよいが，夜間の介助ができる体制にあるか。

要は，医療と介護のチームワークができることが在宅支援の鍵です。とくに，医師が往診できることやペイン（痛み）コントロールの知識があることです。ない場合は，ペイン（痛み）コントロールの専門医との連携ができることです。

そして，さらに重要なことは，

f）本人が自宅で最後を迎えたいという強い意志があることです。そのためには，多少の痛みや辛さを我慢できるかどうかです。
g）本人のみならず，配偶者や子どもの同意が絶対条件です。

通常，ターミナルは3ヵ月程度で，長くても6ヵ月程度です。その意味では，期間が限定されているためにケア職員側としては，精神的負担は多少は軽減されますが，家族は長年連れ添ったあるいは一緒に生活した配偶者や親の死の過程を見守り，世話していくのは精神的に非常に辛いものがあります。もし，強烈な痛みや苦しみを伴う場合は，傍で見ていられません。それは介護者側の自分自身の「死」とも直面しなければならないことだからです。ターミナルケアにおける在宅ケアのポイントとして，一緒に生活する家族（配偶者・子ども）の同意が最も大切です。

(5) 喪失過程の理解

ケア職員は高齢者の「喪失の心理的過程」を理解しておく必要があります。高齢期とは喪失の過程なのです。この過程は「死を受容する過程」と同じです。人は死に向う人の心理過程だけでなく，身体的障害になったとき，親密な人の

死に遭遇した時などの突然の不幸に見舞われた時には同じような心理過程になります。ケアする側が理解しにくいのはケア対象者が傍にいる介護者へ怒りをぶつけるなどの攻撃です。ケアする側は一生懸命やっているのにいわれなき暴言や悪態をいわれると，ケア対象者に対して怒りをおぼえ，近づくことをためらいます。これはケア職員も同じです。これを受容して傍にいることが大切です。ターミナル段階の人や末期ガン患者にとって辛いのは身体的「痛み」や「不自由さ」「死への恐怖」ですが，それ以上の苦痛は精神的痛みとしての「孤独」です。ケア職員に向けられた怒り，悲しみなどの感情表現が不条理な攻撃という表現をとる時，私たちは感情的になってしまいますが，そこを冷静に内省し，相手の気持ちを感じて対応することが必要で，ケア業務の中でも一番難しい部類に入ります。ケアとは忍耐強くなければできません。あたかも，それは子育ての感性と同じです。

事例5　被害妄想

1　問題点の概要

　本事例は今までの人生で得られなかったものが表面化し，老いを受け容れられず，寂しさから人間不信に陥り，人間不信から被害妄想にさいなまれた人の，孤独と人間関係の弱さをいかに支えたかという事例です。人間は社会的動物といわれています。社会をつくってその中の一員としての存在によって自己の価値を見い出すのです。つまり，人間の関係を作ることによって自己存在の認識ができるのです。しかし，人間関係をつくるのが下手な人がいます。そのような人の中には被害妄想などの病理を発症する人がいます。被害妄想の人の「心」に共感できるようになりましょう。

2　プロフィール（人物像）

(1) 基本データ

氏名／新村すみ（仮名）
生年月日・年齢・性別／1914（大正3）年2月3日。72歳（入居時）。女性
結婚歴／2回，2回とも離婚　　子ども／なし
出身地／富山県　　前住居地／東京都T区
身元保証人／新村雄司（仮名・甥・東京都N区），1992（H4年）9月に新村恵
　一（仮名・弟・東京都K区）に変更
学歴／富山県立G高等女学校卒。東京のW看護養成所卒
職歴／小学校養護教諭，1974（昭和49）年退職
財産／預金約1億円。　　収入／共済年金260万円（年間）
購入資金調達／不動産売却
病歴／動脈硬化，尿路結石，子宮筋腫，難聴，白内障
入居動機／老後の安心のため　　宗教／浄土真宗

(2) 人物像および生育歴

　容貌は丸顔で目が大きく，白髪で短髪にパーマをしている。小柄でなで肩，一見するとやさしそうにみえるが，意志の強そうな目が印象的。
　大正3年2月に富山県で生まれる。幼い頃から食事の好き嫌いが激しく体が弱かった。きょうだい仲はあまり良くなかったという。小さい頃から勉強がよくでき，きょうだいの中では抜きんでていた。子どもの頃に，湿疹性中耳炎に

かかり，右耳は聞き取れない。富山県立G高等女学校を卒業後，単身，東京に出て看護婦養成所に入り看護婦の免許を取って，看護婦になった。戦前に2回結婚をした。1回目は，大手食品メーカーの御曹司という裕福な家に嫁いで，申し分ない結婚と思っていたが，子どもができずうまくいかなかった。2回目は，サラリーマンと再婚したが，夫の子（連れ子）との関係がうまくいかず，離婚した。「2度目も失敗し，その頃から他人に対して防衛的で心を閉ざすようになったようだ」（妹談）。

戦後は，小学校の養護教諭になり，1974（昭和49）年（60歳）まで勤務して定年退職した。東京のT区に家を建てて，2階の3室を貸家にしていた。1984（昭和58）年頃，実弟の新村恵一氏夫婦と養子縁組した。ところが，ある日，すみ氏が恵一氏の家に遊びに行った時に，風呂に入る時に熱湯であったため「こんな人達と暮らしたら殺されてしまう」と言い，養子縁組を取り止めにした。また，1985（昭和60）年頃から，出かけている間に，誰かが家の中に入ってくる，前向きにそろえたスリッパが後ろ向きになっている等，被害妄想的な言動が多くみられるようになり，2階の間借り人に不信を抱き，全員追い出してしまった。玄関ドアにカギを5個もつけて，T警察に頻繁に被害届を出していた。警察で調べたところ何も取られていなかった。近隣では，近所の人を泥棒呼ばわりしたところから，関係が悪くなり，「狂言ばあさん」として有名であったという。

性格は，用心深く，「昔，母親がお金はいくつかの財布に分けて，部屋の中のあちこちに置いておくことが大事だといっていたことがあったが，今回，保険証を探したらあちこちから財布が出てきたので，母親と同じだなーと思った」（妹談）。自分の性格を「壁にぶつかるとすぐあきらめてしまう性格」と本人はいうが，単身上京して，看護婦になるなどしっかりしていて頑固である。女性単身者としてお金には執着し，蓄財は熱心であったが，「お金で人を判断するようなことはなかった」（妹）という。「すぐ下の弟が戦死し，今でも『タダオどうして死んだの』と叫ぶこともあり，心の深い所で，悲しみや孤独があるのではないか」（妹）とのこと。趣味は，短歌，絵画（日本画），お習字など。花も好きで美的感覚は優れている（妹）。

(3) 家族関係

父親は勤務医で，母親は旅館の娘であった。父親はやさしい人で，非常に可愛がられて育った。母親も父親の手前，しつけに厳しくなかった。そのため，わがままで，食事の好き嫌いが激しく体が弱かった。

きょうだいは7人。上から四番目である。女きょうだいは，姉が2人で，長女（まつ氏・富山市在住）は91歳で健在。次女（うめ氏・金沢市在住）は，くも膜下出血で寝たきり状態。妹が1人（松代たえ氏）いる。男きょうだいは，兄が1人いて，すでに死去している。弟は，2人いて，すみ氏のすぐ下の弟（忠雄）は戦死している。一番下の弟の恵一氏はすみ氏の身元保証人になっている。

　　　　きょうだい関係は，姉や兄とは，年齢差があり，あまり交流がなく，現在でも疎遠である（本人談）。弟や妹の面倒見は良く，現在でも恵一氏（弟），松代たえ氏（妹）とは交流があるようだが，最近は，すみ氏の被害妄想に振り回されて，多少距離を置いているようだ。

〈家族関係図〉

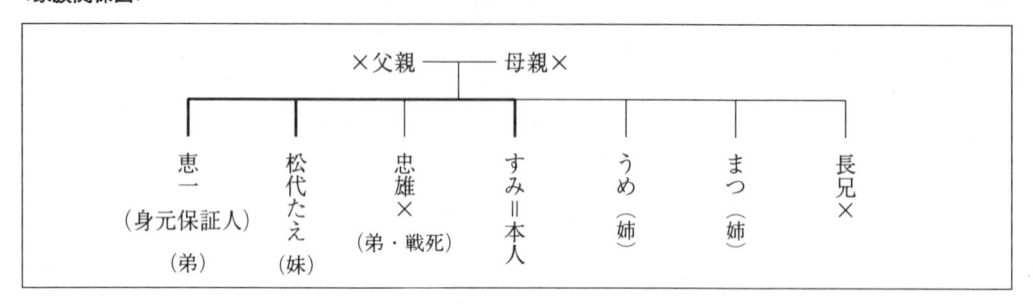

```
           ×父親 ── 母親×
    ┌────┬────┬────┬────┬────┬────┐
    恵一  松代たえ 忠雄  すみ＝本人 うめ  まつ  長兄
 （身元保証人）（妹）（弟・戦死）      （姉）（姉）  ×
   （弟）
```

③ 事例の問題状況とケアサービスの過程

1988（S 63）

月日	新村氏の問題状況と言動	ケア職員の対応・意見
5/3	ケア付き高齢者マンション契約。常住開始。入居動機は一人暮らしが不安なため。	

1989（H 1）

月日	新村氏の問題状況と言動	ケア職員の対応・意見
3/9	新村氏が「毛皮を切られたり，家具を傷つけられた」と110番通報し，D警察署の警官がくる。職員立会いで検証するが実際にはよく見ても判らないような傷。勘違いであると説明しても，本人納得せず。	職員感想／引越しから1年近くになるが荷物の整理はしておらず，ダンボールがうず高く積まれたままの状態。
5/25	洋室の一番新しいタンスに傷つけられた，誰がどういう考えで侵入するのか，悔しい怖いと訴え。	ケアミーティング／実際に，侵入者があった状況の時には職員を呼んでもらい，すぐに事実を確認することに決定。監視カメラの設置は当分見送り。
6月以降	この後，何回となく誰かに部屋に入られたとの訴え続く。畳の縁にシミがあるとか，置いてあった物がずれていたとか，床に傷を付けられたとかの訴えがあり，職員は何も対応してくれないと不満を訴える。	職員対応／そのつど対応するが，侵入された事実はみつからない。話を聞くのみ。

1990（H 2）

月日	新村氏の問題状況と言動	ケア職員の対応・意見
2/8	D警察署に再度訴える。警察としては，物が盗られたのならともかく一見しても判らないような傷をつけられた程度では動けないとのこと。警察の生活課の人が何回説明しても納得せず。	ケアプラン／①玄関ドアの鍵を取り替える。②荷物の入っているダンボールにカバーして誰かが触ったか確認する。③寂しさを解消するために，卓球が好きなので，職員が定期的に卓球に付き合う（週1回）。
12/5	ネックレス，宝石類を盗まれたと訴える。	職員感想／近頃は，以前のように，興奮することが少なくなったようだ。

1992（H4）

3/11	B銀行の人からTEL／新村氏が貸金庫を借りたが，一週間後に，誰かが自分の貸金庫を使ったと凄い剣幕でどなり込んで来た。結局解約したとのこと。	
5/23	ケアプラン検討会／①隣接の介護専用型ホームに定期的にきているカウンセラー（非常勤）に面談を依頼する。週1回のペース。②新村氏の人となりを探る。③卓球を一緒にするなど，引き続き定期的接触（週1回）を続ける。④訴えは相変わらずあるが，以前のように激昂することが少なくなった。職員に話すことで感情の処理ができるようになっている。	
7/2	ケアカウンセラーとの面談／敷居の所にキズがあること，ケア職員や警察の対応の不満について訴えあり。面談後，新村氏は「あの人（カウンセラー）は何も答えてくれないのでもう会わない」という。	
8/28	入口に足跡（サンダル）があった，テーブルの上に左手の跡があった，だから侵入者があるに違いない。もう限界であると訴える。	職員対応／職員が話を聞いてやると安心し，職員が心の支えになっているとの話あり。
11/13	市役所の人よりTEL／新村氏が相談にきて，マンション側では何も対応してくれないとの訴えあり。	職員対応／生活課長が市役所に行き，今までの経緯を説明し，その都度対応していることを話す。
11/23	生活課長との面談／新村氏は「東京のT区にいた時に泥棒に入った奴がここにも来て，家の中を荒らしている。どうして，この住所を知ったのか教えてほしい。」「自分だけが何でこんな目に合わなければならないのか。」と訴える。 生活課長が「このマンションでの生活がしづらいなら，他の場所を探したらどうか」というと，これに対して，新村氏は，盗難問題がなければ，ここはよいところなので，絶対出て行かないとの返事あり。この時に，新村氏から以前住んでいたT区にいた時の盗難状況や警察に訴えた内容について詳しく話があった。 職員対応／T区警察署に，新村氏の件を確認するために電話する。警察では，新村氏の名前を言うとすぐわかり，事情を説明してくれる。実情は，現在と同じように盗難の実害はなく，被害妄想であったようだ。 ケアプラン／新村氏の心の中に盗難者がおり，どこに住まいが変わっても同じ症状を出すであろう。また，「ここのマンションは絶対出て行かない」と肯定的にとらえている点を今まで職員が新村氏を支えた効果であると評価し，マンション退去の話は今後出さずに，従来通りのプランの継続と，職員全員で支える事を確認した。	

1993（H5）

4/6	ケア会議／問題分析＝新村氏の心の中には，もうひとりの自分がいて，その人を盗難者としているのではないか。その「人」の正体を本人が自覚すれば，盗難妄想は解決すると思われる。自覚できるために，貞子氏の生活史を聞いて，過去にさかのぼって問題点を探るため，担当者を決めて週1回訪問して話を聞く。	
5/16	新村氏からマンションに入居以来，テレビを見ていないので，見られるようにして欲しいと依頼あり。すぐに対応する。	感情的な時は一方的に話をするが，普段は職員にものを頼むことに気が引けるようだ。 職員感想／ものごとを他人に素直に頼めないため盗難という極端な表現の仕方になるのか？
12/27	部屋にあった重要書類が盗まれたと管理事務所に来る。部屋を探すと出てきて，封筒の中の書類は会員制の別荘の契約書。新村氏としては解約するために何回も手紙を出しているが，なしのつぶてで困っているとの話あり。今後，手伝うことを約束する。	ケアプラン／新村氏の心の中の「人」が金銭と結びついているならば，その問題を解決することを手伝うことによって，信頼関係ができるのではないか。1つひとつの具体的対応（今回は別荘の解約手続き）で信頼関係をつくっていく。
12/29	卓球を一緒にやっているときに，「一生ここのマンションに居る」との言葉があった。	

1994（H6）

1/16	管理事務所にきて，別荘からの手紙を預け，その別荘を売りたいとの相談あり。	事務職員が別荘の管理会社と交渉する。
3/25	F証券の割引債をS銀行に移す手続きに職員が同行する。無事に終了。	ケアミーティング／金銭に対するこだわりというより，依頼したり，相談できる人がいない頼りなさ，孤独感，そして，そのために自己防衛と発展して妄想を引き起こしているのではないか。引き続き話し相手となり，当面の訴えている案件である金銭問題（預金を1ヵ所にまとめること，別荘の売却）の解決を支援する。
3/27	事務所に，固定資産税の督促状とS銀行の定期預金の満期通知状をもって相談にくる。S銀行には1億円近い預金がある。	
	ケアプラン（分析）／心の中に住み着く盗難者が自分のお金を狙っていることの表現として，盗難妄想が生じるのではないか。したがって，多額のお金をどのように使っていくかが新村氏の課題である。そのためには，自分や他者を信じる事が大事で，自分のためでも他者のためでもよいからお金を使い始めたときに，心の盗難者が逮捕され，心を開きはじめたと解釈できる。	
	ケアプラン（具体策）／きょうだいからすみ氏の情報を得るために，恵一氏（弟）に連絡をとるが，姉には関わりたくない様子であった。人間関係を拡大するケアプランのため，隣人のJさんに事情を説明して，新村氏の友人になってもらうようにする。	
6/11	職員と新村氏が食堂で雑談している時に，職員が紹介した隣人のJさんがそばを通ったその時に，「あの人には気を付けなさい」と職員に言う。隣人を紹介しても犯人扱いして全く受け付けない。	
	職員感想／他人を泥棒呼ばわりして，他の人から疎外されていることが，新村氏の妄想を強くしているようだ。	
10/11	C眼科に受診する時間を職員が伝えたが，そこだけポッカリ記憶から抜けていた。耳が閉こえないのか，ボケがすすんでいるのか。	ケアプラン／話し合った記憶がポッカリと抜けていることが，盗難などのトラブルの原因の1つではないか。重要な約束は，筆談で記録に残す事が必要と考える。

1995（H7）

8/7	東京I区警察署よりTEL。新村氏を保護しているので，引取りにきてほしいとの連絡。警察では，F証券の道を尋ねられたがつじつまが合わないので，保護したとのこと。職員が新村氏を引取りにいく。本人はなぜ警察に居るか理解できない。帰りに食事をするが，その時にお礼として一万円を職員に渡そうとするので，職員が受けとらないと，興奮してきてヒステリーぎみになる。帰りの電車賃として受けとる。
9/21	隣人のJさんの話／「新村氏は自分のことは絶対話そうとせず，他人を信用しない。他人との関わりを避けている。何かを恐れているようだ」との話がある。
10/3	満期の預金の処理で，職員同行でS銀行にいく。本人は何のために行くのかわからず。手続きは職員が行なう。銀行までの車中，隣人のJさんに対する被害妄想的発言多い。
	ケアミーティング／やはり，現実の世界に身を置くことが辛いのか，妄想の世界に浸りながら他者（職員）を自分の思うようにしたいということを感じる。このような状態では依存度が増し，子どものようになってしまうのではないか。反面，今までは排他的で職員も受け付けない状態であったことから，職員に依存的になってきていることは，職員を信頼する気持ちになってきているとも考えられる。
11/11	マンションの近くにお墓を購入したいと相談あり。／職員対応／さっそく周辺のお寺を紹介する。
12/7	その後，銀行に付き添った事務職員をたずねて頻繁に管理事務所を訪れる。

1996（H8）

1月	この頃になると，被害妄想的言動は影をひそめ，逆に，記憶喪失，失見当識が目立ってきて，ボケ症状が顕著になってきた。 **ケアプラン／**家事援助に入る。掃除・洗濯を火曜日に行なう。新村氏にも手伝ってもらってできるだけ一緒に行なうようにする。毎日の食事，入浴は声かけを行なう。週1回の訪問は継続。
3/3	紹介したお寺から苦情が入り，お墓の購入は取りやめとなる。
4/27	夜間，管理事務所に来るが言っていることが支離滅裂で意味不明。 夜警が対応する。
7/6	駅の方に歩いていく新村氏を帰宅途中の職員が見つけて，どこへ行くのか聞くと，本人は管理事務所に行くつもりであった。この頃から，ボケが進行し，「大変なことになってしまった」といい，管理事務所に頻繁に来る。また，食事時間になっても食堂に来ないことが多くなってきた。
7/28	昼食に来ないので職員が自宅訪問／熱が40度あり，附属診療所を受診後，そのままR大病院に入院。入院保証してもらうために，保証人の恵一氏に連絡し，弟夫婦がくる。弟と職員が見舞いに行くと，動きが激しく，点滴の管を取ってしまうので，ベッドに抑制されていた。弟の情報によると，妹（松代たえ氏）とは関係が良いから，一度来てもらったらよいといわれる。 **ケア会議／**検討の結果，そろそろ健常者の住むマンションでは無理ではないかという意見がでる。本人や保証人の意向を聞くことにする。
8/1	松代たえ氏（妹）と面談／新村氏の個人的情報を得る。心の奥底には孤独，寂しさがあるという。
8/4	恵一氏と面談／恵一氏が病院の見舞い帰りに管理事務所による。病院の付添いは必要ないが食事は全介助とのこと。職員から，退院後はケアルームか，隣接の介護専用ホームへの契約替えが良いことを話す。恵一氏は職員に任せるとのこと。
8/14	退院。難聴が進んでいるようだ。介護専用ホームにあるケアルーム（個室）に入る。 **ケアプラン／**家事援助の他，日常生活援助として，食事介助（流動食），トイレ誘導，入浴介助（リフト浴），夜間定時様子伺いを開始する。ケアルームに定着するためにマンションで担当した職員が定期訪問する（火・金曜日）。
8/24	R大病院耳鼻科受診。難聴の状況を把握するため検査を行なう。検査を行なうがコミュニケーションがとれず，耳が聞こえないのか痴呆なのかわからない。
9/5	**ケアプラン／**①＝MRIの結果が出た後，精神科を受診するか検討する。②日常生活のリズム化＝歌の会，はつらつ体操に誘導する。職員が付添う。③気晴らしのための散歩＝受診結果でOKがでたら検討。
9/10	R大病院に耳鼻科の検査結果を聞きに行く。MRIの結果，比較的新しい血腫がある。脳神経外科の受診をすすめられる。補聴器の導入を検討したらどうかとのアドバイスあり。
9/11	保証人の恵一氏とマンションの契約替えについて話合い／本人の意思を確認し，契約変更を行なう。部屋に入らない本人の荷物は事務所で保管することを希望。 　その後，恵一氏と職員とで，新村氏の意思確認を取る。ケアルームにおいて筆談で「この部屋で暮らしていきましょう」というと，書いた物を読み上げ，喜んで「暮らしていきましょう」という。理由は，きょうだい皆が来てくれたり，職員も面倒みてくれるし，ドアを開けておくと，いろいろな人が来てくれるので，寂しくないとのこと。 **ケアプラン／**①生活の様式を整えるために，ベッド，テーブルを購入する。②体調が戻ったら，妹と温泉に行くことを約束した。
9/18	附属診療所精神科／前回の薬は効かず，悪くなったことを報告。テグレトール（てんかん薬・精神症状改善薬）中止，グラマリール（心の不調や徘徊をおさえる薬）朝のみ1錠。夜は良く眠れている。
9/30	介護専用型ホームに契約替え完了。身の回りのものや家具類と一緒にケアルームより契約した介護居室に移る。
11/1	呂律がまわらない。ふらつき顕著，転倒する。意味不明の言葉を繰り返している。テグレトール1日半錠，グラマリールは2錠に変更。
11/3	テグレトールは中止。グラマリールのみ処方。

11/7	R大病院の脳神経外科を受診。異常なし。念のためCTを取る。その結果，老人性の脳萎縮はあるが，痴呆とまではいえない。生活制限はなし。
11/8	弟夫婦来訪／CTの結果を伝える。恵一氏の妻が「痴呆でもなく，耳もおかしくないのに話が通じないのはどうしてかしら」という。転倒が多いことを伝えると，「部屋に閉じ込めておくのは可哀想だからしかたがない」とのこと。この日以降，1日中，廊下を歩き回っていることが多い。エレベーターを使って外に出たがる。 **ケアプラン／夜間のエレベーターの開閉時に音がでるようにする。新村氏が落ち着くまで，担当の職員を付ける。2週間様子見。意思疎通は筆談にて行なう。**
11/25	徘徊強いため，セレネース（心の不調や気持ちを落ちつかせる抗精神病薬）処方。歩き回っているために足の浮腫がひどい。一人言で，「仲間ができると思ったのに，自分の世界に閉じこまざるを得ない。」というような意味をいって嘆いていた。
11/27	セレネース1錠，それで落ち着かない時は，2時間空けて1錠追加。1日2錠まで。
12/4	調子高い。セレネース1回2錠。1日2回，3時間空けて使用。
12/7	職員に向って「おじちゃん」と泣き叫ぶ。 食事時に他の入居者にしつこく説教をして水を掛けられる。
12/14	忘年会参加。ビールを飲む。上機嫌。
12/25	テグレトールは中止。グラマリールと不穏時にセレネース服用。

1997（H9）

1/1	食欲なく，食事拒否。
1/7	「おばちゃん，おばちゃん」と職員の後を追う。
1/11	「帰りたいけど帰れない，お父さん，お母さん」と涙を流している。
1/30	状態下降。無表情で発言ない。
2/21	脳出血でR大病院に入院，死去。

4　演習課題の設定

① 新村すみ氏が実際には盗難にあっていないのに，なぜ，盗難にあったと言いつのるのかを考えてください。被害妄想にはさまざまな症状があります。高齢期になると被害妄想を発症する場合が多くあります。被害妄想について理解を深めてください。

② 被害妄想に対する対応方法について考えてください。
　被害妄想の原因はいかようにも解釈できます。重要なことは，被害妄想者の対応方法です。その方法を考察してください。

③ 孤独者が頼るもの＝お金について考えてください。
　単身の高齢者はそのよるべなさを金に頼ります。そして，その金を守るために他人を近づけようとしません。それによってますます孤独になります。その場合の対応にはどうしたらよいのでしょうか考えてください。

④ 難聴者への対応方法について考えてください。
　新村氏は難聴でした。難聴者への対応の仕方を話し合ってください。

5 事例から学ぶこと

　本事例は，女性単身者で，長年一人暮らしの人が盗難妄想になり，苦しみ，周囲の人（親族，近隣住民）を巻き込んで迷惑をかけて，最後は，ボケてしまったケースです。本事例は，事例1の「自殺」の人物とよく似ています。事例1の人物も対人関係がうまくいかず被害妄想から弱い者いじめをしましたが，本事例の人は盗難に入られたという被害妄想に陥っています。このような病理を発症させる場合は人間関係の希薄さが原因である場合が多いようです。したがって，問題解決はいかに他者との関係性を構築できるかにかかっています。

(1) 被害妄想

　妄想とは，「誤った判断をもとにした確固たる考えをいう。それは多くは非現実的で合理的な根拠がない。その不合理を指摘されたり，矛盾する点を突かれても自分の考えが間違っているかという検討をせずに断固として自分の考えを主張し続ける。・・・・妄想は，その主題によって，①被害的な妄想（被害，関係，被毒，追跡妄想など），②抑うつ的な妄想（心気，貧困，罪業，微小妄想）③誇大な妄想（誇大，血統，発明，宗教妄想など），④心因性妄想（好訴，嫉妬，拘禁，憑衣妄想など）に分けられる。・・・・人間関係に過敏な性格の持ち主だと容易に妄想的解釈が生じる。」（『老人医療・心理事典』，p.206）といいます。

　本事例の女性は，とくに，人間の「関係の妄想」であったと考えられます。それでは，その根本原因は何かといえば，2度の結婚の失敗にあったのではないでしょうか。生育歴で紹介されているように，結婚を2回失敗し，そのころから「排他的になったようだ。」（妹）とあります。E. H. エリクソンの心理社会的過程における解決すべき課題という視点からみると，心理・社会的課題としての「親密性」＝「愛」の獲得がうまくいかなかったと思われます。また，子どもが産めず子どもの世話することも失敗しています（2度目の結婚は，相手（夫）の連れ子とうまくいかずに別れた）。そのことによる悪性傾向として排他性が生じたと考えられます。

　新村氏にとっては，2度の結婚の失敗によって，他者を愛すること，他者と親密な関係をもつことができなかったこと，子どもを世話することができなかったことが，心の中の孤独，寂しさとなって老年期になり解決せざるをえない課題になったと考えられます。仕事をもって社会的活動を行なっている時には表面化しなかった問題が定年後の人生の最後の時を迎えて直面せざるを得なかったのです。

　新村氏の他者との関係が取れないことによる心の中にある孤独，さびしさ，恐れ，不安が盗難妄想を生じさせたと考えられます。同時に，孤独の悪性傾向としての排他性が他者を近づかせず，それがまた，本人の孤独を助長させると

いう悪循環になっていきました。孤独を紛らわすために本人は無意識に他者を求めて，自分に関心を向けさせようと，盗難妄想を発症させましたが，それがかえって，親族さえも遠ざけるという結果になり，悪性傾向を拡大させていったのです。事例1の人は特定の人に暴力をふるうことによって人間の関係づけを図りましたが，本事例では被害妄想という自分を被害者として自らを攻撃することで人間の関係を作ろうとしています。心に問題のある人は無意識に悪循環に陥っていることがわかります。

　本事例では，職員の受容的態度によって徐々にではありますが，職員への信頼的傾向がみられました。それが他者への信頼へと結びつけば課題の解決の糸口が見い出せたかもしれません。実際には，人生の課題の解決というより，現実からの逃避という方向に向かい，病気を期に，難聴という症状が加わって，ボケ症状が強くなっていきました。

(2) 日常生活支援の重要性

　本事例を通じていえることは，ケアサービスという仕事は，カウンセリングのように話を聞き，ケア対象者の心のクサリをときほぐすということだけでなく，具体的サービスを通して日常生活を支援しながら心を支えていくということです。そのためには，本人の生活への支援を具体的に提案しなければなりません。

　本事例のように，部屋の整理，カギを交換する，卓球を一緒にするという行為から始まって，買物，預金の整理・管理，別荘の解約，墓の相談，家事援助等など，そして，介護棟での日常生活援助など具体的対応は多岐にわたっています。たとえそれが対処療法であったとしても，そのような具体的行為こそが人間の関係を作り上げる源泉であることを忘れてはなりません。ケアサービスはケアの対象者に病名を付け，その病理を治療することではなく，対象者をありのままにみて，そこを原点に試行錯誤しながら具体的サービス内容を提供していくことです。それがケアサービスの強さであると同時にアプローチのしやすさでもあるのです。難しい理論やテクニックはいりません。ただ，相手の安楽のために生活を支えることが信頼関係という人間の関係をつくるのです。「アプローチ困難者」のケアも同じです。

(3) 孤独者が執着するもの

　生育歴をよく分析すると，新村氏は，父親からかわいがられ，理想の男性像として父親をイメージしていたことが考えられます。したがって，「愛」の対象たる男性の理想像は「やさしい父親」であったでしょう。そうであるならば，ケアサービスの一環として，職員の中で父親がわりをはたせる人がいればより良かったかもしれません。ただ，それはよほどうまくやらないと難しい結果になることが容易に想像できます。なぜならば，新村氏の心の支えとして「金」

（心の中の「もうひとりの自分」として表現されている）の存在があり，親密度を増すにつれて新村氏の自己防衛が強化され，お金を守るために近づいてくる職員が攻撃の対象にすり替わる可能性があるからです。コンプレックスが強く，お金に執着することも事例1の人と同じように孤独者の共通因子です。

　新村氏は，預金の整理というお金の問題がおさまった後に，次は，お墓の問題が生じてきました。この点は新村氏のこころの変化として重視されてよいでしょう。「金」という物質的実際的なものから，墓という自分の将来に目を向けたことが心の変化を表しています。同時に，この頃からボケが急速に進行していったことは偶然ではありません。お墓の問題でケア職員の共感的態度によるアプローチがなされ，さらに，突っ込んだ対応がなされておればよかったと思われます。お金を溜め込んでそれが他者との関係作りの障害になっている場合は，お金を使わせるケアを行うことです。お金を使う算段をするケアプランが必要です。抱え込んでいるお金を使い始めたら被害妄想は解決します。この点にケア職員はもっと敏感でなければなりません。お墓のことに突っ込んだ対応が必要であったでしょう。その対応過程で，新村氏が死を含めた今までの人生を直視できたかもしれません。死を身近なものとして意識しながら，人生の総決算を清算することがどれだけただならないことかを知る思いです。

(4) 難聴者の対応

　難聴者の場合は，医療的な対応が必要です。そのうえで，その人の心理的社会的状況を勘案することです。難聴者は耳が聞こえないことによって被害妄想を起こしやすいといいます。新村氏もそうでした。そして，私の経験では，難聴の人で被害妄想の人は補聴器をしない人が多いようです。雑音がイヤだ，取り付けが面倒などの理由をあげますが，実際は，一種の心理的防衛機制が働いているのです。それはあたかも辛い現実から逃れるために仮性痴呆になるのと似ています。耳から音が入らないことによって，自らの殻の中に閉じこもることが可能であり，その大義名分になるからです。このような場合は，本人にとって大切なことは聴こえることではなく，人との関係です。だから，補聴器を付けたりしても問題解決にはなりません。現実の厳しさを甘んじて受け入れるガンバリを応援するケアが必要です。

　また，新村氏の現実逃避と思われるようなボケ症状の悪化をどのように考えるかです。

　新村氏が現実の問題を直視することができずに，ボケ症状がすすんだことが，ケアの失敗かといえばそうともいえません。ボケや痴呆は「神様のくれた贈り物である」といえます。自然界（人間を含めて）の精妙にして絶妙な配合です。ボケ状態はケアする側は大変ですが，苦しい現実を認識しないで生きていける本人にとっては幸せな状態であることもまた事実です。

　いずれにしろ，新村氏が病気を期に介護専用ホームに契約替えしたことは，健常者に囲まれて白い目で見られているより，本人にとってどれだけ心の安ら

ぎを得たことでしょうか。そのことは,「ここはいろいろな人が来てくれて寂しくないから良い」(本人) ということばに表現されています。職員の支援で,被害妄想が軽減したことによって弟,妹との関係が復活してきたことが大きな意味をもちます。しかし,心の安らぎを得たと同時に,ボケの進行がすすんでいったことに比例関係があることは容易に想像できます。

　新村氏が現実と対決せずに現実から逃避したかのようなボケの世界に入ったことがケアの結果であったか否かはわかりませんが,ただいえることは,本事例は新村氏の長い心の葛藤がボケることによって緩和されたという点は指摘できます。

あとがき

　私が有料老人ホーム「ゆうゆうの里」を経営する㈶日本老人福祉財団に就職したのは1975（昭和50）年でした。今から29年前です。私は大学で経営学を学び，社会にでてからはマーケットリサーチやセールスプロモーションの仕事をしていました。そのような時に，設立間もない当該財団を紹介され就職したわけですが，なぜ，就職したかというと，マーケティングをしていてこれから必ず高齢者が増えることが予想され，ビジネスチャンスが増えると考えたからです。人間が好きだからとか，人の手助けをしたいとか，弱い立場の人を援助したいからとか考えたわけではありませんでした。ただ，有料老人ホームは当時ほとんどなく，これからの新しいビジネスとして有望になるという予感はありました。また，その発想の自由さが当時のがんじがらめであった福祉行政に新風を送れるのではないかとの期待もありました。それは，当該団体の「高齢者コミュニティ」という理念の斬新さでした。

　高齢者の本質的問題は，高齢者が社会から孤立しているかどうかでなく，家族として自己解体していることであり，日常的な生活の場でどのような関係をもち得るかなのです。そして，それは高齢者を家族のもとに返すことではなく，家族と一定の距離をおいた自立的な生活者として自分自身を家族に関係づけることと考えることです。したがって，「想定しうる高齢者コミュニティの根拠は，そのような高齢者を家族として再建し自立した生活者としてたちあらわれる高齢者じしんの生活にほかならない。したがって，それは，収容施設でもなく，保養施設でもなく，まさにそこにおいて生活が展開されるコミュニティでなければならない。いま求められているのは，このような総合生活施設としての高齢者コミュニティである。」（『老人福祉研究』第1巻　1975年）とのべられています。これは29年前に書かれたものですが，その内容の意図するところは今でも新しさを失っていませんし，今でも十分通用する思想の先進性を感じます。

　福祉分野は，「社会福祉基礎構造改革」によって，規制緩和，自由選択を機軸にますます自由化されることが時代の流れです。その意味で早い時期からお客様中心の視点で事業を行なってきた有料老人ホームのさまざまな試みの中に新しい視点を見い出すことができます。たとえば，介護居室の個室化です。最近は，特別養護老人ホームに「新型特養」として個室化が図られていますが，当該団体の経営する施設では，20年も前に実施されていました。また，心身の状況に応じた予防的な視点から住居・生活支援・介護・医療のサービスが総合化されていました。さらに，これからのキーワードになるプライバシー尊重と予防的サービスも早い時期からとりくみがなされていました。そうした新たな試みを支えるのが職員であることを考えますと，必然的に教育研修の重要性が意識化され，さまざまな試みが行なわれてきたのです。

　本書は，施設経営の実践から生まれました。私が施設経営にタッチした時期はバブル経済の最盛期で，職員の確保に苦労しました。施設経営の根幹に職員教育研修を位置づけ，経営の中で最も心をくだいたのは優秀な人材の確保と職員の質的向上でした。とくに，技術面以上に高齢者の「こころ」を支えることに気をくばりました。その経験からの具体的な教育研修の成果が本書の内容です。本書から教育研修についての何らかの手がかりをつかめたら望

外の幸せです。

　ところで，振り返りますと，私が最後を見送った高齢者の方々は250名以上にのぼります。そこでさまざまな人生の最後を目のあたりにしてきました。「人」の評価は社会的名声や社会的地位や財産の多少ではないことをしみじみ感じます。その人なりに人生の意味を見い出し，その人なりに一生懸命生きてきた人は，死に際してもうろたえることがありません。私が高齢者福祉の仕事に入ったのはマーケティング的発想でしたが，そのような方々に出会えたことがケアの仕事の醍醐味であり，仕事を通じて人間を考えることができたことが生涯の財産になりました。私は，今，学生の就職支援をしています。多くの学生が自分自身のために，そして，他者の支援を求めている人々のために，福祉職にチャレンジし，自らを高めることによって人生を豊かに過ごせるように願っています。

　終わりになりますが，本書は多くの方々のご支援によって完成しました。まず，佐倉・京都ゆうゆうの里在任中に教育研修でご協力ご教示いただいた講師の方や団体の方々，そして，ご援助いただいた㈶日本老人福祉財団の職員の皆さんに御礼申しあげます。

　また，本書の出版をご支援いただいた学文社の三原多津夫専務，拙い原稿を整理いただき貴重なアドバイスをいただいた学文社編集部の落合絵理氏にあわせて感謝の意を表します。

　2004年5月

河内　正広

付録

教育研修を行なうための参考資料

1 本書に紹介している教育研修を依頼した団体

名称	（財）茨城カウンセリングセンター		
住所	310-0801 茨城県水戸市桜川 2-2-35　茨城県産業会館 14 階	電話	029-225-8580
URL	http://www.sunshine.ne.jp/~iccnet/		
コメント	感性教育の「構成的グループ・エンカウンター」，「感受性訓練（ブラインド・ウォーク）」，「出会いのこころみ」の研修の講師を依頼しました。		

名称	人間関係研究会
問合せ先	Mail: tmatsumt@utc.osaka-gu.ac.jp
URL	http://www.osaka-gu.ac.jp/php/matumoto/kenkyukai/index.html
コメント	本書で紹介している「エンカウンター・グループ」は，本研究会が開催したものに参加しました。本研究会はカール・ロジャーズが提唱したPCAを基本に活動している組織の連合体です。

名称	日本・精神技術研究所		
住所	102-0074 東京都千代田区九段南 2-3-27 あや九段ビル	電話	03-3234-2961
URL	http://www.nsgk.co.jp/		
コメント	当団体は内田クレペリン精神検査を主たる業務として行なっていますが，カウンセリングにも力を入れており，各種のワークショップや心理相談を行なっています。また，「日精研心理臨床学院」という臨床心理教育を行なっています。		

名称	在宅看護研究センター		
住所	169-0073 東京都新宿区百人町 1-17-10 ST ビル 201 号	電話	03-5386-2427
URL	http://www.e-nurse.ne.jp/		
コメント	当センターは日本で在宅看護を早い時期に実践し，開拓してきた団体です。本書で紹介している「看護職によるケア技術演習」を依頼しました。		

この他に，教育研修の講師を探す場合には，神奈川県社会福祉協議会のサイト（http://www.progress.co.jp/members/jinsyakyo/）から「目指せ！ふくしのプロ」→「かながわの福祉を支える人たち」を引くと，具体的な「講師名」と「テーマ」と「勤務先」がでてきますので参考にしてください。講師を依頼する場合は，あなたの近くの福祉系の大学，短大，専門学校，社会福祉協議会，研修を行なっている機関に問い合わせてください。

②　ケア業務に関わる人への推薦図書

(1) 人間観・人間教育

- カール・ロジャーズ（畠瀬直子監訳）『人間尊重の心理学』創元社　1984年
- カール・ロジャーズ（畠瀬稔・畠瀬直子訳）『人間の潜在力　個人尊重のアプローチ』創元社　1994年
- カール・ロージァズ（村山正治編訳）『人間論』（ロージァズ全集12）岩崎学術出版社　1987年
- 木下康仁『老人ケアの人間学』医学書院　1993年
- ミルトン・メイヤロフ（田村真・向野宣之訳）『ケアの本質』ゆみる出版　1987年
- E・H・エリクソン，J・M・エリクソン，H・Q・キヴニック（朝長正徳・朝長梨枝子訳）『老年期』みすず書房　1996年

(2) カウンセリング

- 日精研心理臨床センター編『独習　入門カウンセリング・ワークブック』金子書房　1988年
  　本書は，カウンセリングの勉強会のテキストとして使用しました。カウンセリングの初歩を学ぶには非常に有効です。とくに，5～10名でグループワークするには最適です。

(3) ターミナルケア

- E・キューブラー・ロス（川口正吉訳）『死ぬ瞬間の対話』読売新聞社　1987年
  　本書は，ロス博士が質問者への回答という形式で，「ガン告知」の問題や「死を真近にした人」への対応の仕方を具体的に分かりやすく答えています。
- E・キューブラー・ロス（川口正吉訳）『死ぬ瞬間　死にゆく人々との対話』読売新聞社　1991年
  　本書は，死への過程の心理を明らかにしたものですが，この心理過程は，老人などのように喪失過程を歩む人の共通心理として参考になります。

(4) プリセプターシップの導入のための参考資料

　プリセプターシップを導入する場合に参考となる本は次のとおりです。
- 永井則子『プリセプターシップの理論と実践　―新人ナースの教育法―』日本看護協会出版会　2001年
  　本書は，プリセプターシップについての体系的な理論を学ぶには最適です。
- 「特集　プリセプター読本　―新人ナースをどのように指導するか―」『臨床看護』へるす出版　2002年4月号
  　本書は，9ヵ所の病院における具体的な事例が紹介されており，プリセプターシップを実践に移す場合には参考になります。
- 前橋赤十字病院　中央手術室編『臨床看護　指導者教本　プリセプター教育』メディカ出版　2000年
  　本書は，1病院の1部署（手術室）のプリセプターシップ内容が非常に詳細に紹介されています。プリセプターシップを実践にうつす場合には参考になりますが，1部署の事例であるための制約があります。

3 外部研修先一覧

(1) 職能別団体

団体名	住所・連絡先
㈳日本介護福祉士会	105-0001　東京都港区虎ノ門1-22-13　西勘虎ノ門ビル　3階
	TEL：03-3507-0784　　FAX：03-3507-8810
	http://www.jaccw.or.jp/2002.html
㈳日本社会福祉士会	102-8482　東京都千代田区麹町4-5　桜井ビル　1階
	TEL：03-5275-3580　　FAX：03-5275-0139
	http://www.jacsw.or.jp/
日本精神保健福祉士協会	160-0022　東京都新宿区新宿1-11-4　TSKビル　7階
	TEL：03-5366-3152　　FAX：03-5366-2993
	http://www.mmjp.or.jp/psw/
日本福祉施設士会	100-8980　東京都千代田区霞ヶ関3-3-2　新霞ヶ関ビル　全社協企画部内
	TEL：03-3581-7819　　FAX：03-3581-7928
	http://www.dswi-sisetusi.gr.jp/annai/
全国老人福祉施設協議会	100-8980　東京都千代田区霞ヶ関3-3-2　新霞ヶ関ビル
	TEL：03-3581-6501　　FAX：03-3581-6505
	http://www.roushikyo.gr.jp/
老人保健施設協会	160-0004　東京都新宿区四谷4-28-4　YKBエンサインビル3階
	TEL：03-3225-4165　　FAX：03-3225-4856
	http://www.roken.or.jp/member/training/main.htm
日本療養病床協会	160-0022　東京都新宿区新宿1-1-7　コスモ新宿御苑ビル9階
	TEL：03-3355-3120　　FAX：03-3355-3122
	http://homepage2.nifty.com/ltc/
㈳全国有料老人ホーム協会	104-0028　東京都中央区八重洲2-10-12　国際興業第二ビル3階
	TEL：03-3272-3781　　FAX：03-3548-1078
	http://www.yurokyo.or.jp/info/index6.html
全国ホスピス・緩和ケア病棟連絡協議会	259-0151　神奈川県足柄上郡中井町井ノ口1000-1　ピースハウス病院内
	TEL：0465-80-1381　　FAX：0465-80-1382
	http://www.angel.ne.jp/~jahpcu/
㈳日本看護協会	101-0003　東京都千代田区一ツ橋2-4-3　光文恒産ビル
	TEL：03-5275-5871　　FAX：03-5275-5951
	http://www.nurse.or.jp/
日本臨床心理士会	113-0033　東京都文京区本郷2-40-14　山崎ビル301
	TEL：03-3817-6801　　FAX：03-3817-6802
	http://webclub.kcom.ne.jp/ma/jsccp/

(2) 職員教育研修機関

㈶長寿社会開発センター	105-8446　東京都港区虎ノ門3-8-21　虎ノ門33森ビル8階
	TEL：03-5470-6755　　FAX：03-5470-6763
	http://www.nenrin.or.jp/
㈳シルバーサービス振興会	102-0083　東京都千代田区麹町3-1　泉屋東京店ビル3階
	TEL：03-5276-1600　　FAX：03-5276-1601
	http://www.espa.or.jp/
大阪社会福祉研修センター	542-0065　大阪府大阪市中央区中寺1-1-54　大阪社会福祉指導センター内
	TEL：06-6762-9035　　FAX：06-6764-5149
	http://www.osakafusyakyo.or.jp/kenshu/kenshutop.html

(3) 学校教育機関

㈳全国社会福祉協議会　中央福祉学院	240-0197　神奈川県三浦郡葉山町上山口1560-44
	TEL：0468-58-1355　　FAX：046-858-1356
	http://www.gakuin.gr.jp/
㈳東京都社会福祉事業団　東京都社会福祉総合学院	177-0045　東京都練馬区石神井台3-35-21
	TEL：03-5910-3761　　FAX：03-5910-3766
	http://www.sougougakuin.or.jp/

(4) 痴呆性高齢者の教育研修機関

高齢者痴呆介護研究・研修センター（痴呆介護指導者研修養成研修事業・痴呆介護実務者研修事業）	東京センター：168-8510　東京都杉並区高井戸西1-12-1 社会福祉法人浴風会内
	TEL：03-3334-2173　　FAX：03-3334-2718
	大府センター：474-0037　愛知県大府市半月町3-294　仁至会内
	TEL：0562-44-5551　　FAX：0562-44-5831
	仙台センター：989-3201　宮城県仙台市青葉区国見ヶ丘6-149-1　東北福祉会内
	TEL：022-303-7550　　FAX：022-303-7570
全国痴呆高齢者グループホーム協会	160-0003　東京都新宿区本塩町8-2　住友生命四谷ビル
	TEL：03-5366-2157　　FAX：03-5366-2158
	http://www.zenkoku.gh.jp/index.php

(5) メンタル教育

上智大学カウンセリング研究所	102-0094　東京都千代田区紀尾井町7-1　上智大10号館3階
	TEL：03-3238-3558
	http://www.info.sophia.ac.jp/cisu/
日精研心理臨床センター	102-0074 東京都千代田区九段南2-3-27 あや九段ビル
	TEL：03-3234-2961　　FAX：03-3224-2964
	http://www.nsgk.co.jp/psychology/about.html
東京カウンセリングセンター	160-0004　東京都新宿区四谷2-10　八ツ橋ビル4階
	TEL：03-3226-4421　　FAX：03-3226-4519
	http://www.tcchp.com/

④ 公共的な教育研修機関

(1) 各都道府県の介護実習・普及センター

① 目的
老人介護の実習等を通じて地域住民への介護知識，介護技術の普及を図るとともに，介護のための福祉機器・介護用品の展示を行ない，相談体制を整備し，福祉機器等の普及を図るため設置された機関です。

② 事業内容
a）介護実習普及事業
・市民各層に対する老人介護意識の啓発，介護知識・技術の習得
・家族介護者に対する介護知識・技術の習得
・介護専門職員を対象とした老人介護のチームづくり及び地域組織づくりリーダーの養成
・介護を中心とした高齢者のニーズにかかる情報提供
・その他介護実習・普及センターに関連する事業
b）介護機器普及事業

所在地一覧

地域	都道府県市センター 地域センター（ブランチ）	運営主体	所在地	電話番号	FAX
北海道	北海道介護実習・普及センター	（社福）北海道社会福祉協議会	060-0002 札幌市中央区北2条西7丁目北海道立社会福祉総合センター内	(011)271-0458	(011)271-0459
北海道	北海道地域介護実習・普及センター	釧路市社会福祉協議会	085-0011 釧路市旭町12-3 釧路市総合福祉センター内	(0154)24-3303	(0154)24-3776
青森県	青森県介護実習・普及センター	青森県	030-0822 青森市中央3-20-30 県民福祉プラザ	(017)774-3234	(017)774-3235
岩手県	岩手県介護実習・普及センター	（財）岩手県長寿社会振興財団	020-0015 盛岡市本町通3-19-1 岩手県福祉相談センター3階	(019)625-7490	(019)625-7494
山形県	山形県介護学習センター	（社福）山形県社会福祉協議会	990-0021 山形市小白川町2-3-30	(023)627-7431	(023)627-7433
秋田県	秋田県介護実習・普及センター	（財）秋田県長寿社会振興財団	010-1411 秋田市御所野下堤5-1-1	(018)829-2777	(018)829-2770
宮城県	宮城県介護研修センター	（社福）宮城県福祉事業団	989-4103 宮城県志田郡鹿島台町平渡字上敷19-7	(0229)56-9608	(0229)56-9763
仙台市	仙台市介護研修センター	仙台市健康福祉事業団	981-3133 仙台市泉区泉中央2-1-1	(022)375-2004	(022)375-5432

福島県	福島県介護実習・普及センター	福島県青少年育成・男女共生推進機構	964-0904 二本松市郭内1-196-1	(0243)23-8316	(0243)23-7863
茨城県	茨城県介護実習・普及センター	㈳茨城県福祉サービス振興会	310-0851 茨城県水戸市千波町1918 総合福祉会館内	(029)241-6939	(029)241-6799
栃木県	栃木県介護研修センター	とちぎ健康福祉協会	320-0065 栃木県宇都宮市駒生町3337-1	(028)621-7928	(028)627-2522
栃木県	栃木県県南介護研修センター	とちぎ健康福祉協会	328-0032 栃木県栃木市神田町9-40	(0282)22-7553	(0282)25-3873
群馬県	群馬県介護実習・普及センター明風園	群馬県	371-0004 群馬県前橋市亀泉町1-26	(027)269-7780	(027)264-3522
埼玉県	埼玉県彩光苑介護実習・普及センター	(社福)埼玉県済生会	344-0051 埼玉県春日部市内牧3149	(048)755-2118	(048)755-2119
神奈川県	かながわともしびセンター	(社福)神奈川県社会福祉協議会	221-0835 横浜市神奈川区鶴屋町2-24-2	(045)312-1121	(045)322-0121
神奈川県	神奈川県地域介護実習・普及センター	湘南老人ホーム	257-0004 神奈川県秦野市下大槻1169-2	(0463)76-7580	(0463)76-7588
横浜市	横浜市総合リハビリテーションセンター	(社福)横浜市リハビリテーション事業団	222-0035 横浜市港北区烏山町1770	(045)473-0666	(045)473-0956
川崎市	川崎市高齢社会福祉総合センター	(財)川崎市在宅福祉公社	214-0035 川崎市多摩区長沢2-11-1	(044)976-9001	(044)976-9000
山梨県	山梨県立介護実習普及センター	(社福)山梨県社会福祉協議会	400-0005 甲府市北新1-2-12	(055)254-8680	(055)254-8690
新潟県	新潟県介護実習・普及センター	(社福)新潟県社会福祉協議会	950-0994 新潟市上所2-2-2	(025)281-5525	(025)281-5528
富山県	富山県介護実習・普及センター	(社福)富山県社会福祉協議会	930-0094 富山市安住町5-21 総合福祉会館	(076)432-6305	(076)432-6307
石川県	石川県福祉総合研修センター	(社福)石川県社会福祉協議会	920-8557 金沢市本多町3-1-10	(076)224-1212	(076)222-8900
福井県	福井県介護実習・普及センター	(社福)福井県社会福祉協議会	910-8516 福井市光陽2-3-22	(0776)24-0086	(0776)24-0041
長野県	長野県介護センター	長野県	392-0007 諏訪市清水2-2-15	(0266)52-0777	(0266)53-8084
岐阜県	岐阜県介護実習・普及センター	(社福)岐阜県福祉事業団	501-1173 岐阜県岐阜市中2-470	(058)239-8063	(058)239-8072
静岡県	静岡県介護実習・普及センター	㈶しずおか健康長寿財団	420-0856 静岡県静岡市駿府町1-70	(054)273-7876	(054)251-9091
名古屋市	なごや福祉用具プラザ	(社福)名古屋市総合リハビリテーション事業団	466-0015 名古屋市昭和区御器所通3-12-1	(052)851-0051	(052)851-0056
三重県	東紀州介護実習・普及センター	(社福)熊野市社会福祉協議会	519-4324 三重県熊野市井戸町1150 保健福祉センター内	(0597)88-0088	(0597)88-0089

県	施設名	運営	住所	電話	FAX
滋賀県	滋賀県介護実習・普及センター	(社福)滋賀県社会福祉協議会	525-0072 滋賀県草津市笠山7-8-138	(077)567-3909	(077)567-3910
	滋賀県地域介護実習・普及センター	(社福)滋賀県社会福祉協議会	526-0244 滋賀県東浅井郡浅井町内保480(福良荘内)	(0749)74-0044	(0749)74-0696
京都市	京都市介護実習・普及センター	(社福)京都市社会福祉協議会	610-1101 京都市西京区大枝北沓掛町1-3-1	(075)333-4656	(075)333-4654
大阪府	大阪府立介護実習・普及センター	(財)大阪府地域福祉推進財団	567-0813 茨木市大住町8-11	(072)626-3381	(072)626-0876
兵庫県	兵庫県家庭介護・リハビリ研修センター	(社福)兵庫県社会福祉事業団	651-2134 神戸市西区曙町1070 県立総合リハビリテーションセンター内	(078)927-2727	(078)925-4657
	兵庫県但馬長寿の郷	兵庫県	667-0044 兵庫県養父郡八鹿町国木594-10	(079)662-8456	(079)662-8459
神戸市	神戸市介護実習・普及センター「こうべ市民福祉交流センター」	㈳神戸市社会福祉協議会	651-0086 神戸市中央区磯上通3-1-32	(078)271-5300	(078)271-5365
	神戸市地域介護実習・普及センター「たんぽぽの家」	(財)神戸在宅ケア研究所	651-1102 神戸市北区山田町下谷上中一里山14-1 しあわせの村内	(078)743-8323	(078)743-8326
奈良県	奈良県介護実習・普及センター	(社福)奈良県社会福祉事業団	636-0345 奈良県磯成郡田原本町大字多722	(07443)2-8848	(07443)4-2800
和歌山県	和歌山県介護普及センター	(社福)琴の浦リハビリテーションセンター	641-0014 和歌山県和歌山市毛見1451 琴の浦リハビリテーションセンター内	(073)446-4811	(073)446-4821
	和歌山県地域介護普及センター	(社福)真寿会	646-0012 和歌山県田辺市神島台6-1	(0739)22-6589	(0739)22-6569
鳥取県	鳥取県立介護実習普及センター	(社福)鳥取県社会福祉協議会	680-0201 鳥取市伏野1729-5 福祉人材研修センター内	(0857)59-6339	(0857)59-6345
	鳥取県西部地域介護実習・普及センター	米子市	683-0811 鳥取県米子市錦町1-139-3	(0859)23-5470	(0859)23-5018
島根県	島根県介護研修センター	(社福)島根県社会福祉事業団	690-0011 島根県松江市東津田町1741-3	(0852)32-5950	(0852)32-5952
	島根県介護研修センター 石見分室	(社福)島根県社会福祉事業団	697-0016 島根県浜田市野原町1826-1	(0855)24-9332	(0855)24-9333
広島県	広島県介護実習・普及センター	(財)広島県健康福祉センター	734-0007 広島市南区皆実町1-6-29	(082)254-1166	(082)254-4880
	広島県地域介護実習・普及センター	御調町	722-0353 広島県御調郡御調町大字高尾字美路久	(08487)6-2852	(08487)6-3010
山口県	山口県介護実習普及センター	(財)山口県健康福祉財団	754-0893 山口市大字秋穂二島1062	(083)987-1320	(083)987-1330
香川県	香川県介護実習・普及センター	(財)香川県社会福祉総合センター	760-0017 香川県高松市番町1-10-35	(087)835-3152	(087)835-4777

徳島県	徳島県介護実習・普及センター	（社福）健祥会	779-3105 徳島市国府町東高輪356-1	(088)642-5113	(088)642-5003
愛媛県	愛媛県介護実習・普及センター	（社福）愛媛県社会福祉協議会	790-0855 松山市持田町3-8-15	(089)921-5140	(089)921-5199
高知県	高知県介護実習・普及センター	㈶高知県ふくし交流財団	780-8065 高知市朝倉戊375-1	(088)844-9271	(088)844-9443
	高知県地域介護実習・普及センター	（社福）黒潮福祉会	787-0771 高知県中村市有岡字石場2252-1	(0880)37-6887	(0880)37-3900
福岡県	福岡県社協介護実習・普及センター	（社福）福岡県社会福祉協議会	816-0804 福岡県春日市原町3-1-7	(092)584-3351	(092)584-3354
北九州市	北九州市介護実習・普及センター	（社福）北九州市福祉事業団	802-8560 北九州市小倉北区馬借1-7-1	(093)522-8721	(093)522-8771
福岡市	福岡市介護実習普及センター	㈶福岡市市民福祉サービス公社	810-0062 福岡市中央区荒戸3-3-39	(092)731-8100	(092)731-5361
佐賀県	佐賀県介護実習普及センター	㈶佐賀県長寿社会振興財団	840-0804 佐賀県佐賀市神野東2-3-33 県長寿センターはればれ内	(0952)31-8655	(0952)30-2591
大分県	大分県介護実習・普及センター	（社福）大分県社会福祉協議会	870-0161 大分市明野東3-4-1	(097)552-6888	(097)552-6868
	大分県地域介護実習・普及センターいずみの園	（社福）九州キリスト教社会福祉事業団	870-0162 大分県中津市大字永添2744	(0979)23-1616	(0979)23-1783
長崎県	長崎県地域介護実習・普及センター	（福）長崎県すこやか長寿財団	852-8035 長崎県長崎市油木町5-3	(095)847-5212	(095)847-6181
熊本県	熊本県介護実習・普及センター	熊本さわやか長寿財団	860-0842 熊本市南千反畑町3-7	(096)354-3091	(096)325-8083
宮崎県	宮崎県介護実習・普及センター	（社福）宮崎県社会福祉事業団	880-0007 宮崎県宮崎市原町2-22	(0985)32-0160	(0985)32-5306
鹿児島県	鹿児島県介護実習・普及センター	（社福）鹿児島県社会福祉協議会	892-0816 鹿児島県鹿児島市山下町14-50	(099)221-6615	(099)221-6640
沖縄県	沖縄県介護実習・普及センター	（社福）沖縄県社会福祉協議会	903-0804 沖縄県那覇市首里石嶺町4-373-1	(098)882-1484	(098)882-1486

(2) 社会福祉協議会（福祉人材・研修センター含む）

所在地一覧（都道府県および政令指定都市）

社協名	郵便番号	住所	電話番号
全国社会福祉協議会	100-8980	東京都千代田区霞が関3-3-2　新霞が関ビル	03-3581-7851
北海道社会福祉協議会	060-0002	札幌市中央区北2条西7-1　道立社会福祉総合センター内	011-241-3976
青森県社会福祉協議会	030-0822	青森市中央3-20-30　青森県民福祉プラザ内	017-723-1391
岩手県社会福祉協議会	020-0831	盛岡市三本柳8地割1番3　ふれあいランド岩手内	019-637-4466
宮城県社会福祉協議会	980-0014	仙台市青葉区本町3-7-4　県社会福祉会館内	022-225-8476
秋田県社会福祉協議会	010-0922	秋田市旭北栄町1-5　県社会福祉会館内	018-864-2711
山形県社会福祉協議会	990-0021	山形市小白川町2-3-31　県総合社会福祉センター内	023-622-5805
福島県社会福祉協議会	960-8141	福島市渡利字七社宮111　県社会福祉センター内	024-523-1251
茨城県社会福祉協議会	310-0851	水戸市千波町1918　県総合福祉会館内	029-241-1133
栃木県社会福祉協議会	320-8508	宇都宮市若草1-10-6　とちぎ福祉プラザ	028-622-0524
群馬県社会福祉協議会	371-8525	前橋市新前橋町13-12　県社会福祉総合センター内	027-255-6033
埼玉県社会福祉協議会	336-8529	さいたま市浦和区針ヶ谷4-2-65　社会福祉総合センター	048-822-1191
千葉県社会福祉協議会	260-8508	千葉市中央区千葉港4-3　県社会福祉センター内	043-245-1101
東京都社会福祉協議会	162-8953	新宿区神楽河岸1-1　セントラルプラザ内	03-3268-7171
神奈川県社会福祉協議会	221-0844	横浜市神奈川区沢渡4-2　県社会福祉会館内	045-311-1422
新潟県社会福祉協議会	950-8575	新潟市上所2-2-2　新潟ユニゾンプラザ内	025-281-5520
富山県社会福祉協議会	930-0094	富山市安住町5-21　県総合福祉会館内	076-432-2958
石川県社会福祉協議会	920-8857	金沢市本多町3-1-10　県社会福祉会館内	076-224-1212
福井県社会福祉協議会	910-8516	福井市光陽2-3-22　県社会福祉センター内	0776-24-2339
山梨県社会福祉協議会	400-0005	甲府市北新1-2-12　県福祉プラザ内	055-254-8610
長野県社会福祉協議会	380-0928	長野市若里7-1-7　社会福祉総合センター	026-228-4244
静岡県社会福祉協議会	420-8670	静岡市駿府町1-70　県総合社会福祉会館内	054-254-5248
岐阜県社会福祉協議会	500-8385	岐阜市下奈良2-2-1　県福祉農業会館内	058-273-1111
愛知県社会福祉協議会	460-0002	名古屋市中区丸の内2-4-7　県社会福祉会館内	052-232-1181
三重県社会福祉協議会	514-8552	津市桜橋2-131　県社会福祉会館内	059-227-5145
滋賀県社会福祉協議会	525-0072	草津市笠山町7-8-138　県立長寿社会福祉センター内	077-567-3920
京都府社会福祉協議会	604-0874	京都市中京区竹屋町通烏丸東入ル清水町375　府立総合社会福祉会館	075-252-6291
大阪府社会福祉協議会	542-0065	大阪市中央区中寺1-1-54　社会福祉指導センター内	06-6762-9471
兵庫県社会福祉協議会	651-0062	神戸市中央区坂口通2-1-18　県福祉センター内	078-242-4633

社協名	郵便番号	住所	電話番号
奈良県社会福祉協議会	634-0061	橿原市大久保町320-11　県社会福祉総合センター内	0744-29-0100
和歌山県社会福祉協議会	640-8545	和歌山市手平2-1-2　県民交流プラザ和歌山ビック愛内	073-435-5222
鳥取県社会福祉協議会	689-0201	鳥取市伏野1729-5 県福祉人材研修センター内	0857-59-6331
島根県社会福祉協議会	690-0011	松江市東津田町1741-3　いきいきプラザ島根内	0852-32-5957
岡山県社会福祉協議会	700-0813	岡山市石関町2-1　県総合福祉会館内	086-226-3511
広島県社会福祉協議会	732-0816	広島市南区比治山本町12-2 県社会福祉会館内	082-254-3411
山口県社会福祉協議会	753-0072	山口市大手町9-6　県社会福祉会館内	083-924-2777
徳島県社会福祉協議会	770-0943	徳島市中昭和町1-2　県立総合福祉センター内	088-654-4461
香川県社会福祉協議会	760-0017	高松市番町1-10-35　県社会福祉総合センター内	087-861-0545
愛媛県社会福祉協議会	790-8553	松山市持田町3-8-15　県総合社会福祉会館内	089-921-8344
高知県社会福祉協議会	780-8567	高知市朝倉戊375-1　県立ふくし交流プラザ内	088-844-4600
福岡県社会福祉協議会	816-0804	春日市原町3-1-7　クローバープラザ内	092-584-3377
佐賀県社会福祉協議会	840-0021	佐賀市鬼丸町7-18　県社会福祉会館内	0952-23-2145
長崎県社会福祉協議会	852-8555	長崎市茂里町3-24　県総合福祉センター内	095-846-8600
熊本県社会福祉協議会	860-0842	熊本市南千反畑町3-7　県総合福祉センター内	096-324-5454
大分県社会福祉協議会	870-0907	大分市大津町2-1-41　県総合社会福祉センター内	097-558-0300
宮崎県社会福祉協議会	880-8515	宮崎市原町2-22　県福祉総合センター内	0985-22-3145
鹿児島県社会福祉協議会	890-8517	鹿児島市鴨池新町1-7　県社会福祉センター内	099-257-3855
沖縄県社会福祉協議会	903-8603	那覇市首里石嶺町4-373-1　県総合福祉センター	098-887-2000
札幌市社会福祉協議会	060-0042	札幌市中央区大通西19-1-1　市社会福祉総合センター内	011-614-3345
仙台市社会福祉協議会	980-0022	仙台市青葉区五橋2-12-2　市福祉プラザ内	022-223-2010
千葉市社会福祉協議会	260-0844	千葉市中央区中央千葉寺町1208-2 千葉市ハーモニープラザ	043-209-8884
横浜市社会福祉協議会	231-8482	横浜市中区桜木町1-1　市健康福祉総合センター内	045-201-2096
川崎市社会福祉協議会	210-0024	川崎市川崎区日進町5-1　市福祉センター内	044-233-7948
名古屋市社会福祉協議会	462-8558	名古屋市北区清水4-17-1　市総合社会福祉会館内	052-911-3192
京都市社会福祉協議会	600-8127	京都市下京区西木屋町通上ノ口上ル梅湊町83-1	075-354-8731
大阪市社会福祉協議会	543-0021	大阪市天王寺区東高津町12-10　市社会福祉センター内	06-6765-5601
神戸市社会福祉協議会	651-0086	神戸市中央区磯上通3-1-32　こうべ市民福祉交流センター	078-271-5314
広島市社会福祉協議会	730-0052	広島市中区千田町1-9-43　市社会福祉センター内	082-243-0051
北九州市社会福祉協議会	804-0067	北九州市戸畑区汐井町1-6 ウェルとばた	093-882-4401
福岡市社会福祉協議会	810-0062	福岡市中央区荒戸3-3-39　福岡市市民福祉プラザ	092-731-2929

引用・参考文献

Ⅰ部
1章
桐村晋次『人材育成の進め方』日経文庫356　日本経済新聞社　2000年
鈴木伸一『社内研修の実際』日経文庫738　日本経済新聞社　2002年
田尾雅夫『ヒューマンサービスの組織』法律文化社　1995年
寺澤弘忠『事例から学ぶ　人材育成ＯＪＴ　実践マニュアル』ぱる出版　2001年

2章
「特集クリニカルラダー導入病院の現状と評価」『看護展望』平成13年6月号　メヂカルフレンド社　2001年
(財)日本老人福祉財団編『老人福祉研究』6巻（1981年）8巻（1985年）10巻（1986年）11巻（1987年）12巻（1988年）13巻（1990年）14巻（1991年）16巻（1995年）17巻（1996年）
『日本社会福祉士会生涯研修プログラム開発特別委員会報告書』日本社会福祉士会生涯研修プログラム開発特別委員会　1996年

Ⅱ部
3章
(社)日本看護協会編『看護職の社会経済福祉に関する指針』2000年
井部俊子, 飯田裕子, 岩井郁子他『看護教育における卒後臨床研修のあり方に関する研究』厚生省科学研究資料　1999年
『臨床看護』2002年4月号　へるす出版　2002年
『看護実践の科学』2001年9月号　看護の科学社　2001年
小山眞理子監訳『プリセプター・臨床指導者のための臨床看護教育の方法と評価』南江堂　2001年
永井則子『プリセプターシップの理論と実践―新人ナースの教育法―』日本看護協会出版会　2001年
前橋赤十字病院　中央手術室編『臨床看護　指導者教本　プリセプター教育』メディカ出版　2000年

4章
アレン・E．アイビィ（福原真知子・椙山喜代子・國分久子・楡木満生訳編）『マイクロカウンセリング』川島書店　1999年
カール・ロジャーズ（畠瀬直子監訳）『人間尊重の心理学』創元社　1984年
カール・ロジャーズ（畠瀬稔・畠瀬直子訳）『人間の潜在力　個人尊重のアプローチ』創元社　1994年
カール・R．ロージャズ（村山正治編訳）『ロージャズ全集4　サイコセラピィの過程』岩崎学術出版社　1987年
カール・R．ロージャズ（村山正治編訳）『ロージャズ全集12　人間論』岩崎学術出版社　1987年
木下康仁『老人ケアの人間学』医学書院　1993年
日精研心理臨床センター編『独習　入門カウンセリング・ワークブック』金子書房　1988年
三浦綾子『愛すること信じること　夫婦の幸福のために』講談社　1979年

5章
E．H．エリクソン（村瀬孝雄・近藤邦夫訳）『ライフサイクル,その完結』みすず書房　1996年
E．H．エリクソン, J．M．エリクソン, H．Q．キヴニック（朝長正徳・朝長梨枝子　訳）『老年期』みすず書房　1996年
神原文子『現代の結婚と夫婦関係』培風館　1994年

カール・ロジャーズ（畠瀬稔・畠瀬直子訳）『エンカウンター・グループ　人間信頼の原点を求めて』
　創元社　1986年
カール・R．ロージャズ（畠瀬稔編訳）『ロージャズ全集7　プレイグループセラピィ・集団管理』
　岩崎学術出版社　1984年
國分康孝編『構成的グループ・エンカウンター』誠信書房　2000年

6章
岩間伸之『援助を深める事例研究の方法』ミネルヴァ書房　2002年
津田耕一・相澤譲治編著『事例研究から学ぶソーシャルワーク』八千代出版　2001年

Ⅲ部
事例1
E．H．エリクソン（村瀬孝雄・近藤邦夫訳）『ライフサイクル,その完結』みすず書房　1996年
伊藤隆二・橋口英俊・春日喬編『老年期の臨床心理学』駿河台出版社　1994年

事例2
浜田　晋・広田伊蘇夫・松下正明・二宮冨美江編『改訂版　精神医学と看護　症例を通して』日本
　看護協会出版会　1982年
岡堂哲雄編『つれあいの心理と幸福』現代のエスプリ別冊　至文堂　1994年
川島武宜『日本社会の家族的構成』岩波現代文庫12　岩波書店　2000年
平木典子編『夫と妻—その親密化と破綻』講座家族心理学2　金子書房　1988年

事例3
岡堂哲雄編『親子の心理とウェルネス』現代のエスプリ別冊　至文堂　1994年
国谷誠朗『親と子—その発達と病理』講座家族心理学3　金子書房　1988年
岡宏子・小倉清・上出弘之・福田垂穂編『親子関係の理論②家族と社会』岩崎学術出版社　1988年

事例4
E．キューブラー・ロス（川口正吉訳）『死ぬ瞬間の対話』読売新聞社　1987年
E．キューブラー・ロス（川口正吉訳）『死ぬ瞬間　死にゆく人々との対話』読売新聞社　1991年
長谷川浩編『生と死と家族』講座家族心理学5　金子書房　1988年
岡堂哲雄編『中高年の心理と健康』現代のエスプリ別冊　至文堂　1995年

事例5
長嶋紀一・竹中星郎共編『老人医療・心理事典』中央法規出版　1987年
日本家族心理学会編『日本家族心理学事典』金子書房　1999年

用語解説
石橋晃・寺崎明美・藤田恵子・黒山政一編『看護のための薬事典』中央法規出版　1993年
小林輝明監修『くすりの事典（98年版）』成美堂出版　1997年
『看護学大辞典（第5版）』メヂカルフレンド社　2002年
北里大学病院看護部編『ナース・看護学生のための臨床略語辞典』学習研究社　1992年
後藤幸生『医学略語へのサポート』南山堂　1995年
外林大作・辻　正三・島津一夫・能見義博『心理学辞典』誠信書房　1981年
國分康孝編著『カウンセリング辞典』誠信書房　1990年
日本社会福祉実践理論学会編『社会福祉基本用語辞典』川島書店　1996年

索　引

あ 行

アイデンティティ（自我同一性）　181
アイビィ，A. E.　107
アサーション・コミュニケーション　17
アソシエート（補助）ナース　68
アルコール依存症　183
アロマテラピー　55
暗黙の窓　122
「家」制度　180
異団体施設間相互実習交流　45
インガム，H.　121
インシデントプロセス方式（シカゴ方式）　134
インターンシップ制度　13
インフォームドコンセント　14
内側からの理解　103
エリクソン，E. H.　111, 168, 217
演繹的手法　156
エンカウンター・グループ　54
OJT　2
Off-JT　2

か 行

海外視察研修　50
介護実習・普及センター　7, 227
介護実習受け入れマニュアル　44
介護者側の心理的プロセス　144
介護専用型有料老人ホーム　157
階層別教育　2
介入時期　153
介入のケース　153
介入方法　154
カウンセリングモデル　102
隠された窓　121
家族関係図　146, 161, 177, 187
家族内の力動関係　194
家族療法　95
課題（ニーズ）研究　134
家長意識　181
告知問題　204
看護研究　12
看護サマリー　140
感受性訓練　126
感情の転移　172
感性教育　2
感性訓練　40
キーパーソン　139, 194
基準枠　103

技能教育　2
キャリアギャップ　3
QC（品質管理）　20
QC研究　26
教育研修管理台帳　24
教育研修体系のステップモデル　24
教育研修履修シート　24
共感的理解　96, 97
業務遂行能力　79
業務チェックリスト　60
クリニカルラダー　24
グループダイナミクス　136
グループワーク　5
ケア業務能力測定項目表　59
ケア業務の作業分析　60
ケアサービスの提供過程　139
ケア付き高齢者マンション　157
ケアにおける法則性　152
ケアの失敗学　159
ケアプラン　39
ケアプラン作成検討資料　144
ケアマインドの確立　93
ケアモデル　102
経過事例法　134
経済力　139
KJ法　5
契約時の説明責任　197
ケースカンファレンス　134
ゲシュタルト療法　95, 96
構成的グループ・エンカウンター（SGE）　121
肯定的人間観　93
行動事例法　134
行動療法　95
交流分析（TA）　17, 95
高齢者虐待　180
高齢者コミュニティ　31
高齢者のアルコール依存　173
誇大な妄想　217
5Ｗ2Ｈ　77
ゴッフマン，E.　55
孤独者の共通因子　219
コミュニケーションの基礎　40

さ 行

サービス担当者会議　140
在宅ホスピスケア　204
SOAP（ソープ）　16

三者関係　172
自己覚知　109
自己教育歴シート　18
自己啓発（SD）　2
自殺の予兆　169
自殺予防策　167
施設内「学会」　50
システムズアプローチ　107
実習　5
指導者意識　79
指導能力　79
「死ぬ瞬間」シリーズ　130
自分史の試み　109
社会関係　172
社会調査　134
終身ケアサービス　27
循環的プロセス　22
ジョ・ハリの窓　121
職業倫理　30
職能別階層別教育　3
職能別教育　2
事例研究　134
　狭義の「事例研究」　136
　広義の「事例研究」　136
事例研究の作成プロセス　138
事例検討会　63
事例による教育研修過程　140
心因性妄想　217
身体力　139
心的外傷（トラウマ）　6
新入職員オリエンテーション　11
心理・社会的課題の検討　111
生育歴　139
性格力　139
「成人期」の「世話」　168
精神分析療法　95
精神力　139
ストレスマネジメント　15
接遇のマナー　14
セクシュアリティ　182
「前成人期」の「愛」　168
全国社会福祉協議会　7, 231
選択できる福祉サービス　196
専門看護師　12, 18
先行モデル　11
喪失の心理的過程　208
外側からの理解　103

た　行

対象者の心理的変化過程　105
ターミナルケア　198
体験学習　5
「対象者」理解　102
他施設見学・実習　42
短期療法　107
男尊女卑　181
担当制ケア　171
地域住民のための介護講座　48
チームコミュニケーション　128
知性教育　2
調整　103, 104
長文事例方式（ハーバード方式）　134
出会いの試み　124
ディベート　5
同化　103, 104
トラウマ　133

な　行

内面世界へのアプローチ　168
人間関係論　17
認定看護師　12, 18
二者関係　172
日常ケア記録　140
日常生活支援の重要性　218
日本看護協会　68
日本老人福祉財団　27
ノンバーバルコミュニケーション　126

は　行

バイタルチェック　192
パーソン・センタード・アプローチ（PCA）　94
PM理論　17
POS　16
被害的な妄想　217
非指示的面接法　94
開かれた窓　121
ファシリテーター　114
ファミリーグループ　121
フィジカルアセスメント　19
フィードバック　98
フォーカシング　100
フォーカスチャーティング　16
フォーラム　29
福祉人材センター　7, 27
プライマリーナーシング　15
ブラインドウォーク　126
プリセプター（指導看護師）　11, 66
プリセプター会議　81
プリセプターシップ　4, 66
　——のサポート体制　84

――の構造　72, 73
　　――の評価表　81
プリセプター養成計画　79
プリセプティ　66
プリセプティ指導目標　77
ブレーンストーミング　5
分離ケア　144
ペア勤務比較　85
ペアリングの問題　67
ペインコントロール　208

ま　行

マイクロカウンセリング　107
三浦綾子　100
見せかけのない事，真実，一致　96, 207
無条件の積極的関心　96, 97
メンバーシップ　15
盲目の窓　121
目標管理　13
目標による教育　22
森田療法　95, 96

や　行

役割モデル　18
有料老人ホーム　144
用語集　32
用語の修得　34
要約と明確化　98
抑うつ的な妄想　217

ら　行

来談者（クライアント）中心療法　94
ライフサイクル　113
ライフステージ　109
リーダーシップ　16
ルフト，J.　121
老人痴呆介護処遇技術　40
ロジャーズ，C.　93
ロス，K.　55, 205
ロールプレイング　5

〈著者紹介〉

河内　正広（かわうち　まさひろ）

1945年　東京都生まれ
　　　　中央大学商学部経営学科卒，日本能率協会委嘱研究員，㈶日本老人福祉財団，佐倉ゆうゆうの里（有料老人ホーム）施設長，京都ゆうゆうの里（有料老人ホーム）施設長，㈶日本老人福祉財団常勤理事をへて
現　在　聖隷クリストファー大学　就職センター長
　　　　日本福祉文化学会会員，日本余暇学会会員
主な著書　健康産業（共著　東洋経済新報社　1975年），余暇の戦後史（共著　東京書籍　1979年），トータルケア（学文社　2003年）

現住所：〒431-2103　静岡県浜松市新都田5-3-17

ケアワーカーの教育研修体系
――プリセプターシップ・感性教育・事例研究――

2004年9月1日　第一版第一刷発行

著者　河内　正広

発行者　田中　千津子
発行所　㈱学文社

〒153-0064 東京都目黒区下目黒3-6-1
電　話　03（3715）1501㈹
FAX　03（3715）2012
http://www.gakubunsha.com

Ⓒ Masahiro KAWAUCHI 2004　　印刷所　メディカ・ピーシー
乱丁・落丁の場合は本社でお取替します
定価はカバー，売上カードに表示

ISBN 4-7620-1330-7

A5判／並製　定価：2,520円　231頁　ISBN 4-7620-1184-3 C3036

～セルフ・ケアからターミナル・ケアまで～

トータルケア

事例で学ぶ高齢者介護

河内　正広　著

**ケアサービスの基本視点・実践事例が満載。
ケアワーカーへの入門書に、新人研修に最適！**

元気な時のセルフ・ケア（利便的援助）、身体が虚弱化した時のホーム・ケア（家事援助）、身体援助が必要になった時のパーソナル・ケア（日常生活援助）、終末時の支援としてのターミナル・ケア（終末援助）まで、各身体的段階に応じたトータルケアを論じた書。

実践ですぐに役立つ
「ケアサービス・チェックリスト」
1588項目付！

序　章
第1章　トータルケアの意味論
　ケアの概念/ケアの前提としての人間観/ノーマライゼーションと「生活の視点」/ケアサービスの全体像
第2章　トータルケアの方法論
　トータルケアシステム/ケアサービスの過程/対象者理解（人物像の想定）/情報収集の過程と管理/ケアプランの方法/トータルケアの業務分析
事例1　多重問題をもつ痴呆者の事例
　対象者のプロフィール/ケアサービス提供前までの経緯/ケアプランの検討と初回から終回までの概略・詳細過程/事例から学ぶこと（痴呆者への対応・家庭的なものとは何か・ケアにおける「文学的眼」/内面世界の共感を学ぶ/ケア従事者の職業観）
事例2　脳障害の配偶者を抱えた夫婦問題
　プロフィール/ケアサービスの過程と配偶者の心理過程/事例から学ぶこと（配偶者のケア心理過程の分析・夫婦関係の分析・夫婦分離のケア/ケア対象者と従業者の相互関係/ケアサービスの主体性）
資料編　ケアサービス・チェックリスト（1588項目）

痴呆者チェックリストの事例

●安心の時空間/時空間共有・想像的時空間・非機能非効率・話題提供・専従担当・許容・正常性への回帰・観察・職員意識のチェック　●意思交流の媒介/暴力予防・面会・媒介提供・愛情創出・ボランティア　●五覚刺激/視覚・聴覚・味覚・触覚・緊張感・冒険・昔の記憶への回帰　●楽しみの発見/音楽・体操・軽作業・創作・ゲーム・パーティ・旅行・植物栽培・動物飼育・役割提供　●外出行為（徘徊）/専従監視・全体監視・アラーム装置・非拘束の確認・行動特徴・原因追及・専従担当制・身分証明・空間バリヤー・遮断・睡眠・周辺理解・受診・与薬